广西第二期中职名师培养工程学员
丛书总主编：王　晞　张兴华

传承文化　匠心筑梦

——中华优秀传统文化在中职德育的渗透

陈　静　著

北京理工大学出版社
BEIJING INSTITUTE OF TECHNOLOGY PRESS

图书在版编目（CIP）数据

传承文化　匠心筑梦：中华优秀传统文化在中职德育的渗透 / 陈静著. —北京：北京理工大学出版社，2020.9
ISBN 978-7-5682-9092-0

Ⅰ. ①传…　Ⅱ. ①陈…　Ⅲ. ①中华文化-作用-德育-教学研究-中等专业学校　Ⅳ. ①G711

中国版本图书馆 CIP 数据核字（2020）第 181155 号

出版发行 / 北京理工大学出版社有限责任公司
社　　址 / 北京市海淀区中关村南大街 5 号
邮　　编 / 100081
电　　话 / （010）68914775（总编室）
　　　　　（010）82562903（教材售后服务热线）
　　　　　（010）68948351（其他图书服务热线）
网　　址 / http://www.bitpress.com.cn
经　　销 / 全国各地新华书店
印　　刷 / 保定市中画美凯印刷有限公司
开　　本 / 710 毫米×1000 毫米　1/16
印　　张 / 19　　　　　　　　　　　　　　　　　责任编辑 / 刘　派
字　　数 / 254 千字　　　　　　　　　　　　　　文案编辑 / 刘　派
版　　次 / 2020 年 9 月第 1 版　2020 年 9 月第 1 次印刷　责任校对 / 周瑞红
定　　价 / 58.00 元　　　　　　　　　　　　　　责任印制 / 李志强

总　序

　　2008 年，广西全面启动了首轮 3 年职业教育攻坚战；2011 年，广西又进行了为期 5 年的深化职业教育攻坚。2009 年，广西壮族自治区人民政府与教育部签订了《国家民族地区职业教育综合改革试验区共建协议》；2013 年再次与教育部签署了深化共建试验区的协议。两轮职业教育攻坚、两次部区共建职业教育试验区，推动广西职业教育发展步入快车道。随着国家《中国制造 2025》《现代职业教育体系建设规划（2014—2020 年）》《高技能人才队伍建设中长期规划（2010—2020 年）》的实施、"互联网+"新业态发展与"一带一路"合作倡议的提出，特别是近年来《国家职业教育改革实施方案》《深化新时代职业教育"双师型"教师队伍建设改革实施方案》等一系列加快职业教育技术技能型人才培养、深化职业教育与高素质"双师型"教师队伍发展的战略举措出台实施，为广西职业教育的发展带来了新机遇、新挑战，也提出了新目标、新要求。

　　"兴教之道在于师"。加快发展现代职业教育，提升技术技能人才培养能力，教师队伍建设是关键。广西壮族自治区教育厅从 2010 年开始实施广西中等职业学校名师培养工程，为广西中职名师的脱颖而出铺路架桥，着力打造一支高素质、高层次、专家型的广西中职名师队伍，提高广西中职教师队伍整体建设水平，促进完善德技并修、工学结合育人机制，推动广西中等职业教育质量提升和现代化发展，为促进广西经济社会发展提供优质技术技能人才资源支撑。在广西第一期中等职业学校名师培养工程（2010—2015 年）取得良好成效的基础上，广西师范大学作为承办单位，在广西第二期中等职业学校名师培养工程（2016—2019 年）实施过程中，进一步探索中职教师专业发展规律，采取"多元开放、理实交融、项目驱动、道技相长"四位一体的培养模式和"结构化与个性化结合、技能性与学理性并重、导师制与自驱动共融"的培训策略，将阶段性集中培训、岗位自主研修和全过程跟踪指导有机结合，实现对中职名师培养对象的多维度、系统化培养。

教师的发展与提高，一靠内生动力，二靠资源条件。教师专业化培训是帮助教师学习、提高教育教学技能与实践创新能力的重要途径。广西中等职业学校名师培养工程为有发展潜质和强烈进取精神的优秀中职教师搭建一个视野宽广、资源丰富的学习和锻炼的高层次平台，创造一个中职优秀教师集聚的学习型组织、一个共同发展的精神家园。中职名师并非可以通过培养工程项目结业一蹴而就，因为中职名师需要实践的锤炼和时光的磨砺，需要更多实绩的证明和社会的认同。如果被培养者有强烈的自主发展意识，有主动学习的动力，珍惜培养机会，挖掘自身潜能，认真向导师、同伴学习，在教育教学实践中不断超越自我、追求卓越，那么善教学、会研究、有创新，获得学生欢迎、行业认可的中职名师就一定会层出不穷。

令人欣喜的是，广西第二期中等职业学校名师培养工程的学员们在 3 年培养期里取得了突出成绩，涌现出国家"万人计划"教学名师、全国优秀教师、广西教学名师、特级教师等新一代中职教育领军人物，在广西中职教师群体中发挥了示范引领作用，成为广西职业教育发展的中坚力量。广西中等职业学校名师培养工程已经成为广西中职师资培训的特色品牌，被誉为"着眼和服务广西职业教育未来发展的教师教育工程"，在广西中职教师队伍建设工作中具有里程碑的意义。

着眼于进一步发挥中职名师培养对象的社会贡献，辐射培训基地师资培养经验，"广西第二期中职名师培养工程成果书系"得以编纂出版，使广西广大中职教育同仁能够共享这一优秀师资培训工程的资源与成果。在这套成果书系中，生动地呈现了善学习、会思考、充满责任感和使命感的培养对象、专家导师等个体形象，以及由他们共同组成的优秀教师群体和专业化培训团队的形象。学海无涯，总结提炼其求索成长路上的进取与感悟、心得与智慧，对广西中等职业学校名师培养工程具有一定的借鉴意义。

中职教师队伍的建设，任重道远；中职教师教育的创新，前路漫漫。诚愿广西中等职业学校名师培养工程系列成果能在关心广西中职教育的教育工作者和业界朋友中引起共鸣，进一步激活广西中职教育发展的蓬勃力量和无穷智慧，为广西职业教育改革发展提供人才保障和智力支持做出更多贡献。

是以为序，与广大中职教育同仁共励共勉。

本书编委会

前　言

何谓传统？古往今来，世代相传，历久弥新。何谓文化？实乃物质产品与精神生活的总和也。传统文化就是文明演化而汇集成的一种反映民族特质和风貌的文化，是民族历史上各种思想文化、观念形态的总体表征。中华优秀传统文化是中华民族的精神命脉，是深藏在中国人细胞中的文化基因。

打开《传承文化，匠心筑梦——中华优秀传统文化在中职德育的渗透》，窗外微风正好，阳光不燥，一如我暖暖的心情。翻阅着这本书稿，却又似乎思绪纷乱，不知从何落笔。回想起从教多年受到的影响和熏陶，不禁百感交集：五千年的积累与沉淀，生成了用之不竭的历史养分，我们汲取精华，发扬光大；五千年的日新与月异，生成了取之不尽的文化源泉，我们砥砺前行，继往开来。这种能够让我们厚重、睿智、强大起来的勇气，就是优秀传统文化。敬重与传承本民族的传统文化，可以凝聚我们头脑的智慧，可以荡涤我们心灵的尘埃，可以加快我们行进的脚步。没有传统文化作为根基，一切都将如无根之萍，随处漂荡！

上下五千年，中国一路走来风尘仆仆，踏着脚下深厚的文化底蕴，砥砺前行。中华优秀传统文化博大精深、璀璨丰厚，它蕴含着丰富的道德理念和规范。中华民族一直都是一个自强不息的民族，一个有着强烈的民族自尊心、自豪感的民族，一个追求厚德载物精神的伟大民族，中华优秀传统文化精神生生不息、薪火相传。身为中华儿女，我们要承担起将中华优秀传统文化发扬光大的历史责任，将中华优秀传统文化融入我们的血液里和精神里，从发展中前行，在发展中进步。

如何在中职学校传承和发展中华优秀传统文化，充分发挥优秀传统文化的德育教化力量，落实立德树人的根本任务，切实提高中职学校德育的吸引力、有效性是本书的初衷。在对广西中职学校优秀传统文化进校园情况进行调研的基础上，挖掘优秀传统文化的现代德育价值；针对中职学校特点，对中职学校文化传承内容进行选取和阐述；结合广西物资学校开展优秀传统文化进校园的德育实践，对传承发展优秀传统文化的策略做法进行总结是本书的总体思路。

《传承文化，匠心筑梦——中华优秀传统文化在中职德育的渗透》凝聚了广西物资学校这些年的中华优秀传统文化教育教学的实践和探索，全书分为传承篇、践行篇和收获篇，从中华优秀传统文化教育的内涵与中职优秀传统文化教育定位入手，论述传承弘扬中华优秀传统文化的价值意义，阐述关于优秀传统文化的传承、践行与收获。

在中华优秀传统文化教育教学实践中，我深感作为一名德育教育工作者所应具备的责任感、使命感和自豪感。我相信只要以这种责任感和使命感为旗帜、为灯塔、为航向，我们民族的优秀传统文化一定会在新时代得以继承、发展与弘扬。

陈 静

目 录

开　篇

"求木之长者，必固其根本；欲流之远者，必浚其泉源。"这是唐代名臣魏征在《谏太宗十思疏》中的名言，意思是说，要想使树木生长得茂盛，必须巩固其根部，因为根深方能叶茂；要想使水流得长远，必须疏通其源头，因为源远才能流长。习近平总书记在谈到要注重事情的本源和基础时多次引用魏征的这句名言来说明问题，特别是谈到中华优秀传统文化之于中华民族的重要意义时，更是如此。在这方面，习总书记①有两句很形象也很贴切的话："优秀传统文化是一个国家、一个民族传承和发展的根本，如果丢掉了，就割断了精神命脉。""文明特别是思想文化是一个国家、一个民族的灵魂"。简言之便是：中华优秀传统文化是中华民族的"根"和"魂"。

一、中华优秀传统文化与学校德育相结合的时代背景

中华文明延续了五千多年长盛不衰，之所以是世界上几大文明中唯一没有中断的文明，是因为中华文明的"根"和"魂"一脉相传、代代相传。五千多年的沧桑岁月中，我国各民族不断融合，各民族的文化和文明不断共享和交流，汇聚成我们今天拥有 56 个民族的中国，把 14 亿中国人民紧紧地联系在一起。中华文明就是我们为创造一个美好家园，在奋斗过程中共同培育的引以为自豪的民族精神。

习近平总书记②指出："中华优秀传统文化积淀着中华民族最深沉的精神追求，代表中华民族独特的精神标识，是中华民族生生不息、发展壮大的丰厚滋养，是中国特色社会主义植根的文化沃土。"党的十八大以来，国家高度重视中华优秀传统文化的传承和弘扬，建设中华民族共有精神家园成为每个中华儿女的共识。2014 年 3 月 26 日教育部颁布了《完善中华优秀传统文化教育指导纲要》（以下简称《纲要》）。《纲要》对加强中华优秀传统文化教育的重要性和紧迫性进行了阐述，提出分学

---

① 习近平. 纪念孔子诞辰 2565 周年国际学术研讨会暨国际儒学联合会第五届会员大会开幕会上的讲话. ［EB/OL］人民网—人民日报 m.people.cn. 2014-09-25.

② 习近平. 中共中央政治局第十三次集体学习上的讲话. ［EB/OL］中国文明网. www.wenming.cn. 2014-02-24.

段有序推进中华优秀传统文化教育，整体规划、分层设计、有机衔接、系统推进，促进青少年学生全面发展，培养富有民族自信心和爱国主义精神的社会主义事业建设者和接班人。以弘扬爱国主义精神为核心，从爱国、处世、修身三个层次概括了中华优秀传统文化的内容。《纲要》指出，大中小学要从以下三方面推进学生德育工作："一是开展以天下兴亡、匹夫有责为重点的家国情怀教育；二是开展以仁爱共济、立己达人为重点的社会关爱教育；三是开展以正心笃志、崇德弘毅为重点的人格修养教育……通过家国情怀、社会关爱和人格修养三个层面的教育，培养青少年学生做有自信、懂自尊、能自强，高素养、讲文明、有爱心，知荣辱、守诚信、敢创新的中国人。"①《纲要》要求分学段有序推进中华优秀传统文化教育，从加强中华优秀传统文化教育的组织实施和条件保障等方面，对新形势下中华优秀传统文化教育作出指导。

2017年1月中共中央办公厅、国务院办公厅联合下发《关于实施中华优秀传统文化传承发展工程的意见》，对传承发展中华优秀传统文化的重要意义、主要内容和重点任务都作出了精辟的阐述。这是新中国成立以来党和政府第一次以文件的形式专题阐述中华优秀传统文化传承发展工作，同时也是第一个以国家工程的方式推进中华优秀传统文化传承发展，为传承发展中华优秀传统文化提供科学的理论指南和切实可行的实践举措。从中央到地方以及社会的各个层面都达成了一个共识，那就是我们要为优秀传统文化的延续、传承和不断发扬光大，建立一个良好的社会环境和舆论环境，继往开来，以此推动我们中华优秀传统文化不断发扬光大和继承发展，营造出一个全国亿万人民传承中华优秀传统文化的蓬勃态势，真正为中华优秀传统文化的伟大复兴开创新局面。

党的十九大报告②指出："深入挖掘中华优秀传统文化蕴含的思想观念、人文精神、道德规范，结合时代要求继承创新，让中华文化展现出永久魅力和时代风采。"文化的传承依赖教育，学校是传承、传播优秀

---

① 国家教育部. 完善中华优秀传统文化教育指导纲要［教社科〔2014〕3号］［R］. 2014–03–26.

② 习近平. 决胜全面建成小康社会夺取新时代中国特色社会主义伟大胜利（十九大报告单行本）［M］. 北京：人民出版社，2017.

传统文化的第一阵地，因为学校教育承接着孩子的未来。如何做好接力，弘扬和传承中华优秀传统文化，这应是当前学校工作的重点之一。作为新时期培养人才的职业学校，培养的人才若不具备良好的道德品质，特别是没有经过中华民族几千年来积淀的中华优秀传统文化的熏陶，将无法承担社会主义现代化建设的重任。因此，将中华优秀传统文化向青少年传播是我们职业学校教师特别是德育工作者的义务和责任。

二、中华优秀传统文化教育的内涵与中职优秀传统文化教育定位

（一）中华优秀传统文化教育的内涵

为了更好地开展中华优秀传统文化教育，应当对这一概念进行准确界定。"传统"一词，姚伟钧[①]在《礼：传统道德核心谈》一书开篇说："什么是传统？这是英文"tradition"的汉译，指历史传承的习惯、思想、制度等现象。"这样看来，传统是一个大概念，涵盖人类社会的各种文化现象，表现为常见的文化传统，如政统、道统，而今更有知识系统、价值系统。文化是人类社会特有的现象，是对宇宙自然规律的描述，文化是道德的外延，文化是社会意识形态，文化是软实力，是民族思想精神，是影响一切的内在驱动力。"文化具有动态性，随着时间的推移保持着强大的生命力，不是教条似的没有生机，只有经过岁月的淘汰和整合之后，继承了所有的活力和价值并成为后来的文化的重要组成部分，我们才称之为传统文化。"

文化是一个国家和民族精神的延续，而优秀的传统文化更是一个国家和民族文化与精神层面的集中表达。中华优秀传统文化是指在中国形成和发展起来的、具有鲜明特色和稳定结构并影响整个社会历史的古典文化体系。需要强调传统文化的"中华""优秀"两个界定，"中华"指中华民族；"优秀"指"传统文化"中那些具有重要价值、具有生命活力而得以积淀、保存、延续下来的思想意识形态。这些具有重要价值、

---

① 姚林茹. 传统文化在中学德育中的教育意义及其价值实现[D]. 郑州：河南师范大学，2015.

有生命活力因而得以积淀、保存、延续下来的代表性、权威性思想称为传统文化。明确我们要传承的是整个中华民族的优秀的传统文化，是中华民族长期发展过程中形成的、有着积极的历史作用、至今具有重要价值的文化。

（二）中职的中华优秀传统文化教育定位

弘扬优秀传统文化，事关国运兴衰、文化安全及民族精神独立性。在对待我国传统文化问题上，存在两种对立的、错误的思想倾向：一种是民族文化虚无主义，将传统文化说得一团漆黑；一种是文化复古主义，死守旧的文化传统。这两种思想倾向都是错误的，必须摒弃。我们既不能妄自菲薄，也不能迷失于历史，而是坚持"扬弃"式的继承，在继承中创新，"不断赋予新的时代内涵和现代表达形式，不断补充、拓展、完善，使中华民族最基本的文化基因与当代文化相适应、与现代社会相协调"[①]。对先人传承下来的道德文化，要坚持古为今用，有鉴别地加以吸收，不应持全盘肯定或全盘否定的态度，不能是历史虚无主义或文化保守主义的态度。"有鉴别"是在经过分析、鉴别的基础上，剔除其过时、落后的糟粕，继承、吸收其精华。我们在尊重传统的同时，要有选择地继承和创造性地吸收，站在历史的高度，用科学的观点来考察中国传统文化，切实把握、深入领会传统文化的本质内容，弘扬优秀传统文化，在新的国情、区情和历史条件下，依据教育现代化的指导思想和理念，对中华传统文化进行有选择的、合理的吸收，并加以创新和发展。

中职的中华优秀传统文化教育，必须扣住"优秀"二字，注意对传统文化取其精华、去其糟粕，坚持以古鉴今，不能厚古薄今。要把重点放到大力弘扬"讲仁爱、重民本、守诚信、崇正义、尚和合、求大同"等核心思想理念，精忠报国、振兴中华的爱国情怀，放到大力弘扬自强不息、敬业乐群、扶危济困、见义勇为、孝老爱亲等传统美德，天下兴亡、匹夫有责的担当意识，放到大力弘扬有利于促进社会和谐、鼓励人们向上向善的思想文化内容上来。同时对传统的批判，其全部含义并非

---

① 教育部. 完善中华优秀传统文化教育指导纲要［教社科〔2014〕3号］［R］. 2014-03-26.

简单地否定，而是要以继承为目的，在破与立完美结合的基础上，创造新的文化传统①，才能赋予传统文化以时代精神和旺盛活力，使之历久弥新，闪烁永久的光芒。

三、传承弘扬中华优秀传统文化的价值意义

（一）中华优秀传统文化是社会主义核心价值观的重要思想来源

社会主义核心价值观既有优秀传统文化的成分，也是社会主义先进文化和人类文明的共同成果。在社会主义核心价值体系里，马克思主义居于指导地位，而中国优秀传统文化则是这一体系的重要思想来源和组成部分。正如习近平同志所强调的："中华优秀传统文化已经成为中华民族的基因，植根在中国人内心，潜移默化影响着中国人的思想方式和行为方式。"

富强是社会主义核心价值的第一要求，是中华民族不息的追求目标。早在春秋战国时期，政治家们就把富强作为国家建设的目标，作为判断执政成败的最重要标准。管子曾说："主之所以为功者，富强也；主之所以为罪者，贫弱也。"而执政者的首要任务是使国家富裕、人民富足，"治国之道，必先富民""以富邦国，以富得民"。在"国富"与"民富"的关系中，儒家主张民富先于国富，孔子说："政之急者，莫大乎使民富且寿也。"国富与民富是统一的，"下贫则上贫，下富则上富"。这些传统文化的精华成为社会主义核心价值观中"富强"观念的源头活水。

民主的本义是"人民的统治"或"多数人的统治"。中国君主专制历史存续两千多年，民主观念相对匮乏，但中国优秀传统文化包含着浓厚的民本主义思想："民为邦本，本固邦宁""民为贵，社稷次之，君为轻"，体现了民众在国家政治生活中的主体地位；"水能载舟，亦能覆舟"，体现了民众在国家治理中的基础作用。传统的民本民主是在承认君主绝对统治下的以民为本，并不是人民当家做主，而是要求绝对专制的君主

① 张绍轩. 儒家传统文化与中学德育教育［D］. 西安：西北师范大学，2004.

要对人民保持敬畏，对权力持有异议的声音要虚心听取，积极改进。诚然，中国传统社会没有发展出民主理论，但并没有在思想上阻碍民主。万民利益、权利和人格的尊重等包含了现代民主概念的若干理论预设，不难与民主思想接洽，甚至完全有可能成为培育和发展社会主义民主政治的思想资源。

文明指的是与"野蛮"相对立的一种社会进步的积极状态。从广义来讲，文明包括对社会产生积极影响的人类所创造的全部文化成果。"文明"一词最早见于《周易·乾》"见龙在田，天下文明"，《尚书·舜典》也有"濬哲文明，温恭永塞"，被唐代孔颖达注解为"经天纬地曰文，照临四方曰明"。作为世界文明古国的中国在漫长的五千年历史中创造了辉煌灿烂的文化，为人类社会留下了丰富而宝贵的文化遗产。《中庸》是这样描述中华民族所创造的丰厚文明遗产的："大哉圣人之道！洋洋乎！发育万物，峻极于天。悠悠大哉！礼仪三百，威仪三千。待其人而后行。"有中国特色的社会主义文明的建设需要而且应该发掘古代中华文明的优势资源，并予以创造性转化，以彰显五千年悠久文明的厚重底蕴和精神价值。

和谐、和睦、和合以及和平始终是中华民族的不懈追求，从本质上讲，中华优秀传统文化是一种和谐型的文化。"和"的最基本意思是和谐、和平。"和"不是"同"，"同"是相同东西的简单重复。"和"是"以他平他"，而"同"则是"以同裨同"，故而"和实生物，同则不继"。只有"和"才能产生新的东西，才能发展，而"同"只会导致停滞。故"君子和而不同，小人同而不和"。在所有因素中，"天时不如地利，地利不如人和"，而"人和"可以产生巨大的力量。中国优秀传统文化中有很丰富的身心和谐、人我和谐、己群和谐、天人和谐等和谐共生、和睦相处、和平友好的思想。这些都是社会主义和谐价值观的思想资源。

自由是人类的共同价值追求。在我国文化传统里，也有自由的基因。在中华优秀传统文化中，自由表现出三种状态：自由是"日出而作，日入而息，凿井而饮，耕田而食，帝力于我何有哉"的自给自足、悠闲自乐的生活状态；自由是不徇流俗、特立独行等独立人格，如李白的"安能摧眉折腰事权贵，使我不得开心颜"，这是"欲有欲求真自由者乎，其必自除心中之奴隶始"；自由是自在、自得、自适、自乐等个人的内心感受和心态。中华优秀传统文化既肯定个体独处时的自在自乐自得，也注重尊重他人自由选择和意志自由的权利。儒家的"道并行而不相悖，万物并育而不相害"；道家的"我无为而民自化"以及"生而不有，为而不恃，长而不宰，功成弗居"等思想，无疑是对自由理念的肯定和自由精神的充分表达。

平等是国人在追求自由权利时更进一步的诉求。中国优秀传统文化特别强调人格尊严的平等，主张把人当人看，尊重人的生命和价值。"己欲立而立人，己欲达而达人""己所不欲，勿施于人"是明证。人具有共同的属性，孟子曾说"圣人与我同类""人皆可以为尧舜"，即使有先天的差别，也可以通过后天的努力来弥补。生存权、休息权、荣誉权等是人基本的权利，"饥而求食，劳而求逸，苦而索乐，辱则求荣"。每个人在人格上是平等的，对所有人应该一视同仁、公平对待，即平天下的"絜矩之道"。而"所谓絜矩之道者何也？物之有上下四旁，而欲得之均齐方正，则工以矩絜之。君子之应天下，亦有然者"。这些思想主张为社会主义核心价值观提供了有益的启示。

公正是平等思想的进一步延伸。中国传统文化中的公正包含着正直不偏私、百姓心理认同的正当性的意思。"政者，正也"，即执政者应当公正无私；"公正无私，反见纵横"，一个人做到公正不偏私，才能看出他的原则；"公正无私，一言而万民齐""正直者顺道而行，顺理而治，公正无私"，这些都是对政治治理的公正期望。而公正的社会应当是"老有所终，壮有所用，幼有所长，鳏寡孤独废疾者，皆有所养"。大同社会"去人之私""无国之争"，人与人之间、国与国之间睦邻友好，和善相处，"人人相亲，人人平等"。

法治是在公正的基础上产生的。法在中国古代的语境中，特指工匠的技巧、方法、规矩，或者控制社会行为的政治技术。因此，法又常常被理解为"术"与"数"。法家认为法的功能是将国家强制力与国家机器设想为带有强制性质的范式（model），法是强加以便纠正偏离正轨的行为①。但是"徒善不足以为政，徒法不能以自行"。作为一种规范体系，礼和法可以并重且不相排斥，礼或者道德并不是先于刑罚或强制而存在的，法也不排斥道德的介入。作为社会主义核心价值观的法治，不仅仅是要求民众遵守死板的法律条文，而是要将法治的精神和道德的伦理如同春风化雨一般滋润民众的心灵，使得全民的法治文化能够达到"若饥而食，寒而衣，不令而自然"的境地。

关心国家前途命运，积极参与国家大事，努力报效祖国是中华民族的悠久传统。从"长叹兮以掩涕兮，哀民生之多艰"的屈原、"壮志饥餐胡虏肉，笑谈渴饮匈奴血"的岳飞、"天下兴亡，匹夫有责"的顾炎武，到"苟利国家生死以，岂因祸福避趋之"的林则徐、"救国图存，振兴中华"的孙中山先生，一代代爱国志士的努力使中华民族在无数内忧外患中转危为安，历经千年仍巍然屹立于世界民族之林。

在中华优秀传统文化的价值视野里，敬业是做事的第一美德。所谓"敬业者，专心致志，以事其业"，即用恭敬严肃的态度对待自己的工作。这种敬业精神，对中华民族文化的发展和传承尤为重要。所谓"合抱之木，生于毫末；九层之台，起于累土；千里之行，始于足下"。中华民族璀璨文明都是建立在无数中华儿女敬业做事基础上的。"敬业"的进一步发展状态就是"乐业"。如果说敬业就是"责任心"，那么乐业就是"兴趣"，而敬业乐业就是"发愤忘食、乐以忘忧，不知老之将至""鞠躬尽瘁，死而后已"。在今天，没有哪种职业不是神圣的，没有哪种职业不是可敬的。中国梦的实现，要求我们每一个中国人都能够在各自的岗位上辛勤劳动、诚实劳动、创造性劳动，聚沙成塔，集腋成裘，只有这样，中华民族的复兴与国家的强盛才能最终变为现实。

"诚信"是中华优秀传统文化内容之一。中国古代有关诚信的论述很多，比如"端悫诚信，拘守而详""诚信而喜之，奚伪焉""乡党之间观其诚信""诚信者，天下之结也"等。诚信是一种道德约束机制，是一种社会契约精神，是社会良好运行的基础。诚信不仅是立国之本，更

---

① 〔美〕本杰明·史华兹. 古代中国的思想世界［M］. 南京：江苏人民出版社，2008.

是做人之本。孔子说过"人而无信，不知其可也"。"二程"（程颢和程颐）把诚信作为为学、做事和做人的基础："学者不可以不诚，不诚无以为善，不诚无以为君子。修学不以诚，则学杂；为事不以诚，则事败；自谋不以诚，则是欺其心而自弃其忠；与人不以诚，则是丧其德而增人之怨。""言必信，行必果"是社会道德与人格评判的基本标准。社会主义核心价值观将"诚信"纳入其中，也正是考虑到"诚信"乃是社会道德的底线。

友善，即友爱、和善，是人与他人处于平等友爱、融洽协调的情形。中华优秀传统文化对友善非常推崇。孔子说"君子与人为善""成人之美"，老子说"善者吾善之，不善者吾亦善之"。友善是君子的必要品性，"君子莫大乎与人为善"。友善能体现个人的道德修养，如"见善如不及，见不善如探汤"；友善有利于孝道与治化，如"孝乎惟孝，友于兄弟，施于有政"；友善能营造和谐的人际关系，如"德不孤，必有邻"。中国优秀传统文化中关于友善的论述和人物事例都很多。这些精神要素可以成为社会主义核心价值观有益的思想营养。

中华优秀传统文化凝聚着中华民族自强不息的精神追求和历久弥新的精神财富，是涵养社会主义核心价值观的深厚道德源泉。只有把中华优秀传统文化与社会主义核心价值观有机结合起来，实现对传统价值观的继承、创新、发展和升华，才能使社会主义核心价值观既有深厚的历史文化底蕴，又充满时代气息，充分体现社会主义的本质属性。

（二）中华优秀传统文化对塑造青少年道德品质，提升道德能力具有重要意义

中华传统文化博大精深，蕴含了丰富的道德资源，对提升青少年道德素质，塑造道德品质具有重要意义，我们应从中吸取营养。儒家教育思想的核心就是培育学生高尚的文化人格，做到"务本""孝悌""泛爱"和"亲仁"；"行有余力，则以学文"。把学生的道德培养放在第一位，通过学习做人之道，从而具备君子的人格，达到"修身、齐家"的目的，掌握治国平天下的能力。传统文化不仅阐述了君子的人格境界，也提出了一些具体的道德修养方法，比如正心修身、慎独、反躬自省、持志养气等。这是先哲们在实践中总结出来的，维护规范了古代社会的道德治安，在现代仍然并将继续发挥作用，对青少年的人格塑造、完善和道德修养的提升具有重要的作用。

（1）精忠爱国、民族为先的爱国精神。在中华优秀传统文化中，爱国、爱民族历来被看作是"大节"，爱国也是维系中华这个大家庭的根。当中华民族处于生死存亡之际，各族人民联合起来反对外来侵略，不屈不挠，使中华民族绵延不绝、生生不息。爱国主义是中华优秀传统文化的主线，在中国历史的每一个章节里，都闪耀着爱国主义的光辉：屈原的《离骚》绝唱；岳飞的精忠报国；戚继光的抗击倭寇；林则徐的虎门销烟……

（2）孝悌忠信、礼义廉耻的道德观念。孝，是孝顺；孝顺父母，这是为人子女的本分。悌，是悌敬；兄友弟恭，兄弟姊妹相亲相爱，相互扶持。忠，是尽忠；忠于祖国和人民，忠于组织和工作职责。信，是信用；言而有信，"言必忠信，行必笃敬"。礼，是礼节；人要有礼貌，遵守各种礼仪规范。廉，是廉洁；不起贪求之心，大公无私。耻，是羞耻；不合道理、违背良心的事情，绝对不做。孔子曰"知耻近乎勇"，"耻"也是自尊自重。义，是义气；要有正义感，有见义勇为的精神。中华优秀传统文化的"八德教育"，是扎根的教育，是古圣先贤教诲做人的根本。

（3）学思并重、精业无涯的知识追求。中华民族历来是一个重视知识的民族，我们的祖先很早就认识到了知识的重要性，一直致力于知识的学习、钻研与追求。"业精于勤荒于嬉，行成于思而毁于随"是先辈们孜孜求学的真实写照；"学而不思则罔，思而不学则殆"是祖先对我们的教诲。学习是没有尽头的，活到老，学到老。

（4）刚健有为、勇毅力行的进取精神。中华优秀传统文化的精髓是自强不息，中华优秀传统文化能历经五千年的发展而不衰，正是依靠自强不息的进取精神。中华民族是勤劳勇敢的民族，也是不断创新、不断进步的民族，从文字的创造到四大发明以及哲学思想的更替，无不是有为、力行的结晶。

（5）见利思义、克己奉公的价值观念。见利思义、克己奉公的价值观念是中华民族优良传统的集中体现，几千年来维系着社会的行为准则，正如孟子所说："生，亦我所欲也；义，亦我所欲也。二者不可得兼，舍生而取义者也。"

（6）以人为本、修己慎独的立世准则。中华优秀传统文化的价值体系、主体内容、中国历代的各种哲学派别、中国传统文化思潮的关注焦点以及价值主题，都始终围绕着人生价值的目标、人的价值的自我实现和实践而展开。以人为本，就要不断提升人的自身修养。中国传统文化一向重视修身，强调自主自律，注重个人的修养，"修身、齐家、治国、平天下"。要严以律己，要慎独，只有这样，才能成为一个高尚的人，成为一个脱离了低级趣味的人。

（三）中华优秀传统文化在中职德育中的意义

中等职业教育是在高中教育阶段进行的职业教育，它是专门培养社会各行业所需技能型人才的教育领域，其特点是在完成初、高中基础教育内容的同时，培养出各行业所需的技术能手，也同时为各高等职业院校输送高素质的专门人才打下基础。因此，中等职业教育既承担着国家九年义务教育的职责，又肩负着培养各行业技能型人才之重任。职业教育在整个教育体系中处于十分重要的位置，是我国经济社会发展的重要基础。正因如此，职业教育培养的人才，不仅要具备技术技能，更重要的是要成为德智体美全面发展的社会主义事业合格建设者和可靠接班人。职业院校必须以培养担当民族复兴大任的时代新人为着眼点，把握学生思想脉搏，培育和践行社会主义核心价值观，使广大师生牢固树立新时代中国特色社会主义的道路自信、理论自信、制度自信、文化自信。

"育人为本，德育为先。"立德树人是教育的根本任务。中职德育教育对中职生的成长、成才起着至关重要的作用，有助于中职生的全面发展，是满足社会发展、企业需求、培养德技双兼的高素质人才的需要。

当前国家重视，职业教育获得大发展。学校在专业建设发展，校企合作、产教融合，现代职业教育体系的建立等各项工作正如火如荼地开展。在拥有良好的专业技能培养模式的同时，如何实现职业教育内涵发展、质量提升；如何改善或者创新现有思想道德教育的方式，提升职业院校学生的综合职业素养，促进长远的职业发展，是职业学校德育工作者面临的重大课题。中华优秀传统文化蕴含着丰富道德资源，是对中职生进行道德教育、提升道德能力的基础，将中华优秀传统文化渗透于道德教育，不失为一种好的方式。

优秀传统文化与德育有着密不可分的联系。一方面，优秀传统文化作为德育的历史前提和现实基础，为德育的革新提供了原动力，也是德育发展的重要途径。中华优秀传统文化形成于历史环境中，凝结了我们民族特有的精神特质，其中蕴含着丰富的道德资源，中职德育可从优秀传统文化中汲取的营养可谓是源源不断。学校德育在面向当代、面向未来的同时，也需要向优秀传统文化寻求资源性的支持和影响。我们在对传统文化进行科学分析的基础上合理吸收优秀成分，探索道德价值的时代发展方向，有助于向青少年传递正确的道德观，提高他们的思想道德素质。

另一方面，德育的有效实施，能切实传承和发展中华优秀传统文化。中华文化历经几千年，强调"天人合一""复归自然"，认同"天行健，君子以自强不息"，倡导"天下兴亡，匹夫有责"，从治国到治人，从孝道到伦理，从仁政到和谐，从感恩到人格构建，是丰厚的道德资源库。因此，弘扬发展优秀传统文化是我们德育教育的责任和义务。通过对青少年学生进行优秀传统文化方面的教育，引导他们了解、热爱优秀传统文化，学生能够感受到祖国文化的源远流长，在学习中感受经典中蕴含的丰富思想道德资源，赞叹唐诗宋词的优美，欣赏诗词曲赋所体现的民族精神。在对经典的吟咏背诵中，在日常生活的实践力行中继承和发扬传统文化的精髓。加强中华优秀传统文化教育是增强文化自信的重要组成部分，也是构建中华优秀传统文化传承体系、推动文明传承发展的重要途径，更是培养和践行社会主义核心价值观的重要基础。中职学校德育建设必须与传承发展中华优秀文化紧密结合起来，全面推进对中华优秀传统文化的学习与践行。

中职生处于 15～18 岁年龄阶段，身心等很多方面都处于定性、定型时期，这个时候给他们提供正确的道德情感，培养他们良好的道德品质对于推动青少年身心健康成长，形成良好的道德选择能力，做出正确道德选择具有重大的作用。同时，青少年是社会发展的中流砥柱，青少年群体的道德素养影响着社会未来的发展，其道德能力的高低及道德选择方向影响甚至决定了整个社会的道德风尚，因此，无论《千字文》《百家姓》《弟子规》，还是《论语》《孟子》等国学经典，在他们的成长过程中不能缺席。在整个社会尤其是学校德育中进行中华优秀传统文化教育，以经典作品中蕴含的道德情怀和道德素养，来培养中职生的道德品质是必要的，而且是必需的。

少年强则中国强。一个人，尤其是年轻人的责任感、使命感和道德感是一个民族能够屹立于世界民族之林的希望所在，他们是国家未来发展、民族振兴的中坚力量。作为教育工作者，我们要播文化的种子、中华文明的种子，要播种真善美，播种崇高而伟大的价值观，让中华文明的种子在青少年的心中扎根、发芽、生长。在当代中国，将中华优秀传统文化融入中职德育，通过对青少年学生进行中华优秀传统文化方面的教育，引导他们了解、热爱中华优秀传统文化，不仅有利于提升其思想道德素质，而且对于培育和弘扬民族精神、践行社会主义核心价值观，实现中国梦和中华民族伟大复兴也有着非常重要的意义。

参考文献

［1］姚林茹．传统文化在中学德育中的教育意义及其价值实现［D］．新乡：河南师范大学，2015.

［2］张绍轩．儒家传统文化与中学德育教育［D］．兰州：西北师范大学，2004.

［3］欧阳军喜，崔春雪．中国传统文化与社会主义核心价值观的培育［J］．山东社会科学，2013（3）：11-15.

［4］王泽应. 论承继中华优秀传统文化与践行社会主义核心价值观［J］. 伦理学研究，2015（1）：6-10.

［5］王夫之. 四书训义：卷一［A］. 船山全书：第 7 册［M］. 长沙：岳麓书社，1990.

［6］〔美〕本杰明·史华兹. 古代中国的思想世界［M］. 南京：江苏人民出版社，2008.

［7］教育部. 完善中华优秀传统文化教育指导纲要［教社科〔2014〕3 号］［R］. 2014-03-26.

［8］习近平. 决胜全面建成小康社会夺取新时代中国特色社会主义伟大胜利（十九大报告单行本）［M］. 北京：人民出版社，2017.

传承篇

——道之以德，齐之以礼

　　文化是民族精神的核心，是民族的魂灵，是民族力量的源泉，文化的发展对国家的发展和命运有着极为深刻的影响。上下五千年，中国一路走来，踏着脚下深厚的文化底蕴，砥砺前行。中华优秀传统文化博大精深、璀璨丰厚，它蕴含着丰富的道德理念和规范，如"天下兴亡、匹夫有责"的担当意识，"精忠报国、振兴中华"的爱国情怀，"崇德向善、见贤思齐"的社会风尚，"孝悌忠信、礼义廉耻"的荣辱观念，既体现着评判是非曲直的价值标准，也潜移默化地影响着中国人的行为方式。中华民族一直都是一个自强不息的民族，一个有着强烈的自尊心、自豪感的民族，一个追求厚德载物精神的伟大民族。中华优秀传统文化精神生生不息、薪火相传，身为中华儿女，我们要承担起将中华优秀传统文化发扬光大的历史责任，将中华优秀传统文化融入我们的血液里，从发展中前行，在发展中进步。

孝文化——百善孝为先

一、中华孝文化概述

在中华民族历史悠久的文化长河中，孝一直是中华传统道德的重要组成部分。孝道是中国人一直恪守的道德判断标准，牢牢扎根于中国老百姓心中，影响着历代中国人的思维方式。"百善孝为先"，孝是一切美德的基础。"孝"概括了中华优秀传统文化的核心和精髓，正如梁漱溟先生[①]所言："说中国文化是'孝的文化'，自是没错。"中华文化在一定意义上说就是孝文化。

（一）孝的基本内涵

孝文化是对待父辈和祖先所形成的观念系统，包括敬养父母、生育后代、报恩及人、忠孝两全、缅怀先祖等，是一个由个体到整体，修身、齐家、治国、平天下的延展攀高的多元文化体系。几千年的历史发展赋予了孝极其丰富的内涵，总的说来有家庭伦理、社会伦理、政治伦理这三个层次。孝的核心内涵是家庭伦理道德，即善事父母，包括养亲、敬亲、显亲、思亲、继亲。《说文解字》解释："孝，善事父母也，从老省，从子，子承老也。"意思为：孝就是好好善待父母，是从老一辈做起，

---

① 梁漱溟. 中国文化要义 [M]. 上海：学林出版社，1987.

到子这一辈，子继承老一辈的孝心，代代相传。以赡养、孝敬父母为基点，由近及远，由亲及疏，孝敬所有的亲属长辈，以爱心对待邻里及天下所有老人，由爱亲而推至爱天下人，这是孝外延的扩大，是社会伦理的孝。同时孝的基本内涵在政治领域扩展和延伸，包括对天子、君主的孝。"君子之事亲孝，故忠可移于君""以孝事君则忠，以敬事长则顺"。子女在小家孝顺父母，在大家对君王忠心，以孝心侍奉君主，即"移孝作忠"，这是政治伦理的孝[①]。总之，孝文化是指一切有关孝的物质、精神和制度的总和。

（二）孝文化的形成与发展

孝的观念源远流长，据历史记载，殷商甲骨文中就已出现"孝"字。商朝最早的孝道，是指祭神敬祖的活动，表达对故去祖先神灵的崇拜。到西周时期，为适应宗法政治制度需要，将祭祀活动转变为对带有血缘关系的祖先的追思和纪念意义的祭拜。到了春秋战国时代，社会动荡，秩序混乱，礼崩乐坏，孝的思想很难再起到维护血缘宗法制度的作用。为适应新的社会形势，孔子为首的儒家学派在西周孝的思想文化基础上对孝进行新的诠释、改造，认为孝源于自然的血缘情感，创立了儒家孝道伦理。经孔子、曾子、孟子不断完善，确定了儒家孝道的主要内容是"善事父母"。这既包括父母死后该尽之孝，也包括父母在世时，在家庭中儿女对父母的照顾侍奉之孝，重点在生时之孝，即"善事父母"。将子女对父母的孝顺解释为孝的基本含义，平民百姓必须将孝顺父母、赡养父母当作责任和义务。孝的含义开始从最初单纯的祭祀活动，变成了子女对父母养育之恩进行回报的温暖过程。

与殷商西周相比，儒家孝道伦理倡导的孝有了本质的变化。儒家学派认为孝其实源于自然的血缘情感和道德义务，是真性情，是人之根本，强调对在世父母的孝养，使孝更具有人伦的现实意义，普通民众更易于接受。孝的主要内容从敬神祭祖的追孝转变为"善事父母"的生孝，是孔子儒家学派对西周孝观念的发展。孝是儒家伦理道德思想的基石，

---

① 王亚利，华宪成. 忠与孝 [M]. 天津：天津大学出版社，2012.

儒家伦理道德思想在中国历朝历代道德规范体系中长期占据主导地位，古代中国非常重视孝道，极力推崇孝德，形成了中国古代社会独有的孝文化。

在孝为人之根本的基石之上，孔子创立了以"仁"为核心的伦理思想体系，把"仁"作为儒家伦理道德的最高境界。儒家伦理体系由基石的"孝"到最高境界的"仁"，《论语》里是这样表述和升华的："入则孝，出则悌，谨而信，泛爱众，而亲仁。"从个人的行为根本到个人与他人的行为关系，到个人与社会的行为关系，到个人行为的最高境界范畴，孔子和儒家学派都做出了明确而清晰的界定和路径指引，由爱亲爱众爱天下人，先做到孝的个人道德修养，再做到人际关系和谐、社会稳定，从而达到个人仁德、天下归仁的目标。这就是孔子和儒家学说提出的孝为仁之本的命题，也是个人、家、天下的理论基础及体系。孔子一生奔波周游列国就是希望各国统治者能接受仁德观念，实行仁政仁治。

孝为仁之根本，包括要求子女养亲敬亲顺亲。子女不仅仅要供养父母，更要尊敬父母，顺从父母意愿，不让父母生气受辱。还应做到子承父志，能为父母提供精神上的圆满，在生前身后传承父母的意志。亦要求子女慎终追远。不仅仅父母在世时敬爱，父母过世时，出于悲痛和真情，葬礼亦要庄重正式，不能草草了事。

曾子作为孔子的杰出弟子，在此基础上发展了孔子的孝道思想。他一生中始终践行孝道，扩大了孝的范围，将孝的内涵和外延扩大到超过孔子的程度，他将孝提升为一切道德的根本与核心，统率一切伦理道德准则，是放之四海而皆准的永恒真理，具有道德本体论的意味。曾子升华了孝理论，无论从广度还是深度上都继承发展了孔子孝道思想，使其更为系统化和理论化。

同为孔子杰出的弟子之一，孟子则不仅继承孔子关于孝的含义，还将孝引入了更高的层次。孟子继承了孔子的仁的思想，认为只有家庭和睦，子女孝顺，一个国家才会很好地运行和发展，社会治理也会比较顺利。孝是人的根本，是内心的天性之爱的自然流露，孝是仁之根本，是人生最重要的事情，是道德的核心。孔孟所倡导的孝，主张父子关系是"以天合"，即血统的自然结合，旨在强调建立在自然亲情基础上的父子人伦关系，并且强调父慈、子孝对等的义务关系。

到了先秦时期，先秦儒家汇编了孔子和弟子曾参谈话的记录，整合为孝道思想的理论集大成的著作《孝经》。《孝经》共有 18 章，主要表达了三个内容：其一，孝为德之本，肯定了孝道的宗旨和重要意义；其二，阐述了"如何行孝"的伦理问题；其三，完成了家庭伦理和政治伦理的倡导，系统提出了以孝治天下的理论主张。《孝经》不到两千字，一直被古代中国社会认同接受，构成中国古代社会的基本价值观，是区别于其他民族的重要标志，为后世的忠孝治国奠定了理论基础。

汉朝自武帝始，提出"以孝治天下"的治国方针，逐渐把孝道理论划入封建道德的"三纲五常"，把先秦儒家倡导的孝慈对等逐渐演变为尊卑有等，片面要求"臣忠子孝"，孝道政治化。实行了举孝廉，设孝悌、三老等乡官，从政策上鼓励孝道；同时严惩不孝行为，用法律强制手段对孝予以保障；重视孝道的教育和传播，《孝经》是各级学校的教科书，通过学校教育，使孝道系统性地传播，教化民众。汉朝也成为第一个公开推行"以孝治天下"的封建王朝，孝道走进了国家政治、社会生活的各个方面，对汉代社会的稳定和发展起到了巨大作用。

宋元明清是孝道政治化的顶峰阶段，孝道出现了极端化和愚昧化的特征。"君要臣死，臣不得不死；父要子亡，子不得不亡"就出现在这一时期，导致愚忠愚孝，使孝道文化走向绝对化、极端化、愚昧化。孝道理论沦为强化君主独裁和父权专制的工具，这时孝道与先秦孝道的初衷有极大变化，孝道已完全走样。

中国传统社会两千多年的发展演变，已经到了极致；孝道文化亦如此。近代，西方文明文化逐渐侵入，民主、自由、独立意识不断被社会精英和一般民众接受。五四新文化运动对传统的家族制度和儒家文化进行了反思和强烈批判，对封建礼教意味深重的孝文化进行了否定，传统孝道逐渐没落。

五四新文化运动之后，中国一些思想家开始在中国传统文化和西方现代文化之间寻求结合与发展，旨在弘扬中国传统文化中蕴含的永恒价值，对孝道文化重新诠释、发展、构建，肯定了孝在中华伦理中的首德和始德地位。这一时期出现的现代新儒家流派，为中华孝道文化的传承、恢复、发展起了巨大的推动作用。

（三）传统孝文化的历史评价

从两千多年前的先秦时期开始形成的孝观念及道德准则，产生于血缘关系，成长于家庭内部，发展于整个国家、民族，深深影响了人们的言行和社会制度。

论起中华传统文化，传统孝文化的历史贡献功不可没。

在封建社会中，传统孝文化起着修身养性的作用。孝道是修身养性的基础，"百善孝为先"，个人孝道修养是治理家庭和国家的基础。孝道熏陶之后，长期修养恪守力行之人，必然遵循仁义礼智信，具备良好的兼济天下的品德和理论素养。

传统孝文化是人们建功立业、实现个人抱负的现实动力，是家庭、社会稳定的基石。孝道使家庭关系和谐，邻里相亲。虽然我国历史上多次改朝换代、社会混乱，但总体上还是以政治和社会稳定为主。即使出现乱世，社会也能迅速回归稳定和谐，其中孝文化的传承、凝聚作用非常关键。

传统孝文化也是历代政治稳定的基础。传统孝文化强调个人的道德修养和自律，同时规范了家庭成员之间的道德责任，要求尊重长辈和权威，成为社会中强大的道德约束力量，威慑力甚至超过了法律，对中国传统社会秩序的稳定起了十分重要的作用。

传统孝文化更是中华民族凝聚的道德基础。孝悌文化和忠孝思想塑造了中华民族独特的家国情怀文化心理。"修身、齐家、治国、平天下"是历代社会大众和精英人士的共同追求，由对家庭的爱上升到对国家的忠、对民族的爱，千百年来，成为中华民族情感和意志的强力黏合剂。而孝悌文化所衍生的世俗节日（清明、重阳、春节）和礼仪也形成一股强大的凝聚力量，成为中国社会稳定、文化繁荣、生生不息的重要因素。

然而，随着历史的发展，孝文化作为传统长期传承，其内容被历代统治者和不同流派变革，亦有其历史局限性。其中一些理论内容仅仅于历史当时适宜，于未来显得僵化和古板。吴虞认为，孝悌之道"就是教一般人恭恭顺顺地听他们一干在上的愚弄，不犯上作乱，把中国弄成一个'制造顺民的大工厂'，孝字的大作用，便是如此"[1]。鲁迅则在传统"仁义道德"的字里行间，看到的满是"吃人"两个字。不可否认，孝的消极影响是很大的。

究其原因，其一是传统孝文化具专制特点。历代统治者为了维护专制统治，更推崇强调忠孝关系的"忠"，把"孝"的内涵向"忠"引导，尽忠于君主和国家即为"大孝"。借孝悌之名，大行"愚忠"之策，使民为顺民，臣为忠臣，不思反抗，不敢叛逆。愚忠愚孝，沦为为专制长久服务的文化工具。

其二是传统孝文化具保守特点。汉代以后，孝文化彻底演变为忠孝文化，更推崇长者和威权为尊，造成社会因循守旧的氛围，压抑了子女和民众的创新和进取精神，形成了民众普遍的保守奴性人格，守成意识过重，以至于社会进步缓慢，国家落后积弱，近代沦为西方列强的半殖民地。

其三传统孝文化具人格不平等性。封建社会，父母健在时，子女作为晚辈被看成长辈的附属，不被作为具有独立人格的个体看待。长辈对晚辈具有绝对的支配权，任意体罚，包办婚姻等等；晚辈的天性、情感、自由受到极大的压抑、扭曲。其权威价值取向导致了国民的畏权性格，其崇古取向导致了国民的因循守旧、保守落后的性格，其片面义务价值取向导致了国人的权利意识淡漠、忍耐不争的人格特质。

二、孝文化在现代的解读

孝文化作为存在几千年的社会意识，于国人的思维方式、价值观念都产生了极为深刻的影响，在民风民德中留下不可磨灭的印记。我们应

---

[1] 吴虞·说孝 [M]//中国现代思想史资料简编：第1卷. 杭州：浙江人民出版社，1982：371.

善于吸收传统孝文化中的合理因素，继承发扬"爱敬父母"的精髓，摒弃父权专制、愚孝、"三纲五常"等不符合时代要求的糟粕，与时俱进，顺应时代要求改变和创新，赋予孝文化新的时代内容。

（一）新型孝道的内涵

在人格平等的基础上，构建敬父母、爱长辈的新型孝道观念。传统尊亲敬长的孝道思想，建立在"君臣父子"等级秩序上，反映上下有别贵贱分明的等级观念。君臣父子之间这种下对上的单向顺从与尊敬，与现代社会倡导的自由、平等观念格格不入。现代社会以人为本，强调人人平等，每个人都有独立的人格，我们应在人格平等的基础上，构建新型孝道观念。新型孝道主要包括以下内容。

（1）父母子女之间是一种相互尊重、关心、帮助、信任、相亲相爱的平等关系。我国现行相关法律规定父母对子女有抚养教育的义务，子女对父母有赡养扶助的义务。

（2）子女对父母的孝不仅仅是物质上的供养，更重要的是心灵和精神上的关爱。

（3）融合现代公民意识，承担个人对国家、对社会的责任，以爱岗敬业、热爱祖国、报效国家为最大的孝。

（二）新型孝道的具体表现

1. 小孝——敬爱父母、尊敬长辈

"孝德的本质是一种爱与敬的情感与行为，是一切道德的本源，是人们实践道德的起点。"[1]"孝为德之本"孝敬父母是一种亲情，是一种爱，是儿女应该遵守的道德规范。父母给予我们生命，把我们抚养成人，子女对父母的爱敬具有天然合理性。孝敬父母是理所当然的。孝敬父母，不仅是子女的责任，也是子女应尽的义务。在当代中国我们要提倡的是新型孝德。新型孝德以敬爱父母、感念亲恩、赡养父母为基本内涵，以"善事父母"为核心。它体现着子女爱敬父母的道德感情，表现为子女

---

① 王亚利，华宪成. 忠与孝［M］. 天津：天津大学出版社，2012.

赡养、照顾父母的道德行为，根源于人们对父母返本报恩的意识。对于子女来说，爱亲、敬亲、养亲是对父母生养、抚育之恩的回报。当代的新型孝德以情感为纽带，以感恩等现代公民意识为依托，亲子双方在人格和地位上处于平等地位。

当今社会，人不仅是家庭中的一员，更是社会中的人，以孝为起点，将家庭中对父母的孝，延伸到社会层面就是关爱、尊敬长辈。"尊老为德，敬老为善，爱老为美，助老为乐"，美德也是这样。一个人如果能做到对父母的孝顺，在与长辈及老人相处时，自然就会做到尊敬、爱戴他们。孟子说："老吾老，以及人之老；幼吾幼，以及人之幼。"这种由敬爱自己的双亲推广到社会层面，敬爱所有老人长辈，社会成员都能把其他老人当作自己的父母一样去尊重去关心，有利于形成尊老敬老助老的良好社会风气，能营造一个真正充满爱的和谐社会。

2. 中孝——爱岗敬业、尽职尽责

中共中央印发的《公民道德建设实施纲要》（中发〔2001〕15号）中提出："要大力倡导以爱岗敬业、诚实守信、办事公道、服务群众、奉献社会为主要内容的职业道德，鼓励人们在工作中做一个好建设者。"职业或工作岗位，是我们每一个人生存和发展的基础。爱岗敬业作为员工应该遵守的职业道德，不仅是个人事业生存和发展的需要，也是社会得以发展进步的必要基础。

孝的本质是爱与感恩。一个孝敬父母的人，更容易在工作中兢兢业业，取得优异的业绩。子女对父母孝顺是对父母养育之恩的回馈，是对父母的爱。员工爱岗敬业从某个角度说也是"孝心"的体现，企业、单位为员工提供工作平台，提供培训机会，员工在企业中获得成长和发展，员工的爱岗敬业不正是对企业的回报吗？常怀感恩心，忠于职守，兢兢业业，激励自己，努力工作，做到对工作尽责，对同事关爱，对公司忠诚，以优异的业绩回报企业、回报社会。

孝顺父母的人，一般都有责任心。这首先是对父母负责、对家庭负责。一个有责任心的人做事都会尽职尽责，不会违法违纪。这种责任感会延伸到亲戚、朋友，以及同事，再延伸到工作的单位、社会，在工作中表现为尽职尽责、爱岗敬业，这也是我国社会主义职业道德规范的基本要求，是对各行业工作人员最基本的要求，是社会主义职业道德的基础和核心，是一种职业基本要求和基本素质。孝顺是把父母作为对象，爱岗敬业是把职业或者事业作为对象，看似对象不同，相互区别，但二者的统一性在于对对象的关爱和在乎。孝顺与爱岗敬业又是相互联系的。孝顺的人在工作时往往更容易做到爱岗敬业，而爱岗敬业的人通常都孝敬父母、尊重长辈。

《孝经》中有一段话："故以孝事君，则忠；以敬事长，则顺。"如果一个人在生活中能够孝敬父母、尊敬长辈，在工作中能够做到爱岗敬业、尽职尽责、忠于公司，尊敬年龄大的同事和长者，以恭敬服从的态度与之相处，考虑事情周到，做事细心，事业就会蒸蒸日上。因此，孝心是成就事业不可缺少的品质。企业家需要孝心成就自己的事业，员工也需要孝心来提升自己的价值，整个社会应该营造人人重视孝道的氛围。

孔子对待工作的态度叫"执事教"。宋朝朱熹对"敬业"的解释是"专心致志，以事其业"。有人认为，爱岗敬业是指认真对待自己的岗位，对自己的岗位职责负责到底，无论什么时候，都尊重自己的岗位职责，对自己的岗位勤奋有加。社会主义条件下爱岗敬业的内涵是：热爱自己的工作岗位，热爱本职工作，努力培养热爱自己所从事的工作的幸福感、荣誉感。所谓敬业，就是用一种恭敬严肃的态度对待自己的工作，专心致志，以事其业，勤勤恳恳，兢兢业业，忠于职守，尽职尽责。

3. 大孝——忠于国家、报效祖国

清朝初年，顾炎武在《日知录》中提出"天下兴亡，匹夫有责"的社会主张，意思是，民族的存亡是每一个公民的责任，这句名言充分体现了爱国主义的精神。爱国主义，既有历史的继承性，又有鲜明的时代性，是一个不断发展的体系。爱国主义既是一种精神力量，更是一种行为指南。一个人如果对抚养他长大的父母不懂感恩、不尽孝心，是一个没有责任感的人，更不会去承担社会责任，关心国家和民族的兴衰；而一个孝顺父母的人是一个愿意担责任的人，会把国家和民族的利益放在个人利益之上，为国家和民族做出应有的贡献。这是孝敬父母的进一步延伸，主要体现在对祖国、对社会的责任上，是一种大孝。

孝德教育有助于弘扬民族精神。民族精神是本民族成员身上的一种主体精神，是民族文化长期孕育滋养的结果。孝作为中华传统美德，已牢牢扎根在国人心中。但其对中国文化来说，已超过家庭伦理的范围，获得了更加宽泛的价值意义。延伸开来就是，孝强调下一代人的责任，强调每一个中国人对民族文化和价值理想的自觉承担，对中华民族精神品格和生命实践产生了深远的历史影响。孝道是中华民族一般形态凝聚力的核心，是民族认同、民族团结、民族振兴的基础。促进民族团结、维护国家统一、报效祖国是一种伟大的孝。现代孝道的弘扬对振奋民族精神、增强民族自信心和凝聚力具有积极作用。忠于祖国、忠于人民，是中华民族传统美德价值所在，是社会主义核心价值体系的重要内容。

三、传承孝道美德

（一）孝文化的当代价值

孝的本质是一种爱与敬的情感与行为，它是一切道德教育的起点，也是道德修养的起点。孝是做人的重要基础，是为人处世的重要原则，也是评价一个人品行的重要尺度和标杆。

1. 孝是个体道德素质提升的起点

孝是做人的重要基础。孝是一切传统道德规范的核心和母体，是其他美德的基础和出发点。孔子的志向就是希望能够让老人得到安顿，让朋友对自己信任，让年轻人得到关怀。《礼记·大学》曰："物格而后知至，知至而后意诚，意减而后心正，心正而后身修，身修而后家齐，家齐而后国治，国治而后天下平。"强调了修身的重要性，孝敬父母是修身的重要内容之一。子女出生后，最先从父母那里感受到人间的爱，这种爱是出于一种本能，而且永远不计回报。

孝是为人处世的重要原则。孝的核心是感恩和仁爱。孝道很大程度上是源于子女对父母的养育之恩的回报，只有发自内心地感谢父母，才会时时处处给予父母无微不至的关怀，种种善事父母的行为皆出于感恩和爱之真情。要拥有一颗"感恩之心"和"仁爱之心"。"感恩之心"就是学会感恩、报恩。感谢父母的养育之恩、师长的教育之恩、亲人朋友的关爱之恩、自然的惠赐之恩、祖国的呵护之恩。"仁爱之心"就是以一颗感恩、仁爱的心对待人和事。"仁"的核心就是"爱人"，道德力量是内在的，一旦养成敬人爱人的品质，就会有助人为乐、扶弱济困的道德内驱力，自觉地规范自己的行为，有利于养成对自身、对他人、对社会的正确认识，处理好各种社会关系，形成人与人之间相互关爱的和谐氛围。

孝是评价人的重要标准。为人子女，孝敬父母首先是一种品德、操行，子女是否孝顺父母成为检验一个人是否具有良好品质的标准，在古代甚至成为是否能从政及能否顺利就业的检验标准。例如，汉代的"举孝廉"，就是通过民间和官方的考评，举荐孝廉之人出仕为官。在现代社会，从个人角度讲是个人品德问题，是个人成长、心理健康和人格完善问题；但是从个人与他人、个人与社会的关系角度讲，这就关系到个人与他人与社会能否顺利合作、和谐共处的问题。一个不孝敬父母的人，待人就不会有真心；一个不孝敬父母的人，也不会从内心尊敬和感谢给予他知识的老师，必定会自以为是，渐渐地成为一个唯我主义者；一个不孝敬父母的人，就不懂得回馈社会，更别说懂得"赠人玫瑰，手有余香"的道理了。当一个人懂得感恩时，便会将感恩化作生活中充满爱意的行动。一颗感恩的心就是一颗种子，它会长出责任、自立、自尊。

2. 孝是现代家庭美德的重要组成部分

孝敬父母是现代家庭美德建设的起码要求。养亲是传统孝道的基本内容之一，是子女对父母的物质赡养。当父母年迈体弱失去劳动能力时，子女应承担起照顾、赡养老人的义务。这是家庭伦理中基本的道德要求，它体现了代际相互关爱、相互照顾、共同满足生存和发展合理需求的人生态度。"老有所养"，还需要保持家庭养老的传统。有些人不赡养父母，无视老年人的权益，将孝顺父母这一责任看作"不能承受之重"。近年来社会上出现了越来越多的"啃老"现象，从传统上的"养儿防老"到现在的"逼老"和"刮老"现象，究其原因，在于有的人从小备受父母的溺爱、纵容，导致在认识上出现偏差，以自我为中心。

尊亲敬亲是家庭美德建设的基本内容。不仅要给父母以衣食供奉的物质之爱，更要给予尊重、关怀等使其心情愉快的精神之爱。经济上赡养、生活上照料、精神上慰藉是现代养老的三个基本方面。另外，工业化和城市化使社会流动性越来越强，子女与父母分居两地的现象普遍存在。我国广大农村出现了所谓"留守老人"或"空巢老人"现象。在此种情况下，提倡尊亲敬长十分必要。《中华人民共和国老年人保障法》在"精神慰藉"一章中规定，"家庭成员不得在精神上忽视、孤立老年人"，特别强调"与老年人分开居住的赡养人，要经常看望或者问候老人"。对老年人的精神赡养的内容包括与老人进行经常的精神交往，子女对老年人的理解和尊重，子女给老人提供的各种娱乐和学习条件，子女的和谐相处以及在学习上、工作上做出成绩，这些都会使老人得到精神上的慰藉。

孝作为中华民族普遍认同的优良传统，它强调幼敬长、下尊上，要求晚辈尊敬老人，子女孝敬父母，爱护、照顾、赡养老人，使老人颐养天年，享受天伦之乐，这种精神无论是在过去、现在还是将来，都具有普遍的社会意义。不管社会如何进步、文明如何发达，都不能丢弃这种家庭美德。

3. 孝是爱国主义精神的培育、精神文明建设和构建和谐社会的需要

家庭美德、职业道德、社会公德是社会主义道德的三个有机组成部分。其中，家庭美德是社会道德建设的起点，在整个社会主义道德建设中具有基础性的地位和作用。同样，体现家庭道德的家风与体现社会公德的社会风气是息息相通的。有强烈的家庭道德责任感，到社会上才能转化为敬业精神和奉献精神。把对亲人的爱心化成对他人的爱、对职业的爱、对国家的爱乃至对万物的爱。良好的社会风气和社会环境，对社会主义精神建设具有十分积极的意义。因而必须从家庭美德建设特别是孝道建设着手，促进社会道德建设的良性运行，推动我国文明建设更好地向前发展。

孝道的传承适应当今老龄化社会需要。家庭养老是我国普遍认同的

养老模式，它赖以存在的思想基础就是传统的孝道观念，使老有所养、老有所依、老有所为、老有所乐。家庭作为社会单元，它的稳定和幸福，直接影响到社会的稳定与和谐。孝道也是民族团结、兴旺的精神基础，是中华民族凝聚力和亲和力的体现。在整个社会中，使每个家庭能在亲情的氛围中安居生活，形成尊老爱幼、长幼有序的传统美德，将对社会的和谐安定产生不可估量的作用。

（二）传承孝道美德——孝文化教育对中职德育的意义

孝文化思想是中华优秀传统文化的重要组成部分，在传承中华优秀传统文化中发挥着重要作用。从古至今，尽管中国社会几经变迁，中国社会家庭伦理关系几经考验，但孝文化所规范的不可分割、不可倒置、不可否认的生养继承位序关系所彰显的感恩父母和与人为善的大爱理念，却从未发生过动摇和改变。孝道更被视为中华民族的传统美德，是衡量一个人品德的重要标准。百善孝为先，孝是一切美德的基础。我国社会主义道德是在继承中华民族传统道德的基础上形成和发展起来的。我国历史上家庭道德一直被作为传统的伦理道德，而家庭道德又是以孝为根本的。构建当代社会道德体系，构建和谐人际关系，应对老龄化社会的到来，孝文化教育必不可少。所以，孝文化教育对中职生的思想道德建设具有十分重要的意义。

1. 激发孝德情感，培养中职生的感恩意识

感恩是一种美好的情感，一个没有感恩之心的人，永远不能真正懂得孝敬父母、理解帮助他的人，更不会主动地帮助别人。让学生知道感谢爱自己、帮助自己的人，是学校德育教育的一个重要内容。当前，由于独生子女家庭构成影响、单亲家庭导致家庭教育缺失和社会环境等诸多因素的影响，很多学生不懂得感恩，认为父母付出的一切和自己所拥有的一切都是理所当然的，他们只知有自己，不知爱别人。传承中华传统孝道美德，在学生中开展孝文化的传承与力行，有利于激发孝德情感，培养学生的感恩意识。孝德情感主要包括爱、敬、亲和感恩。子女对父母的赡养和孝顺，不仅仅是基于社会规则，更应该出于道德责任和对父

母的感恩之情。学生学会用实际行动回馈父母的养育之恩，不仅感恩亲情，也感谢师恩，还感谢社会上所有为自己成长和发展付出的人。学生懂得知恩图报，不仅有报恩之心，更要有感恩之行。只有这样，学生才能做到：在家里孝敬父母，孝敬前辈，讲文明礼貌；在学校尊敬教师，关爱同学；在社会上遵守公德，遵纪守法，尊老敬贤，关爱他人，关爱社会，保护环境，爱护自然，化感恩为学习的动力，回报他人，回报社会。

2. 以孝为起点，培养中职生自尊自爱的品质

加强对中职生的孝文化教育，要让他们全面、透彻地了解孝的内涵，培养他们自尊自爱的品质，并在生活中践行孝道。珍爱生命就是爱护父母，"身体发肤，受之父母，不敢毁伤，孝之始也"。人的生命是父母赋予的，损毁伤残身体就是对父母的不孝，要替父母珍爱自己的身体，珍爱自己的生命，这是一种责任，也是行孝道的第一步。当代青少年普遍以自我为中心，争强好胜，情感脆弱，一旦遇到挫折就容易走极端，自暴自弃，离家出走，自残自杀，沾染不良习气，吸食毒品等不一而足，毫不珍惜自己的身体和生命。生命只有一次，珍爱自己的生命，就是自尊自爱，就是爱护自己的父母。自尊自爱是爱父母的一种具体行为。

3. 爱戴父母，培养中职生的家庭责任意识

"人之行，莫大于孝。"人无论在哪里，无论做什么，一切行为都要"孝"字当头，小孝是对父母、对家庭负责，中孝是爱岗敬业，对企业负责，大孝是为社会担当，对国家负责。孝的本质是爱，孝源于内心的爱，孝的延伸是爱的传播。在学校里遵规守纪，在社会上遵纪守法，这就是对父母的爱戴，对他人的尊重，对社会的负责，就是行孝道。"百善孝为先"，孝行的缺失必然导致道德的滑坡。现在，有些青少年拿无知当时尚，把浅薄当个性，道德意识和法律意识淡薄，漠视人伦，缺乏爱心，缺乏责任意识，玩世不恭，漠视生命，违法乱纪，最终是害人害己，使父母蒙羞。因此，对孝道孝行的内涵进行深层次的挖掘，赋予历史的新意，引导青少年健康向上，培养他们的家庭责任意识，增强他们的爱心和责任心，这对于社会的和谐和稳定将大有益处。

4. 爱岗敬业，忠于祖国，培养中职生的社会责任意识

"尽己之谓忠"，凡事尽心尽力地去做就是忠。"忠"是"孝"的扩展和延伸。在古代，建功立业、报效国家是对国家的忠，孝敬父母、光宗耀祖是对父母的孝。忠与孝的关系本质是社会与家庭的关系，没有家庭式的孝就没有对国家和社会的忠。"精忠报国"四个字被岳母刺在岳飞的背上，这种孝意识便流淌在岳飞的血液里，忠于国家便是秉承母命的孝，这是家庭式孝道文化的典型写照。

爱国主义是孝文化的升华，也是孝文化的精华之一。如今，不少中职生"娱乐至上"，普遍缺乏精神追求，缺乏敬业精神，学习没有上进心，工作缺乏激情，把自己剥离在社会责任之外，没有充分尽到自己的社会义务。这看似缺乏社会责任感，其本质是缺乏职业道德，是孝文化的缺失。忠孝是中国传统道德价值观的基础，孝文化的缺失必然导致道德沦丧。在和平年代，爱岗敬业，忠于职守，扮演好自己的社会角色，服务于社会，为国家的发展和富强贡献力量就是承担社会责任，就是对国家尽忠①。

5. 敬老养老，为国分忧，培养中职生的主人翁意识

孝最基本的内涵和要求是子女对父母长辈的孝，敬老是孝的基本要义。《礼记》曰："孝有三：大尊尊亲，其次弗辱，其下能养。"孟子曰："孝子之至，莫大乎尊亲。"《论语》中说："今之孝者，是谓能养。至于犬马，皆能有养；不敬，何以别乎？"古人是非常看重敬老养老的，把"敬"放在第一位，这正是中华民族传统美德的核心，是文明的象征。在我国的法律中把尊敬老人和赡养父母规定为子女应尽的义务。

中国已进入老龄化社会。据国家统计局发布的人口数据，2018 年年末，我国 60 周岁及以上人口 24 949 万人，占总人口的 17.9%，其中 65 周岁及以上人口 16 658 万人，占总人口的 11.9%。如何做到"老有所养"，是我们国家面临的社会性问题，国情和实践充分证明，仅靠国家与个人自身养老还是远远不够的，只有充分发挥以孝道文化为基础的家庭养老

① 郑智辉. 传统孝文化及其现代价值［J］. 前沿，2003（2）：110–112.

的作用，才能更好地解决养老问题。孝行有助于解决"老有所养"问题，而且维护了社会的稳定与和谐，也创造出了中国人独有的孝道文化和民族美德。所以，"敬老养老"就是为国分忧，我们应该培养中职生的这种主人翁意识。

总之，孝文化教育可以作为中职学校德育的一个很好的切入点，能够为学校德育提供缺失的养分，如感恩意识、责任意识等。要加强青少年的思想道德教育，教育学生爱惜生命，孝敬父母，尊敬师长和老人，热爱祖国，提高学生的感恩意识、责任意识、爱国精神，从而促进学生个人发展和进步，推进家庭和睦，维护社会和谐稳定。我们必须加强孝文化教育，青少年作为社会主义事业的建设者和接班人，更应该接受孝文化教育。中国孝文化中的精华成分体现其对人类文明的普遍价值，从而决定了孝文化所具有的现代意义。从中华优秀传统文化中汲取崇德向善的力量，对于立德树人，培养和提高当代学生的感恩意识、责任意识和爱国思想有着重要作用。

参考文献

［1］吴虞. 说孝［M］//中国现代思想史资料简编：第1卷. 杭州：浙江人民出版社，1982.

［2］肖群中. 孝与中国的国民性［J］. 哲学研究，2000（7）：33–41.

［3］郭相颖. 孝道与中华传统文化的传承［J］. 重庆社会科学，2009（1）：118–122.

［4］华宪成. 孝悌力行［M］. 天津：天津大学出版社，2015.

［5］梁漱溟. 中国文化要义［M］. 上海：学林出版社，1987.

［6］敬丹. 儒家孝文化在学校德育中的运用［D］. 绵阳：西南科技大学，2015.

［7］胡光明. 正确对待孝文化，弘扬孝文化在学校教育中的作用［J］. 宝鸡文理学院学报（社科版），2013（2）：107–109.

［8］郑智辉. 传统孝文化及其现代价值［J］. 前沿，2003（2）：110–112.

礼文化——礼者敬人

一、中华礼文化概述

中国素来有"礼仪之邦"（或"礼义之邦"）的美称，可见"礼"在中华文化中的重要性，乃至于中华文明也被称为"礼乐文明"。中国作为世界四大文明古国之一，古文明历史悠久，礼的产生，几乎同步于华夏文明的出现。在文字产生之前的远古社会，"礼"的现象就已存在，如中国古史——"春皇庖牺"的传说中就有关于"礼"的记载："（庖牺）立礼教以导文，造干革以饰武，丝桑为瑟，均土为士埙，礼乐于是兴矣。"这时期的"礼"，几乎是作为一种文化仪式流传于人类生活中的，同时，它又像肢体语言一样，在日常交流中被普遍使用，以至于到了夏、商、周三代，"礼"之蕴涵渐于丰富，涉及哲学伦理、习俗、法律、政治、人伦、教育、军事、宗教等方方面面。正如《礼记·曲礼上》所言："道德仁义，非礼不成，教训正俗，非礼不备。分争辨讼，非礼不决。君臣上下父子兄弟，非礼不定。宦学事师，非礼不亲。班朝治军，莅官行法，非礼威严不行。祷祠祭祀，供给鬼神，非礼不诚不庄。"处理各种事物，非"礼"不行，由此可以看出，礼对于人是多么重要。礼的存在为人们处世安身找到了生存法则，礼也因此成为一种人人都要学习并常用的社会规范，进而发展为文化形态，即礼文化。

　　总而言之，古礼发源于上古，中经五帝三王时代直至成熟，到春秋则渐趋衰微，即走向"礼废乐坏"的局面。但是，礼一旦形成文化形态，就会有无数的传播形式，乃至于贯穿中华文化之始终，生生不息。礼文化的发展，虽历尽坎坷，起落不迭，却也在曲折中得到一代又一代人的继承与弘扬。从春秋战国时期"礼崩乐坏"对礼乐之道的冲击，到秦帝国"焚书坑儒"对礼文化的踩躏；从西汉"罢黜百家，表彰六经"对礼文化的肯定，到东汉谶纬迷信对礼学的神秘化；从宋代理学家"存天理，灭人欲"对礼文化价值的扭曲，到近现代"砸烂孔家店"对礼文化的极端否定[①]；礼文化就这样在不同时期为统治者所利用，为时代之需要而被赋予新的内涵和意义。直至今天，随着助力中华民族伟大复兴的中国梦的实施，振兴中华优秀传统文化的时代使命也变得艰巨。历史的积淀在现代社会无法复制，也不容刻板地复制。圣人作礼以教人，使人以有礼，知自别于禽兽。习礼是人类由野蛮向文明进化的过程，所以礼之形式与内容也在不断进化，趋于合理与神圣。礼文化更是成为中华优秀传统文化的主体部分。

（一）礼文化的基本内涵

　　谈及礼文化，有必要先说说礼。"礼"和"礼文化"是密切相关的两个概念，却不等同。所以，要弄清礼文化的内涵，就不能不先了解礼的内涵。

　　"礼"是什么呢？中华民族"礼仪之邦"的美誉古来皆知，但什么是"礼仪之邦"？如何才能被称为"礼仪之邦"？对此，我们首先要明白"礼仪之邦"之"礼仪"究竟是什么意思。"礼仪"一词，显然是由"礼"和"仪"发展而来的，"礼仪"是"礼"和"仪"的合称，是两个有区别的概念。合在一起，则释为"礼的仪式"，也就是"礼"的外在表现形式。关于这两者的区别，《左传·昭公五年》有相关记载：

　　"公如晋，自郊劳至于赠贿，无失礼。晋侯谓女叔齐曰：'鲁侯不亦善于礼乎？'对曰：'鲁侯焉知礼？'公曰：'何为？自郊劳至于赠贿，

---

① 张自慧. 礼文化的价值与反思 [M]. 上海：学林出版社，2008.

礼无违者，何故不知？'对曰：'是仪也，不可谓礼。……'"

其实，在古代，"礼仪"一词更多的时候侧重于"礼"和"仪"的区别，古人说礼则谓"礼"，说仪则谓"仪"，很少会将"礼"和"仪"连用，发展成为一个固定的词，也只见《仪礼》成为专名。所以通常说"礼仪"，反而侧重于"礼的仪式"这一理解。

自古以来，关于礼或礼文化的说法有多种多样，和礼相牵系的东西丰富多彩，难以"一言以概之"。在古代典籍中，与礼之内涵相关的阐释和论述就有不少。《论语》一书提到"礼"的不下 28 条，如《学而篇》："礼之用，和为贵。"《泰伯篇》："兴于诗，立于礼，成于乐。"《颜渊篇》："克己复礼为仁。""非礼勿视，非礼勿听，非礼勿言，非礼勿动。"《季氏篇》："不学礼，无以立。"等等。孔子所专注的"礼"，自然为周礼，却又归于"仁"的思想体系。《周礼》《仪礼》《礼记》更是以"礼"命名，是作为阐释"礼"的专书。此外，如《孟子》《荀子》，乃至于二十四史，也有不少礼乐方面的内容，《孟子·公孙丑上》说："辞让之心，礼之端也。"《荀子·大略》云："礼者，人之所履也，失其履，必颠蹶陷溺。"事实上，古人做任何事，在日常规范上，是离不开礼的，尤其见于统治阶层，礼几乎贯穿于古人生活的方方面面。甚至在治国理政上，自汉代以来，古人一贯遵循的是儒家思想，儒家的一套礼乐建制深入人心，成为统治者的治国良方。可以说，中国古代主要是以礼治国，而不是以法治国。礼治的人性化，一方面显示了君威的至高无上，另一方面则可看出古代社会的人文关怀。

如何把握礼文化的内涵，还需理解"文化"一词的含义。《周易·贲卦·象辞》云："刚柔交错，天文也；文明以止，人文也。关乎天文，以察时变。关乎人文，以化成天下。"这里的"文"，是从纹理之"纹"抽象而来的。"人文"与"天文"（天道自然规律）相对，侧重于社会伦理关系，用"人文"达到"化成天下"的目的，已然接近"以文教化"的思想。文化的概念也因此渐渐明晰。那么礼文化则可以理解为"以礼化成天下"，是一个大范围的概念。为深入理解这个概念，离不开对古礼内涵的深入了解。大致说来，中国古代的礼主要可归为典章制度、礼节仪式和道德规范三个层面。典章制度上的礼，主要是指有关政教刑法、朝章国典等，如《周礼》所记载的各种礼的内容。礼节仪式上的礼，重在礼的外在表现形式，指社会交往过程中人们应遵循的行为、仪节和举止规范等，可称之为礼仪。如《仪礼》中记载的周代的冠、昏、丧、乡、射、朝、聘等各种礼仪。道德规范层面上的礼，是指可以作为道德律令来遵循的有关礼的准则，如礼义、礼教以及《礼记》中的部分内容[①]。礼文化同样广泛涵盖这三层主要内容，不过侧重于从文化的角度来阐释，体现为各种文化形态，以礼之施行，外化礼之仪式。

综上所述，礼文化是与礼息息相关的一个概念，但不完全等于礼。同时，又因为礼之内涵和外延的广泛，存在多维性，难以对礼下一个准确的定义，那么，对礼文化内涵的理解也要以多维的视角，以超越时空的更为广阔的视野去考察。礼是中华文化独有的概念，是华夏文明的基本特征，更是古代治国教化的主要手段。礼文化是礼的核心体现，也是为今所要传承的中华优秀传统文化之一，我们说待人接物要讲文明、讲礼貌，便在于我们有礼文化的传统、有礼文化之根本。一直以来，礼文化突出地以礼治为核心、以礼教为手段、以化成天下为目的，礼不是为上层社会所独有的东西，而是可以普遍作为人之自我管理或他者管理的法则，主要表现为典章制度、礼节仪式、道德律令三个层面的一系列制度、规范和准则，在今天来说，则突出地表现为文明（社交）礼仪。

（二）礼文化的形成与发展

司马迁说："礼由人起。人生有欲，欲而不得则不能无忿，忿而无度量则争，争则乱。先王恶其乱，故制礼义以养人之欲，给人之求，使欲不穷於物，物不屈於欲，二者相待而长，是礼之所起也。故礼者养也。"[②]认为礼的出现在于人的欲望，为扼制由于人的欲望而生起的祸乱，先王制礼以滋养人的身心，怡养性情，提升人的精神素养，从精神上满足人的欲望，所以说"礼者，养也"，体现为礼的作用。

---

① 张自慧. 礼文化的价值与反思［M］. 上海：学林出版社，2008.

② 〔汉〕司马迁. 史记［M］. 北京：线装书局，2006.

许慎《说文解字注》："礼，履也。所以事神致福也。"这种释义最早见于《礼记·祭义》和《周易·序卦》。据《礼记·祭义》记载：曾子在谈论孝道的时候提到此义——"礼者，履此者也，"《礼记正义》将"履"释为"践履也，""言欲行礼于外者，必须履践此孝者也"。即"履"为实行、践行之义，但这不是"礼"的意义，只不过是一种假借的用法，与"履"相对举，用以说明行礼的状态。

《周易·序卦》："物畜然后有礼，故受之以履。"《周易正义》将此释为"履者，礼也。礼所以适用也。故既畜则宜用，有用则须礼也。"在这里，也未真正释出"礼"之意义，而是阐述了"礼"之用，但是可以看出"礼"在其中的尺度分量之重，也可称之为行履之标准。

古人称鞋为履，引申为行走，也就有实际操作的意义，那么，不管是"礼，履也"，还是"履，礼也"，"礼"都是"履"的一种标准或行为规范。也就是说，礼如同人行走的道路一样，前人走出路状，后人沿路而行，可谓前人所造，后人所用，正如鲁迅所说的"世界上本没有路，走的人多了，也便成了路"。道路形成之后，人们会顺着路线走，而不会刻意去走没有路的地方，这就是规范。

"所以事神致福也。"说明"礼"与祭祀活动有关。"礼有五经，莫重于祭，故'禮'字从示，豊者，行礼之器。"关于这点，《礼记·礼运》说："夫礼之初，始诸饮食，其燔黍捭豚，污尊而抔饮，蒉桴而土鼓，犹若可以致其敬于鬼神。"这应该是"礼"最初的形态。就"礼"字而言，近代学者王国维考证说，卜辞中的"礼"（繁体"禮"字）像是用两块玉盛在器皿中去作贡奉，表现的是对祖先或上天的崇敬[①]。郭沫若先生在《十批判书·孔墨的批判》中也说道："礼是后来的字，在金文里面我们偶尔看见有用豊字的，从字的结构上来说，是在一个器皿里面盛两串玉具以奉事于神。[②]"可见，礼最初应是与祭祀、祀神活动相关。古人常于祭祀，尤其是早期人类，惊叹于大自然的神秘力量，开展祭祀活动，祈求神灵的庇护。这种祀神活动，会有一系列的礼节仪式，成为

① 张自慧. 礼文化的价值与反思 [M]. 上海：学林出版社，2008.
② 王琦珍. 礼与传统文化 [M]. 南昌：江西高校出版社，1995.

后来"礼"的一部分。

随着社会生活的发展，"礼"的意义范围不断扩大，为社会成员自觉使用，成为公众行为，变成民风、礼俗，趋于稳定，并进一步系统化、规范化成为礼仪，即宗法制度中的行为规范，转而形成了一种区别尊卑贵贱的意识形态。再后来，"礼"由宗族内部扩展到国家的政治生活领域，就形成了严格的社会等级制度。到了西周以后，被进一步发展为维护统治阶级利益的核心政治思想，乃至形成一整套完整的"礼治"理论体系。在这个形成与发展的过程中，周公、孔子、董仲舒、朱熹是典型代表。

周公是周朝建制的开创性人物。周公摄政七年，相传其制礼作乐，稳定了周朝的统治。那么，周公"制礼作乐"的具体内容是什么呢？概括而言，大致有以下三个层面的内容。一是礼义，即前面所说的抽象的道德规范、道德准则。二是礼仪或礼节，即典章制度或礼乐制度。《礼记》中有所谓"礼仪三百，威仪三千"的说法，可谓"繁文缛礼"，涉及政治、军事、生活等方方面面。三是礼俗，承袭前代而来，又有所损益，如《论语·为政篇》："殷因于夏礼，所损益，可知也；周因于殷礼，所损益，可知也。"《论语·八佾篇》："周监于二代，郁郁乎文哉！吾从周。"因循前代的礼俗，发展为周代的礼文化的一部分。到了孔子时代，"礼崩乐坏"的局势令人担忧，孔子推崇周礼，极力想复兴周代的礼乐文化，修订五经，发展了自己的"仁"学思想，提出"克己复礼为仁"。孔子的"仁"与当时的"礼"其实是一致的，是对周礼的继承与发展。由此可以说，孔子是先秦礼文化的奠基者[①]。经过春秋战国礼乐崩坏的动荡，礼文化逐渐走向分化，西汉时期，董仲舒提出"推明孔氏，抑黜百家"，礼文化又重新得到发展，但这时候的"礼"，已非春秋时期的儒家思想"礼"之原貌。南宋时，朱熹提出了"存天理，灭人欲"的理学思想，这一思想源于《礼记·乐记》中"人化物也者，灭天理而穷人欲者也。于是有悖逆诈伪之心，有淫泆作乱之事"。朱熹提出来之后，得

---

① 张自慧. 礼文化的价值与反思［M］. 上海：学林出版社，2008.

到统治者的大力推崇，到了明清，甚至有愈演愈烈之势，可见，这也是对礼文化的传承，却为后人所诟病。

（三）礼文化的历史贡献和局限性

礼文化是中华传统文化的重要组成部分，几千年来，生生不息，与人民的生活紧密相连。历朝历代，无论统治者出于何种目的，均不能完全抛开礼而有所作为。礼成了一切的根本，它以自身独特的不可替代的价值为中华民族的生存和发展注入了时代的生机与活力。文化的历史作用向来不可估量，何况礼文化的博大精深，加上它在历史中的经典地位，更让人感到它的高深莫测，这一点今人恐怕是难以理解的。但不可否认，礼文化在中国历史上发挥了巨大的作用，礼的形成与发展同步于中华文明的形成与发展。与此同时，礼文化又在中国这片特殊的土地上做出了它的历史贡献，成就文化之名与实，"礼以化成天下"。下面就礼文化的历史贡献作一简单的剖析。

礼文化起源于上古，在夏、商、周三代得到极大的发展，《周礼》一书对礼做了最好的描述。即使到了"礼崩乐坏"的春秋乱世，人们仍然把礼视为维系社会、治理国家的正统法则，寄希望于礼，将礼作为摆脱政治危机的重要武器。可以说，在先秦时期，礼是治理国家的根本，礼文化为社会的正常运行提供了各种范式与衡量标准，这在先秦的很多典籍中都有相关记载。

《左传·僖公十一年》："夫礼，国之干也。"

《左传·襄公二十一年》："礼，政之舆也。"

《左传·隐公十一年》："礼，经国家，定社稷，序民人，利后嗣者也。"

《荀子·天论》："人之命在天，国之命在礼。"

《荀子·大略》："礼之于正国家，如权衡之于轻重也，如绳墨之于曲直也。"

《礼记·曲礼上》："夫礼者，所以定亲疏，决嫌疑，别异同，明是非也。"

每一个时代，于国于家，君与民之间都需要一套秩序来维持社会的稳定，礼的存在正好满足了统治者的为政要求，同时，这也是人民所希望的。礼治相较于法治，显得更为人性化，而且礼对人的约束，更多在于防患于未然，而不是像法治那样致力于对已然行为的惩罚。"礼仪之邦"之所以为人称颂，正在于其中的礼之蕴涵。国之大事，唯在安民，以礼治国，平天下之心。司马迁在《史记·礼书》中对礼的这一贡献给予了很高的评价：

"（礼）治辨之极也，彊固之本也，威行之道也，功名之总也。王公由之，所以一天下，臣诸侯也；弗由之，所以捐社稷也。故坚革利兵不足以为胜，高城深池不足以为固，严令繁刑不足以为威。由其道则行，不由其道则废。"

汉代大兴礼治，"罢黜百家，独尊儒术"，迎来大汉盛世，蛮夷诸敌不敢来犯。推崇礼义，与民休养生息，更能睦邻四方，协和万邦。《礼记·礼运》有一段对大同社会的描述，是礼文化运行下的社会理想，古人追求齐家、治国、平天下的政治抱负，大同理想中的仁、义、礼、智、信原则正能为他们实现政治抱负指明出路，成就人生价值，为个人正名：

"大道之行也，天下为公。选贤与能，讲信修睦。故人不独亲其亲，不独子其子，使老有所养终，壮有所用，幼有所长。鳏寡、孤独、废疾者，皆有所养。男有分，女有归。货恶其弃于地也，不必藏于己；力恶其不出于身也，不必为己。是故谋闭而不兴，盗窃乱贼而不作。故外户而不闭。是谓大同。"

此外，礼文化的历史贡献还在于教化民众，使其修身养性，凝聚民心。《礼记·冠义》云："凡人之所以为人者，礼义也。"圣人制礼作乐，以别于人之野蛮和文明，以礼化民，使人具有人之为人的高尚品行，由恶向善，追求真、善、美的至高境界。古人重礼，重祭祀，讲究孝道，正在于礼文化之突出人性的一面，所谓"人文关怀"。上行下效，如果统治阶级正确推行礼文化，与民向善，使人立于社会，那么天下顺归，更能怡养身心。

《论语·子路篇》："上好礼，则民莫敢不敬。"

《论语·宪问篇》："上好礼，则民易使也。"

然而，凡事过犹不及，"礼之用，和为贵"，若过分以礼牵制一切，结果自会适得其反。所以，在继承与发扬礼文化的重要价值时，也要正视礼文化的局限性。

在"礼崩乐坏"的春秋末期，要想像三代那样继续推行礼文化，显然是越来越困难了。处于乱世之中，人民安身立命的愿望越发强烈，执着于礼已然不能求得一份安宁。孔子周游列国，游说他的仁礼思想，终不被采纳，最后返鲁，专心于教育。采用法家思想的秦国，在战国后期迅速崛起，横扫六国，建立了中国第一个统一的多民族国家。这说明礼文化尽管占据中国文化的主位，却也不是任何时代都适用的。即使像汉武帝时期那样的盛世，因为过分重礼，扼制了其他文化的发展，造成了中华多民族文化的流失。南宋时，朱熹倡导"存天理，灭人欲"的礼治思想，同样挫伤了其他文化的发展，以至到了明清，大兴"文字狱"，戕害了一批又一批仁人志士。尤其在晚清，封建礼教更是造成了"人吃人"的社会，愚弄百姓，引起无数有识之士的极大愤慨。五四新文化运动喊出"打倒孔家店"的口号，旨在清理礼文化的污秽，甚至废弃礼文化，从而树立新文化。

二、礼文化的当代价值

要挖掘礼文化的当代价值，首先得清楚礼文化的历史价值。礼文化在中国历经几千年而不衰，其存在和发展本身令人深思。晚清以来，经过五四新文化运动，民主思想深入人心，传统礼制随着中国封建社会的最后瓦解而结束了它的历史使命[①]。礼文化的衰落也为中华大地迎来新的曙光，可是礼文化真如它的历史命运一样被一概否定吗？它在历史上曾造就的中华盛世在当今时代难道一文不值？这不得不引起我们的思考。十八大以来，在习近平总书记的领导下，我们致力于复兴中华优秀传统文化，并为实现中华民族伟大复兴的中国梦而不懈奋斗。科教兴国、文化强国，推进新时代文化建设，离不开对传统文化的继承与发展，对

---

① 王琦珍. 礼与传统文化 [M]. 南昌：江西高校出版社，1995.

待礼文化亦是如此。

前面已对礼文化的历史贡献作了概述，大致说来，礼文化的历史价值还在于它的历史贡献。治国安邦、睦邻四方、使民修身养性并向上向善、为民创造实现人生价值的条件等等，礼之精神，最初就有进化人性的功能，使人由野蛮走向文明。放之当代，礼对于国家、社会以及个人，同样有其存在的价值和意义。改革开放以来，中华大地发生了翻天覆地的变化，经济的飞速发展，社会环境的日新月异，人们的生活水平也迈上一个又一个新的台阶。全球化的快节奏时代，追求创造，追求新奇，高科技的便捷似乎拉近了人与人之间的距离。可是这种多元化的快节奏，也会流于"快餐文化"的泛滥，随着网络文化的迅速崛起，人们很难再有那种"静斋书声"的闲情逸致，反而更多地去享受电子时代所带来的"视觉文化"的快感，好像活得轻松自在，却又备感生存的无限压力。将礼文化置于这样一个全球化、多元化、快节奏的时代，如何才能挖掘出礼文化的当代价值，如何继承和发扬影响着世世代代中华民族的生活方式和行为仪表的礼文化，这是值得我们当代人深入思考的。

梁启超曾考察欧洲各国，试图从欧洲文化中寻找拯救中国的道路，可是最终也没有找到，反而陷于中华几千年文明而幡然醒悟。看来华夏文明自有其复己自新的超时代效应。我国改革开放以来，随着市场经济的进一步发展，异质文化与传统文化的冲撞越发激烈，在当今这样一个依法治国的时代，礼文化重人治的特性势必会与时代的法治产生矛盾，而且这种矛盾将会历久不消。那么，礼文化的历史价值在当代是否就毫无意义呢？当然不是。我们强调中国特色社会主义，贵在有中国"特色"，从文化的角度来讲，礼文化可谓凝聚了浓厚的中国"特色"。我们正着力践行社会主义核心价值观：富强、民主、文明、和谐，自由、平等、公正、法治，爱国、敬业、诚信、友善。这些内容皆可从礼文化之中找到它们的历史影子，虽不能将它们归于皆从礼之中演化而来，但可以看出它们与礼存在着十分微妙的联系。礼之用，任何时代都不会过期，相反还具有从传统凝聚而来的历史底蕴。当代世界，异类文化更新速度之快，几乎每一年都会产生新的词汇，意味着新的文化形式也将渐成气候。

我们挖掘礼文化的当代价值，自要执"礼"形成社会规则，学会自我规范，而不是一味地随波逐流，同时应当自觉地保留传统文化的"书生气"，做当代世界的知识文化人。

20 世纪 80 年代以来，中国文坛兴起了一股文化寻根的热潮，民族的"根"究竟在何处？中华文化的"根"又该去哪里寻找？韩少功在其论文《文学的"根"》中说："文学有根，文学之根应深植于民族传统的文化土壤中……"那么，寻找文化之"根"也要从华夏传统中得到启示。"礼"作为中华文明的本质性特征，礼文化自有其无限拓展性。在当代，学礼、懂礼、守礼，似乎被贴上了"高规格"的标签，或者单纯地被用来自嘲"文明人"和"野蛮人"。但是，日常的文明礼仪却不得不遵守，当整个社会趋向于文明化的时候，个人的"野蛮行为"就会成为社会的嘲讽对象，成为文明教化的反面例子。这样看来，其实我们也在不间断地学礼，并尽力懂礼，且为做一个文明人而守礼。社会越往前发展，人的文明程度越高，礼文化的作用也越重要。塑造文明人，和谐文明社会，携手世界和平与发展，共创中国未来新篇章，礼文化的当代价值日益得到凸显。"国学热""汉学潮"，无一不是对礼文化的深刻感受。没有封建时代的礼教束缚，我们不仅解放了自己，也解放了精神。而传承中华优秀传统文化被提上国家日程，我们更应该紧跟时代步伐，发扬礼文化的睦邻友好之气，学礼以修养身心，懂礼以溯源民族的"根"，守礼以唱响未来。文明城建设正如火如荼地进行着，未来执新时代文明走向世界，礼文化的当代价值也便随着文明的建设而重新得到人们的认可，并逐渐赋予时代特色。

三、礼文化教育对中职德育的意义

在崇尚文明进步的时代，社会对于人的素质要求越来越高，这不可避免地要让更多的人接受基本的教育并追求更好更高的教育。礼文化教育是实施德育的关键，礼的产生本来就是为人服务的，旨在促进人的进化，使人成为一个有道德、有理想的人，德育的目的也在于此。根据 2014 年修订的《中等职业学校德育大纲》，中职德育的目标首先在于把学生培养成为爱党爱国、拥有梦想、遵纪守法、具有良好道德品质和文明行为习惯的社会主义合格公民。要实现这样的目标，离不开对优秀传统文化的继承与发展，离不开发挥礼文化教育功能。如此一来，在现代社会的大背景下，我们有必要对礼文化作出新的解读，挖掘礼文化对中职德育的意义。

首先来看看中职学生礼仪教育现状。中职生是一个特殊的学生群体，其复杂的生源构成，增加了学校的教育难度，在德育上也不例外。尽管从小就被教育要讲文明、讲礼貌，但很多中职生缺乏文明礼貌。根据相关调查，目前中职学生礼仪教育存在许多问题，主要表现为以下几个方面：第一，学生缺乏基本的礼仪素养，比如有的中职生在公共场合随地吐痰、乱扔垃圾，大声喧哗；第二，青春期的叛逆心理依旧，不懂得尊敬师长、尊重他人，有的学生甚至以自我为中心，扰乱课堂，不服学校的管制；第三，对文明礼仪的认识不清，有些中职生认为上职校在于个人技能的提升，礼仪学习纯属无用，而且还像校规校章一样无聊，学习礼仪的积极性不高。这些问题究其原因，根本在于中职教育体制的弊端，重技能、轻德育的教育模式本身对学生能力的培养就有所偏差，所谓适应社会的发展需要而培养专门人才，不过是看到了社会的显性需求，殊不知社会的隐性需求也要深入考虑。除此之外，生源的构成也是很大的问题。中职学校的生源，大多是初中成绩较差或中考失利的学生，把这一部分学生聚到一起，很容易造成极端现象，师生之间要形成有效的沟通与交流，也需要想尽一切办法，这在无形中给教师增加了压力。为此，为促进中职德育的发展，相应的解决对策也要及时探讨。

德育是人实现全面发展的极为重要的内容，也是礼文化的内涵所在。传承中华礼文化，对中职学校来说，在于德育以塑身心，提升个人品质，增加学生文明礼仪涵养，从而促进社会的文明建设。为学以修德，《论语·述而篇》说："德之不修，学之不讲，闻义不能徙，不善不能改，是吾忧也。"看来，想要在各方面成就自己，德育修为万不可少。反过来看中职教育，在重视技能教育的前提下，德育也不容忽视。事实上，德育无须像技能教育那般专业化，而可以贯穿在整个职业教育的体系中，比如升旗仪式、课堂礼仪、成人礼。课堂礼仪是师生之间形成有效沟通与交流的最基本的互动形式，彼此尊重，相互配合，课堂教育才能有序地进行下去。古人以"礼"治国，正在于礼文化能让社会有序地运转。成人礼，是每个人颇为期待又害怕面对的仪式。古人有男子二十行冠礼，女子十五行笄礼，是为成年。学校举行的成人礼与古人形式不同，但蕴意是一样的。

校园中的礼仪关乎学生之间、师生之间的日常交往，所以，在生源构成无法改变的情况下，学校应当努力提高教师队伍的整体素质，如专业能力、道德素养，同时要做好校园德育文化的建设，为学生创造一个良好的德育环境。此外，创新对中职生的学业评价机制，倡导日常文明礼仪，学生之间相互监督，将德育表现纳入学业评价之中，转变培养模式，兼顾技能教育与礼仪教育对学生的塑造。当然，所有这一切都离不开国家方针政策的指导，随着社会环境的变化，必须从实际出发，才能更好地为学生服务，对学生负责，也是对国家、对社会、对学生家庭负责。礼文化教育的意义也是如此，如同中职德育一样，是为了提高学生道德修养，塑造学生高尚的人格，引导学生树立正确的人生观和世界观，帮助学生成人以成才。礼文化教育对于现代社会，能外塑良好的个人形象，增进人与人之间的交往，从而推动社会的进步。

中华礼仪在任何时代都是社会所需要的，我们要像推进德育一样，推进礼文化教育。中华文明不曾间断发展至今，礼在其中的作用不容否定。我们每个人必须要有基本的礼仪常识。接受礼文化教育，修身养性，还心灵一片净土，锤炼抵制诱惑的毅力，我们才能更好地保护自己，并能自我掌控。这也是推行中职德育的意义所在。

参考文献

[1] 邹昌林. 中国礼文化 [M]. 北京：社会科学文献出版社，2000.

[2] 张自慧. 礼文化的价值与反思 [M]. 上海：学林出版社，2008.

[3] 张自慧. 礼文化与致和之道 [M]. 上海：上海人民出版社，2012.

[4] 王琦珍. 礼与传统文化 [M]. 南昌：江西高校出版社，1995.

［5］姚伟钧. 礼：传统道德核心谈［M］. 南宁：广西人民出版社，1997.

［6］勾承益. 先秦礼学［M］. 成都：巴蜀书社，2002.

［7］柳肃. 礼的精神　礼乐文化与中国政治［M］. 长春：吉林教育出版社，1990.

［8］翟玉忠. 礼之道　中华礼义之学的重建［M］. 北京：中央编译出版社，2014.

［9］〔汉〕许慎. 说文解字注（第 2 版）［M］.〔清〕段玉裁，注. 上海：上海古籍出版社，1988.

［10］〔清〕孙希旦. 礼记集解（上）［M］. 北京：中华书局，1989.

［11］〔清〕孙希旦. 礼记集解（下）［M］. 北京：中华书局，1989.

［12］张葆全. 论语通译［M］. 桂林：漓江出版社，2012.

［13］〔汉〕司马迁. 史记［M］. 北京：线装书局，2006.

［14］杨朝明. 周公事迹研究［M］. 郑州：中州古籍出版社，2002.

［15］〔商〕姬昌. 周易［M］. 宋祚胤，注译. 长沙：岳麓书社，2000.

［16］〔春秋〕左丘明. 左传［M］. 蒋冀聘、标点. 长沙：岳麓书社，1988.

［17］〔战国〕孟轲. 孟子［M］. 杨伯峻，杨逢彬，注译. 长沙：岳麓书社，2000.

［18］张觉. 荀子译注［M］. 上海：上海古籍出版社，2012.

［19］不详. 周礼注疏［M］.〔汉〕郑玄，注.〔唐〕贾公彦，疏. 彭林，整理. 上海：上海古籍出版社，2010.

［20］不详. 仪礼注疏［M］.〔汉〕郑玄，注.〔唐〕贾公彦，疏. 王辉，点校. 上海：上海古籍出版社，2009.

［21］盛邦和.《礼记》与中国礼文化［J］. 江苏社会科学，2009（1）：204-208.

［22］王贺兰. 当代中国青少年礼仪教育的反思与建构［D］. 石家庄：河北师范大学，2010.

［23］张自慧．礼文化的人文精神与价值研究［D］．郑州：郑州大学，2006．

［24］陈安花．礼文化在高中思想政治教育中的应用研究［D］．扬州：扬州大学，2016．

［25］曹亚芳．论中国传统礼文化的现代转型［J］．陕西理工学院学报（社会科学版），2008（4）：8-14．

［26］周云．社会主义核心价值观视域中的传统礼仪文化建设［D］．南京：南京师范大学，2016．

［27］邵文东．论儒家礼文化的特点及内涵［J］．青海师范大学学报（哲学社会科学版），2010（2）：45-47．

［28］曾庆丹．礼文化的精神本质及其对当代公民德育的启示［J］．理论界，2010（8）：171-172．

3

传统道德——国无德不兴，
人无德不立

一、中华传统道德概念

"吾生也有涯，而知也无涯。[①]"学无止境，却日求上进。困惑远胜于知解，反而乐在其中。莘莘学子为学无悔始终，难道不是立志以行梦，成为对国家、对社会有用的人吗？经历这样一个孜孜不倦、求知至上的过程，人也在不断提升文明的高度。随着社会的发展，文明礼仪常态化已然不是什么稀奇之事，为人处世讲究文明、讲究道德，不只是对他人的尊重，也是自我修养之真善美的外化，知行如一，信步天下，自当助力和谐社会、文明社会的建设。五千年中华文明，为世人所咏叹。弘扬中华优秀传统文化，最直接的方式无疑是将文明生活化，把高雅化入日常行为举止之中。以生命的力量承托历史的浑厚，这于无数学生群体而言，正是践行作为祖国未来接班人的当下之责任与担当的最直接也是最好的方式。那么，我们首先得理解什么是传统，什么是道德。

中华传统，既有稳定和保守的一面，也有不断变化发展的一面。传统贵在历史的沉淀，在原始文化的基础上不断有新内容的加入，呈现为

---

①〔战国〕庄子. 庄子 [M]. 韩维志，译评. 长春：吉林文史出版社，2001.

各个时代的不同的特征，但始终保持在一条主线上，这就是所谓中华文明的根基。我们要继承传统，也是在坚守中华民族的根基，换句话说，我们竭力弘扬传统，在于守住我们的根，伟大的中华民族是一个有着深厚历史根基的民族，承传统，兴中华，民族魂，千古情结。八十多年前，鲁迅先生高呼"中华民族的脊梁"，我们第一次清醒地认识到"民族的脊梁"一直都在。今天，我们响应习主席的号召，全力实现中华民族的伟大复兴，"民族的脊梁"是社会主义建设的正能量。我们有底气、有魄力，是因为中国逐渐变得强大，这个强大的过程，离不开发挥中华优良传统的力量。中华的优良传统已然成为一种民族精神，成为激励人心的伟大力量。

什么是道德？据［汉］许慎《说文解字》："道，所行道也。"段注云："毛传每云行道也。道者，人所行，故亦谓之行。道之引申为道理，亦为引道。""道"字，从辵从首，"首"是头脑，代表人，从辵，即是行路之人，或是人行于路上。那么，"道"就有静态和动态两种情状。其实，"道"字产生非常早，可以追溯到三千多年前，金文 字像是一人头行走在岔路口上，理解为行走之结点，也有行走中的思考与选择，引申为道理或引道，皆可表现以上两种情状。德，《说文》的阐释为："悳（德），外得于人，内得于己也。"古"德"字——悳，从直心，意为身心所自得，甲骨文 字，像是一只眼睛直行于大道上，目察四方，身心并用，自有所得。事实上，先秦已有"道德"一词，显见于用书专名，《老子》一书又名《道德经》，书中说："道生一，一生二，二生三，三生万物。"道是万物之源，是事物运动变化的规律，更是创造一切的力量。"道"与"德"之关系，则有"道生之，德畜之"，道为德本，依道而行，内外兼修，是为有德。《论语·述而》云："志于道，据于德，依于仁，游于艺。"道谓"人道"，德为"仁德"，有志施行人道，以德为据，依靠"仁"这个核心，便可以六艺行于天下。先秦诸子，在道德范畴上皆颇有创见，即使未明确出现"道德"二字，也有在道德系统上的发挥。如墨子主张兼爱，"不辟亲疏"；孟子发扬孔子的"仁学"思想，提倡"性善"，强调仁与义的结合；荀子则主张"性恶"，强调后天的改造，即有来自道德上的约束力。总之，"道""德"二字在成为一个固定的词之后，其内涵归属也越来越丰富，随着历史的发展，道德思想渐步服务于政治统治，纳入"礼"的范畴，日渐入人心。

由上可见，中华传统道德内涵十分丰富，如"仁"提倡仁爱，"仁者爱人"，"信"则恪守诺言，知诚守信，"忠"是对民族与国家的自我坚守，自觉挺起中华民族的脊梁，忠于祖国，忠于人民，忠于事，乃至成为立世之信仰，其他如孝、廉、义、勇……无不在各个方面形成对人的规范，所谓无规矩则无方圆，以传统道德来约束自己，也是对自身素养的一种修炼。然而，传统道德不是一成不变的，沉积于漫长的历史当中，具有稳定性和发展性。远古至今，道德经人类已然带来了极大的进步，人类对道德的认识越发深刻，由自然之道转为社会之道，崇德以向善，日益展现生命的价值，为社会贡献自己的力量，坚守道德、弘扬道德传统也是对社会的作为。此外，凡事皆有两面性，传统服务于宗法社会几千年，固然不乏优秀的内容，但在传承的过程中也要认清实际，取其精华，去其糟粕，唯有与时代发展相适应，才能推动社会的进步，为新时期社会主义文化的建设注入新的活力。

二、传统道德教育功能分析

（一）仁爱——仁者爱人

仁是什么？许慎《说文解字》云："仁，亲也。从人二。"段注解为相偶之义，乃依于《中庸》"仁者，人也"，仁与人的行为相关。孔子曰："克己复礼为仁。""夫仁者，己欲立而立人，己欲达而达人。"在孔子看来，"仁"是一种道德准则，是社会的道德规范，更是人类最高的道德境界。孔子亦是"仁学"思想的创立者，儒家学派的创始人，把"仁"作为处理社会人与人关系的道德准则，作为人安身立命的道德规范，以此建立起了一个以"仁"为核心的道德思想体系，强调"仁者爱人"，阐发了仁、义、礼、智、孝、悌、忠、信等一系列道德规范。几千年来，孔子的"仁爱"思想不断成为教育的范本，成为处理伦理关系的原则而历久弥新，以至到今天，成为我们要继续弘扬的中华传统美德。

21世纪是一个以和平与发展为主题的时代，建设社会主义和谐社会，我们应当怀着一种心中充满大爱的无私情怀，即使终其一生都成不了世人眼中的完人，但至少是一个善人，一个有善心、有"仁爱"情怀的人。要培养这样一种人，深入挖掘传统道德教育功能是很有必要的。《论语》一书，与其说是孔子思想建构的理论性著作，不如说是孔子在教育上的课堂性记录，尤其体现为对"仁"的讨论与认识。我们对《论语》的初步了解，是基于书中一个又一个对话片段。剧本式的对话情节，更能激起读者的阅读兴趣。每阅读完一个篇章，就似乎上了一堂主题性的课，而看《论语》的目录，各有明确的主题词，所谓题眼，如"学而""为政""八佾""里仁"。今天的教科书编排，如中学语文教材或中职语文教材，按照一定的顺序设置几大单元，在每个单元的主题规制下，选取相应的文学作品纳入该单元，这样不仅方便教学，也易于学生理解与接受。如此设置教材，与古人的教学思想一脉相关，体现出对传统教育的继承，使中华传统文化具有连续性与悠久性。

如果把《论语》当作一部以"仁爱"为核心思想体系的教科书，那么我们对孔子"仁学"思想的理解就不会教条化。品读经典，本身就是一个接受教化的过程，可贵的是，我们在这个过程中是有所感悟的，悟有所得，乃至成德。这就是来自经典的教育，吸收古人的智慧，成就今时的人伦。为学共友，携远方之友朋在学与问之中更上一层楼。为人讲究仁爱，做到老吾老以及人之老、幼吾幼以及人之幼，胸怀天下，关爱社会，乐志心诚，共创美好的未来。传统道德教育功能，在于传统基于历史的厚重，可以不断地容纳新的事物，在于道德对人的塑造，向上向善，这是任何时代都需要的。

（二）诚信——知诚守信

何为诚信？"诚"与"信"作为伦理规范和道德标准，最初是分开使用的。如《中庸》："诚者，天之道，诚之者，人之道也。"而《墨子·经上》则有："信，言合于意也。"诚和信各有所指，或各言其事。以后随着词义的引申，彼此渐有交叉，相互关联越发密切，如《说文》对"信"

字和"诚"字的解释："信，诚也，从人言。""诚，信也，从言，成声。"二者对义互训，词义在很大程度上出现重复，以至形成一个固定的词。我们现在讲"诚信"，旨在取这两者的道德意义。就其教育功能而言，知诚守信是为人处世的基本原则，《论语·为政篇》说："人而无信，不知其可也。"人无信不立，若不能在众人之中树立威信，则不足以成大事。

古人在对待"信"的程度上可谓是非分明。《世说新语》就有这么一个关于讲究"诚信"的故事——《陈太丘与友期行》：元方驳问客的态度之坚决，丝毫不给对方任何余地，可谓直接，"君与家君期日中。日中不至，则是无信；对子骂父，则是无礼。"一个七岁的孩子尚且懂信知礼，能够条分缕析地指出对方不守信的可耻行为，可见当时社会在对待孩子的道德教育上是认真而颇有成效的。无论故事本身的真实性与否，诚信育人的功能显而易见。诚是"天之道"，是万物运动变化之规律，知诚为用，顺应自然的发展要求，人居于其中也会得到发展。信，在于"言合于意"，表里如一，内外一致，这不仅仅要有讲信用的意识，还要有执守信义的功力，也就是要兼顾道德与能力。这样一来，即使是单纯地面对自己，也能以社会的道义自我规范，遵从那颗本真的心，做到如实而合乎情理地表达自己，对他人负责，对自己负责。做一个知诚守信的人，活得坦坦荡荡，幸福自然来敲门。

中华诚信传统，同时兼顾"诚"与"信"两个方面。那么，推行诚信教育，也要做到以下两个方面：一是自己要讲信用，二是以己之信赢得别人的信任。曾子说："吾日三省吾身，为人谋而不忠乎？与朋友交而不信乎？传不习乎？"反思自己的日常，发现不足以及时纠正。这样一个反思的过程，也是自我审视的过程，中华传统道德教育，不就是这样以漫长历史传统的深厚力量来窥探当今社会人的道德心态吗？传统道德就像一面镜子，让人能够看清自我，审视自己在身心修养上所达到的高度。对自己、对他人讲信用，才能建立起人与人之间的互信，建立互信的过程，本身就是一个教育的过程。教以诚信，育人以诚信，建构诚信价值体系，从而构建社会的和谐状态。简单说来，诚信教育功能古来有之，为世人所推崇，用之今世，还在于它能提升人的道德品质，使人有诚信，这也是社会主义核心价值观的要求。

（三）忠义——精忠爱国，义以为上

"忠"是儒家学说的重要内涵与范畴。《论语》一书多次提到"忠"，如《学而篇》："主忠信，无友不如己者，过则勿惮改。"《里仁篇》："夫子之道，忠恕而已矣。"《颜渊篇》："居之无倦，行之以忠。"《季氏篇》："君子有九思：视思明，听思聪，色思温，貌思恭，言思忠，事思敬，疑思问，忿思难，见得思义。"这些"忠"侧重于君子日常行事作风，为人处世要讲究忠信。东汉经学家马融写了一部以"忠"命名的专著——《忠经》，该书是对《孝经》的补充，侧重于"忠德"方面。许慎《说文解字》："忠，敬也。尽心曰忠。"看来，"忠"的内涵非常广泛，但集中起来，主要有以下三层关涉：忠于人、忠于事、忠于行。随着历史的发展，"忠"所涵指的对象越发趋向于国家政治，强调"忠君爱国"或"精忠报国"。说到"忠君爱国"，典型的当属屈原，"精忠报国"则有南宋抗金将领岳飞、抗元名臣文天祥，他们代表着历史上的正能量，为后人所传颂。"精忠爱国"亦成为在乱世中的精神指导和奋斗力量，成为后来中华伟大民族精神的主要内涵。

什么是义？《中庸》："义者，宜也，尊贤为大。"意为公正、合宜之道德行为。《墨子·经说下》："义，利也。"以"利"释"义"，可理解为行义而有所得。《说文》："义，己之威义（即仪）也。"重在自我修为而表现出来的仪态、品性，其实也是一种道德行为的表现。孔子所述之"义"，在于伦理道德纲常，成为后来"五常"之一。孟子强调"舍生取义"，这里的"义"，侧重于道德规律，是一个大概念，上升到国家层面、民族层面，意为大义。由此可知，义之最初在于道德行为，以后进一步引申，它的内涵渐为丰富，发展为更深层次上的"义"。"义以为上"脱胎于孔子，《论语·阳货篇》："子曰：'君子义以为上。君子有勇而无义为乱，小人有勇而无义为盗。'"义是一种很重要的道德品质。孟子发展了孔子的这种"义"，主张"义以为上"，将"义"的内涵扩展到

整个社会文化群体，乃至整个民族与国家。承继古人而来，义之重，其教育功能也不容忽视。何况素有"礼义之邦"之称的中国，更是"义以为上"。育人之目的，在于塑造人的优良品质，尤其是青少年一代，有很大可塑性，充分发挥传统道德教育功能，义以塑人，从整体上提升国人的道德素养。

忠与义合为一词，体现为更强烈的凛然大义，精忠爱国，义以为上。《墨子·鲁问》："昔者，三代之圣王禹、汤、文、武，百里之诸侯也，说忠行义，取天下。"圣王有圣智，以忠义治国，赢取天下人的信任，所谓民心所向，大势趋归，求取和平，安乐心生。忠义千秋，古来咏叹，立志关怀天下苍生，可以杀身成仁，可以舍生取义。关羽是"忠义"的典型代表，忠君爱国，事主不忘本，侠肝义胆，令人佩服。历史的进步向来有所牺牲，为忠义而献身，为正义而不懈努力。如今再说"忠义"，对教育而言，在于了解忠义对人格塑造的积极作用，执忠学业，放眼未来，义寓于心，受教以成，成人，成才，成为对社会、对国家有用的人。

（四）廉耻——道之以德，有耻且格

关于"廉耻"，管仲早有"四维"说："礼义廉耻，国之四维，四维不张，国乃灭亡。[①]"《说文》[②]："廉，仄也。堂之侧边曰廉，故从广。"引申出边，与角相对。而生活中我们常常接触到的"廉"多数是在政治领域强调的"廉"，如反腐倡廉、公正廉明、廉政建设。作为普通民众，特别是还未踏入社会参加工作的中职学生，可能会觉得"廉"离自己的生活和学习比较远，会对一些倡议倡导不屑一顾，认为只有到了比较重要的工作级别时，才需要做到"廉"。其实不然，"廉"应该是要根植在我们心中的，应该成为一种个人风范。廉洁方正，不仅说的是在工作上的态度，更是要在生活中做到不损人利己，不被金钱等所迷惑，不贪图蝇头小利。这对于学生来说，更侧重于生活与学习方面，需要保持一颗

---

① 〔唐〕房玄龄. 管子［M］.〔明〕刘绩，补注，刘晓艺，校点. 上海：上海古籍出版社，2015：2.

② 〔汉〕许慎. 说文解字注［M］.〔清〕段玉裁，注. 上海：上海古籍出版社，1988：444.

廉正之心。而"耻"，《说文》[①]曰："耻，辱也。"《中庸》[②]"知耻近乎勇"，为有知耻之心，明白可耻之过，更勇于改过便是值得推崇的。《论语》[③]中有"行己有耻"。孟子[④]曰："人不可以无耻。无耻之耻，无耻矣。"孟子[④]又曰："耻之于人大矣，为机变之巧者，无所用耻焉。"当人们做了不该做的事，会产生一种羞愧感，自身会对这件事产生抵触情绪，想要去弥补或者改正。多数情况，人们心理会做情景预设，产生这种羞耻感之后更加小心翼翼地做事以不触犯社会公德的准绳。而没有羞耻之心的人，无所畏则无所不为，这是很可怕的。所以，知耻，更要责耻、督耻，自己不做可耻之事，做到"慎独"，更要对身边违背道德的事情予以谴责和批判。"廉耻"，是为人处世的一个标准，是立足于人的个性修养及其社会的道德评价。中职学生在教育阶段，能逐渐成长为有廉耻之心的人，就会清楚并恪守道德准线，严格要求自己的行事作风。走入社会之后，也秉持着廉耻之心，社会道德规范也就得到遵守和维护，对他人也会有引领和榜样的作用。以骄奢淫逸为耻，反省自身，就能鞭策自己力争上游。以自私自利、贪财逐利为耻，也就多能与人为善、廉洁自好。以损害国家利益、破坏人民福祉为耻，便会勇于与恶势力斗争，疾恶如仇，惩恶扬善，心中的善念会使每个人成为维护和谐社会的保卫者。

在中国传统文化中，儒家把培养"行己有耻"的士君子作为教育的首要目标，是伦理道德体系的一个重要部分。所以，廉耻教育自古有之，是被作为立人之本，治世之基而传承下去。培养中职学生的廉耻之心，其便能"三省吾身"则不致迷失自我，能朝着正确的方向提升自身的素养。而修身再齐家，对家庭与后代也会有好的影响，家风清则家族兴，再由小家到大家，最后人人都有廉耻心，社会风气才会和谐美善，国家的形象也能因为国民的素养得到提升，中华民族复兴才能说指日可待。廉耻教育，就是要学生明白善恶、荣辱标准，"勿以恶小而为之，勿以

① 〔汉〕许慎．〔清〕说文解字注［M］．段玉裁，注．上海：上海古籍出版社，1988．
② 〔战国〕子思．孝经·大学·中庸译注［M］．上海：上海古籍出版社，2012．
③ 〔春秋〕孔丘．论语［M］．杨伯峻，杨逢彬，注译．长沙：岳麓书社，2000．
④ 〔战国〕孟轲．论语［M］．杨伯峻，杨逢彬，注译．长沙：岳麓书社，2000．

善小而不为",社会上有些事情可能复杂难解,不一定能用善恶是非来评判,但是无论如何道德准线都应该坚守。教育不仅是要将真善美以"润物细无声"的方式滋养人心,还有不绝于耳的警钟更能振聋发聩。现在很多中职学生表现出来的问题是廉耻感缺失,在道德情感上则表现为冷漠、麻木,这种情感错位使得他们的行为与道德规范背道而驰。对一些腐败、可耻的现象,投以艳羡的目光。对自律自爱,遵纪守法的人却嗤之以鼻,谓之"迂腐"。所以廉耻教育,最重要的就是能使学生明辨是非,清楚善恶,导人向善。

三、中华传统道德在中职德育的传承

(一)中华传统道德在中职德育传承中的必要性

现在很多人在物质生活的享乐猎奇之中逐渐迷失自我。在优秀传统文化的精神力量衰弱之时,一些消极腐败的生活理念正侵蚀着人们的精神世界,以致社会上出现了不少道德滑坡现象。当代中国社会正处于转型的重要时期,存在着道德认同危机,价值观多元化的现状使得文化建设举步维艰。西方国家的很多文化理念不适合我国国情,即使文化能交融,但一些本质东西还是会相互排斥的。一个民族优秀的传统文化体现着这个民族的集体智慧和精神气质,根植在民族深层的精神力量才是民族复兴最有力的支撑。所以,要实现国家富强必先使优秀传统文化复兴,使国民的整体素质得到提升。这样创造出安定的环境,奋发向上的个人为祖国建设事业添砖加瓦,国家经济便能一路腾飞一路高歌。

梁启超说:少年强则国强。中职学生作为未来国家建设的重要力量,正处于智力增进、人格塑造的关键时期,德育对其成长尤为重要。日后他们步入社会,会变成什么样的人都跟其当下受到的教育密切相关。青少年道德素质的高低,也反映出国家未来国民素质的高低,体现着国家形象。所以,青少年的成长,会影响一个社会的整体发展。而时代的发展也影响着正在成长的中职学生,他们很容易受到社会不良风气的影响,若是不能加以正确的引导,就会出现道德滑坡等现象,也就会影响国家整体的发展。在学生群体当中就存在着不少问题,他们有很多人。

没有正确的人生观、世界观，心中没有信念。所以，在中职学生读书学习阶段，除了要重视科学文化知识的传授，更要进行优秀传统道德经典的教育。中国优秀传统文化源远流长，凝结了中华民族的智慧，是对中职学生进行道德教育的重要资源库。优秀传统道德经典教育能够在中学阶段对学生的道德品质和人格修养进行塑造和锤炼，帮助他们养成良好的生活习性，激励爱国主义和自强不息的理想信念。德育将会有效地提升中职学生的思想道德修养，实现道德教育育人和立人的社会功能和价值。

现行的德育体系多存在着就道德而谈道德，就文化而谈文化的弊端。苍白无力的课堂讲授流于形式又枯燥无趣，纸上谈兵的方式只能把中职学生培养成一个止于言说、耻于行动的人。德育教学需要适当的教育载体，不能单单依靠教材，实践才能出真知。需要引导中职学生在课堂之后有意识地去改变，从自己做起，又向身边的同学学习，进而构建富有道德精神内涵的校园文化。把传统道德落实到生活当中去，才能使得学生感受更深。一些影视资料也是德育教学的重要手段，比如展现精神光辉的《感动中国》，"两学一做"特别节目《榜样》，不仅动人心弦、感人肺腑，更能给青年一代正确引领。在德育体系中，中职教师扮演着重要的角色。中学课文《师说》中，"师者，所以传道授业解惑也"。教师是校园生活中陪伴学生最多的领路人，他们的一言一行都影响学生的思维和认识。所以德育教师的修养非常重要，教师的人格魅力对学生的人格成长也有很大的影响。在德育教学中，教师需要提高德育意识，充分认识德育教学的重要性和教育目的，认真探究改革传统教学观念和手段，关心学生素质发展。同时需要根据学生不同特点以及他们现阶段的思维方式，因材施教，探寻多样化的德育教学方式。中职院校要加强师资队伍建设，重视对中职德育教师的培养，以及对专业教师的培训，在传授专业知识的同时也强调传统道德，使传统道德深入中职学生的心里，落实到生活的每一处。除了学校的教师队伍致力于道德教育，社会上的道德楷模也应该是德育体系的主力军、引领者。学校可以开展宣传讲座，让企业技术人员、劳动模范等对中职学校相关专业学生进行技能与职业道德的宣讲。

（二）中华传统道德在中职德育传承中的意义

传统道德的内涵丰富，渗透于我们生活的方方面面，涵盖了生活规范、礼仪、习俗等，仁爱、诚信、忠义、廉耻等传统道德理念能使社会关系处于稳定的状态。在家庭之中，有"孝悌之道"，即对父母的孝敬养护之情，对兄弟姐妹的关爱。在讲求这种起源于家庭的"亲情之爱"之上，又讲求"老吾老以及人之老"[①]，传统伦理道德特别是儒家伦理思想希望这种尊老、爱老的"孝"的伦理观念由家庭推广到社会，成为人们奉行的行为规范，这便是仁者由爱家人到爱众人。在社会之中，与他人相处的"仁爱"之道，包括与他人相处时的规则规范和仪表礼仪。在与他人交往的时候要发自内心地尊重他人，谦恭待人，又要诚实守信，从而赢得他人的尊重和友爱，互爱互助，形成良好的社会风尚。礼仪，是传统文化在生活中的一种重要表现形式，表达着传统文化的深刻内涵。除了生活中人际交往的规范与礼仪，以文字作为载体的经典著作更是代表了传统文化的精髓和价值。传统道德作为从传统文化中传承下来的优秀文化资源，不管是处世为人的哲学，还是修身、齐家、治国、平天下的道德伦理都蕴含着独特的德育思想和理念，国家要富强，民族要振兴，必须回归到优秀传统文化之中寻找道德精神的支撑。中职学生的素质发展为中职教育的重点，而德育教学就是致力于提升中职学生的整体素质。中等职业教育是要为社会发展培养大量技能型人才与高素质劳动者。富有传统道德精神的青年一代，投身于社会建设大潮之中，能将精神动力转化为提升社会生产率的力量，创造社会财富，也体现着国家新型劳动者的风貌和民族的文化精神。

以孔子为核心的儒家思想是传统文化的主流，《论语·述而》[②]中有一句"志于道，据于德，依于仁，游于艺"，也诠释了儒家学派所遵循的修身之道。"志于道"，这里强调的就是立志要高远，要努力达到最高

①〔战国〕孟轲. 论语 [M]. 杨伯峻，杨逢彬，注译. 长沙：岳麓书社，2000.
②〔春秋〕孔丘. 论语 [M]. 杨伯峻，杨逢彬，注译. 长沙：岳麓书社，2000.

的境界；"据于德"，是说必须从人道起步，"天人合一"是中华传统文化的精华，那么"人"修炼是要从道德的行为开始的；"依于仁"体现的是内心的修养，是为心性之学，这是内在的，表现于外便是爱人爱物；"游于艺"的"艺"说的是古代礼、乐、射、御、书、数等六艺，于我们今天来说就是所需要具备的技能。以儒家学派为代表的传统文化的理念，可以引导中职学生从树立目标到学习技能，进而去寻求人生更高的境界。不仅是"志于学"，更要看到"学而优则仕"[1]，不是只为了自身发展而"仕"，更要为国家民族而投身于社会建设大潮当中。这些儒家学派的思想可以给中职学生提供刚健有为、积极进取的道德情感。而传统文化中非儒家文化思想，如墨家、佛家、道家等也为处于躁动的青春期的中职学生提供了另外一种道德情感。如道家等看重内在修养，追求清静无为、淡泊朴真的修身之道，也有助于修养出一种亲于自然的心境，这使得中职学生道德情感的发展有了更多的道德选择。中职阶段的学生处于人格塑造的关键时期，这时候家庭、社会，特别是学校所进行的道德教育，致力于培养正确的道德情感，培养他们良好的道德品质对于推动青少年身心健康成长，形成良好的道德选择能力，做出正确道德选择具有重大的作用。同时，青少年是社会发展的中流砥柱，青少年群体的道德素养影响着社会未来的发展。中职学生未来是要作为国家重要的建设者，他们拥有高尚的道德追求、良好精神风貌，就能提升整个社会风尚和国家形象，民族复兴之路也才会一片光明。

优秀传统文化道德教育需要与日常生活文化相结合，又以生活中被细化了的传统文化如礼仪、习俗等来深化传统道德，道德教育有经典理论的指引，使用文化经典的理论指导教育实践，教育理念又切合生活实际需要，可以最大限度发挥传统文化在中学德育中的价值。中等职业教育的教材保证了国学经典的数量和质量，使文化最精华部分得到更丰富的阐释。弘扬传统道德理念的课堂要贴近生活，详细而具体，可行而有效，要使中职学生将理念理解到位，并切实指导他们如何在生活中践行，

---

[1] 〔春秋〕孔丘. 论语 [M]. 杨伯峻，杨逢彬，注译. 长沙：岳麓书社，2000.

才是行之有效的教育。以仁者爱人、敬人的精神来感化中职学生，可以使他们懂得真诚友善地对待身边的每一个人，尊敬师长，友爱同学。忠义、爱国可以帮助他们树立正确的人生目标，在每个人的心中构筑中国梦。坚守诚实守信的传统道德，他们会认真对待每一次考试，不投机取巧，珍惜自己的信用。廉洁知耻的精神，可以加强个人对国家对人民的责任心、使命感，他们在以后的工作中能使自己心灵成为一方净土。传统道德归结在一起可以慢慢成为每个中职学生的职业精神，他们在职业选择之时会懂得要做正确合理的职业规划，在爱国精神的引领下，努力实现个人价值，更追求实现社会价值。无论在学习期间，还是在工作当中，单纯地学习技能是不能满足社会需求的，中职学生要有诚实守信意识，以爱岗敬业为荣，以好逸恶劳为耻，在学习期间认真刻苦，工作期间积极进取。从思想上改变中职学生，用道德提升人格魅力，这能深刻影响他们的职业生涯。由优秀传统道德精神建构的职业精神是将传统道德与他们的职业学习相结合，能使学生将优秀传统道德理解得更深入，更能指导他们的职业生活实践。青少年是祖国的未来，德育对青少年顺利成长为社会主义建设者意义重大、影响深远。将优秀传统道德作为中职学生德育的重要资源，不仅可以促进他们世界观和人生观的形成，同时也能使中华优秀传统文化得到传承和发扬。

参考文献

[1]〔春秋〕孔丘. 论语［M］. 杨伯峻，杨逢彬，注译. 长沙：岳麓书社，2000.

[2]〔唐〕房玄龄. 管子［M］.〔明〕刘绩，补注；刘晓艺，校点. 上海：上海古籍出版，2015.

[3]〔汉〕许慎. 说文解字注（第2版）［M］.〔清〕段玉裁，注. 上海：上海古籍出版社，1988.

[4]〔战国〕孟轲. 孟子［M］. 杨伯峻，杨逢彬，注译. 长沙：岳麓书社，2000.

[5]〔春秋〕老子. 老子今注今译［M］. 陈鼓应，注译. 北京：商

务印书馆，2003.

[6]〔战国〕子思. 孝经·大学·中庸译注［M］. 上海：上海古籍出版社，2012.

[7] 程雨琴. 仁·义·礼［M］. 北京：中国青年出版社，1997.

[8] 胡迎建. 五常仁义礼智信［M］. 南昌：江西美术出版社，2011.

[9] 商国君. 先秦儒家仁学文化研究［M］. 西安：陕西师范大学出版社，1998.

[10] 蔡元培. 中国伦理学史［M］. 杨佩昌，整理. 北京：中国画报出版社，2010.

[11] 甘葆露. 伦理学概论［M］. 北京：高等教育出版社，1998.

[12] 谭嗣同. 仁学［M］. 北京：中华书局，1958.

[13]〔晋〕刘徽. 九章算术［M］. 北京：中华书局，1985.

[14] 安贤仙. 中学德育中的传统道德经典教育研究［D］. 新乡：河南师范大学，2013.

[15] 姚林茹. 传统文化在中学德育中的教育意义及其价值实现［D］. 新乡：河南师范大学，2015.

[16] 李婕娓. 儒家仁爱思想在中职学校学生德育教育中的应用及价值实现［D］. 呼和浩特：内蒙古师范大学，2011.

[17] 王宗源. 中华礼文化与大学生礼仪教育研究［D］. 北京：首都师范大学，2008.

[18] 苗彩霞. 传统道德文明与中学生道德教育研究［D］. 兰州：西北民族大学，2014.

诗词文化——腹有诗书气自华

一、诗词文化概述

（一）诗词文化的内涵及特点

我国小学到高中的课本，都选入了许多中国古今优秀的诗词作品，到了中学阶段，背诵诗词更是每一位中职学生的日常功课。诗词是一种重要的文学体裁，承载着中华民族深厚的文化内涵。文人通过诗词或表现伟大的抱负、宽广的胸怀，或抒发深厚的情感、丰富的思想。但是更应该看到，在文学源远流长的发展过程中，这积淀的诗词文化，不仅表达了文学创作者本身的诉求，也影响了文学接受者的身心。这时，我们可以注意到一个历来为学者所重视的传统——诗教，它的产生和发展都是中华传统文化不可忽视的部分。首先来了解一下诗教的深刻内涵。诗教一般被认为是代表自孔子以来的一脉文学观念和文学价值传统，这是狭义的诗教，是以诗为载体的人文教化，为"六艺之教"之首。传统的诗教与礼乐文化是分不开的，它与"乐""舞"融合在中华文化教育体系之中，作为一种审美教育形式，它的德教、政教色彩更为浓厚。并且，在诗教的长期发展过程中，它的内涵已经不限于以学诗来实现教化的目的，它有了更广阔的内涵，即以包括诗歌在内的各种文艺形式为载体的人文教化。我们要了解古代诗教，发掘诗教的现代意义，使其成为中职德育的重要教育形式。

《尚书·舜典》[1]中记载着舜之言："诗言志，歌咏言，声依永，律和声。""诗言志"被认为是中国历代诗论的"开山纲领"，也正是诗歌的本质特征所在。由于语言的流变，表达内容的增加，便出现了更自由更适合抒情的词。王国维[2]在《人间词话》中说："词之为体，要眇宜修，能言诗之所不能言，而不能尽言诗之所能言。诗之境阔，词之言长。"诗词都具有很强的抒情性，能阐释诗人的心灵世界，表达诗人的情感和追求。诗词蕴含着诗人的思想情绪和人生态度，后世的读者能从诗词中感受到先人对客观事物的看法和感悟。特别是一些深刻的人生哲理，不断启发着中华民族，也是新一代中学生的精神源泉。诗教之下，文人士大夫更广泛地习诗、读诗、作诗，他们的"智慧"实现了世人对诗的细腻审美的同时，也闪现了理想主义的人文关怀，正是"润物细无声"的诗教使得中华民族精神绵延几千年而依旧繁荣蓬勃发展。对于诗歌的学习、欣赏和创作深深影响着国人的精神品格，发挥诗词文化中的人文精神就是秉承诗教的传统。

（二）诗词文化的形成和发展

诗教传统使得诗词文化所蕴含的人文精神得以广泛传播，而诗教的内容本身也就是诗词文化，所以诗词文化的产生与发展其实就是伴随着诗教而来的。那么，诗教又是怎么成为深刻影响中华民族的重要传统呢？我国的诗教传统最早是从孔子的"《诗》教"开始的，《诗》即《诗经》，孔子将《诗经》当作儒家教育学生的教材来看待。《论语·泰伯》[3]中说："行于《诗》，立于《礼》，成于《乐》。"孔子认为《诗》的作用，主要有立身、言志以及学习外交辞令、日常知识等，同时，也包含了对

---

① 〔春秋〕孔子. 尚书 [M]. 周秉钧，注译. 长沙：岳麓书社，2001.

② 王国维. 人间词话 [M]. 北京：中华书局，2010.

③ 〔春秋〕孔丘. 论语 [M]. 杨伯峻，杨逢彬，注译. 长沙：岳麓书社，2000.

《诗》的一些审美认识和倾向。一方面是社会功用，一方面是审美需求，这都对人们的德行修养给予了正确的引导。所以，孔子①说："不学《诗》，无以言；不学《礼》，无以立。"后世儒家弟子，也都相当重视学《诗》，重视人格教育，普及人文知识，追求审美理想，从而提升其品德修养，由此也就形成了一整套的儒家诗教体系。

从孔子开始，《诗》教就更重在社会功用，一直到汉魏时期，进入文学自觉的时代，并且一些优秀五言诗的出现，人们对诗教的看法也不再限制于《诗》了，诗歌审美方面的功能也得到了更多的关注。曹丕提出了"诗赋欲丽"②（《典论·论文》）、陆机提出"诗缘情而绮靡"（《文赋》）②的观点，在"诗言志"的传统之下，他们突出了诗歌的抒情的特征，以及"绮""丽"的审美特征。刘勰的《文心雕龙·明诗篇》的"诗者，持也，持人情性"③的"情性"说，也是将诗的审美特征再进行阐发。诗体在不断地发展，诗论也在不断地丰富，诗人通过诗歌表达的关乎"情志"的部分，由后世创作者所学习，为读者所体悟，这个过程又由诗论家所发现，并且在他们努力揭示诗的本质的同时，也在不断提升诗的审美功用。唐代科举尤其重视诗赋，也就极大地强化了诗教在经典学习与传承中的特殊地位，诗教进入了鼎盛时期。司空图明确地提出诗要有"言外之意"②，元明清以后关于诗歌的"格调"说、"性灵"说、"神韵"说等④，又到近现代的王国维，提出人生的三重"境界"说⑤，将诗词之学与人生哲学融会贯通。这些诗论既是对诗歌创作与审美所作的提炼，同时，使得在这个文化氛围里的人仕学诗读诗时也实现了审美体验和心性修养。诗教传统将诗词的社会功能与审美功能完美结合，使得诗词在不断地被抒写、被欣赏的过程中，也累积了深厚的文化力量。近代以来，由于西学和新学的冲击，传统文化遭到严重摧残，诗教的传统也举步维艰。但是，要实现中华民族的伟大复兴，必定首先要使中华

---

① 〔春秋〕孔丘. 论语 [M]. 杨伯峻，杨逢彬，注译. 长沙：岳麓书社，2000.

② 郭绍虞. 中国历代文论选（一卷本）[M]. 上海：上海古籍出版社，2001.

③ 周振甫. 文心雕龙今译 [M]. 北京：中华书局，2013.

④ 葛景春. 从古代诗教到当代诗教——诗教源流及其发展 [J]. 中原文化研究，2015（2）：104.

⑤ 王国维. 人间词话 [M]. 北京：中华书局，2010：28.

优秀传统文化这个根基稳固。而发掘诗词文化中的人文精神，延续诗教传统，便是这万里之行的第一步。在中职教育中，发挥诗词的文化力量，不仅对学生身心有益，更是将中华民族的优秀文化更好地传承下去。

二、诗词的社会功能

《论语·阳货》①里说："诗可以兴，可以观，可以群，可以怨。"先秦时期的"诗"指的是《诗经》，所以孔子说的是《诗经》具有"兴、观、群、怨"的功能，而不是说诗歌这种文学样式具有的社会功能。不过，后世谈到"兴、观、群、怨"，总是希望给予其更为广阔的适用范围。因为在关于《诗》的"兴、观、群、怨"的理念中贯穿着儒家学派的政治理念，"兴"于礼义，修身治国；可以考察得失，作为统治者的明镜；可以维系社会群体固有等级关系，可以怨刺"荒政"，并使"怨"不至于发展成"怒"。而中华传统文化也以儒家学说为基石，千年来深深影响着世代国人。所以，毛泽东同志就指出过，诗词要发展，"因为这种东西最能反映中华民族和中国人民的特性和风尚，可以'兴、观、群、怨'。②"孔子的诗学观不仅重在美学作用，更是浸透了人文关怀，不断感召着世人，在时代流变之时不断启发出新的理解。这也正是中华文化生生不息的原因所在，所以，以下由《诗》的"兴、观、群、怨"的人文精神而来，观照这诗词国度的英华，归结诗词所带来的社会功用。

诗之兴，重于礼义，发于意志，可以兴国安民。从个人的修养出发，诗歌对人的思想、情感、道德有一定的提升和净化作用，在此基础上进而"齐家平天下"。我国第一部诗歌总集《诗经》是围绕国家民族兴衰而发出的心声。而爱国主义更是诗词里永恒的话题，建功立业与保家卫国最能表现诗人的壮志豪情。《诗经》是现实主义的诗歌源头，表达了人民的声音，而充满浪漫主义的《离骚》，也充分表现了诗人的政治理想、炽热的爱国感情和疾恶如仇的反抗精神。唐诗所表现的盛唐气象，

---

① 〔春秋〕孔丘. 论语〔M〕. 杨伯峻，杨逢彬，注译. 长沙：岳麓书社，2000.

② 中国毛泽东诗词研究会. 毛泽东诗词研究丛刊（第 2 辑）〔M〕. 北京：中央文献出版社，2005.

也是饱含着一代诗人的政治理想，一种积极蓬勃的精神力量。到了宋代，著名的爱国诗人陆游，"死去原知万事空，但悲不见九州同。王师北定中原日，家祭无忘告乃翁"。一生牵挂国家和民族，直到弥留之际仍念念不忘山河统一。岳飞的《满江红》："壮志饥餐胡虏肉，笑谈渴饮匈奴血。"充分表现了他对收复中原失地的不可动摇的意志，而"莫等闲、白了少年头，空悲切"。也时时激励着年青一代。以笔为兵的鲁迅先生也说"寄意寒星荃不察，我以我血荐轩辕"，拳拳爱国之心可昭日月。这些都是从小学一直到中学熟诵如流的诗歌，可以给予学生深刻的民族认同感。

诗之观，《毛诗大序》说："正得失，动天地，感鬼神，莫近于诗。①"古代有远见的政治家，都积极地从诗词中吸取教益，补察时政。诗词中蕴含的人生哲理也值得我们去感悟。如苏轼《题西林壁》："不识庐山真面目，只缘身在此山中。"告诫人们要看清事物的本质，不能只关注当下，而应高瞻远瞩，总揽全貌，才能不被错综纷纭的表象所迷惑。又如陆游的"山重水复疑无路，柳暗花明又一村"（陆游·《游山西村》），刘禹锡的"沉舟侧畔千帆过，病树前头万木春"（刘禹锡·《酬乐天扬州初逢席上见赠》），都是许多中职学生可以信口吟来的诗句，也成为他们在面对生活中的疑惑、挫折时能保持清醒的良师益友。

诗之群，重在维系人类群体的社会组织关系。诗词以特殊的艺术影响力和感情凝聚力，团结人民，鼓舞大众，共同奋斗。同时，诗词中一些永恒的话题，关于命运、时间、亲情、爱情、友情，也表达着相似的情感需求，牵系人与人之间的深厚情谊。如《诗经·无衣》："岂曰无衣，与子同袍，王于兴师，修我戈矛，与子同仇。"表现的是团结一心、同仇敌忾的义愤，是一个民族的手足之情。"念天地之悠悠，独怆然而涕下"（陈子昂·《登幽州台歌》），千年以来，不变的孤独感，读之亦唏嘘不已。李白的"举头望明月，低头思故乡"（《静夜思》），王建的"今夜

---

① 〔宋〕朱熹. 诗序辨说 [M]. 北京：中华书局，1985.

月明人尽望，不知秋思落谁家"（《十五夜望月寄杜郎中》），苏轼的"但愿人长久，千里共婵娟"，共一轮明月，同一片情思。明月万古不变，每当世人抬头仰望，都会感触良多。这些诗句中寄寓的思乡思亲的情感，即使经过千年也同样能激荡在人们的心中。"黯然销魂者，唯别而已矣"（江淹·《别赋》），离别，所有人都会经历，王昌龄《芙蓉楼送辛渐》中的"洛阳亲友如相问，一片冰心在玉壶"，王勃的《送杜少府之任蜀州》中的"海内存知己，天涯若比邻"，虽然现在交通工具发达了，但是也使得远行的地方更远了。表达离愁别绪的诗句还有很多，而在朋友之间互道珍重、互相勉励的诗句里，可以使情谊不受时空的限制，却在时间里越酿越醇厚。就现代教育来说，诗歌中这些珍贵的情感能够感染中职学生，让他们学会去珍惜身边的亲人与朋友。

诗之怨。诗词中有很多政治诗，或刺贪刺虐，或反映民间疾苦，以起到针砭时弊、疾恶扬善的作用。其中常常运用辛辣的讽刺、强烈的对比表达作者深切的爱憎。杜甫的《自京赴奉先县咏怀五百字》里"朱门酒肉臭，路有冻死骨"，这首诗是杜甫在安史之乱前一个月于长安写的，揭示了大唐王朝走向衰亡的真正原因。"酒肉臭"是"冻死骨"的原因，而正是这些路边的"冻死骨"，供养了那些"酒肉臭"的朱门。高适的《燕歌行》："战士军前半死生，美人帐下犹歌舞。"也是运用了对比，即使是在大唐盛世，诗人也关注着守护国家根基的军民的生活。在这不同的命运里唱出时代的悲歌。辛弃疾在《摸鱼儿·更能消几番风雨》中借典故抒发自己的愤懑："长门事，准拟佳期又误。蛾眉曾有人妒。""君莫舞。君不见、玉环飞燕皆尘土。"他实际上是在申饬、诅咒那些打击陷害忠良的权贵奸小，感慨南宋国势日衰、政权腐朽、收复中原的希望渺茫。辛弃疾热爱自己的祖国，却又不免对它痛惜、失望。

三、诗词文化与现代的德育价值

（一）诗词的文化传承功能

在古典诗词里往往有很多故事，诗人常常会引用一些历史上有名的典故来委婉地表达自己的情志。用典，不仅能使诗歌既典雅风趣又含蓄有致，还使得语言更加精炼、辞近旨远。在有限的字数里，可以表达更为丰富的意思。更重要的是，这些历史逸闻、神话传说、寓言故事也在诗词的传扬中得到保存流传。李商隐的诗歌中就有很多典故，他最具代表性的诗歌"无题诗"就是以隐晦朦胧、难解多义为突出特征。"庄生晓梦迷蝴蝶，望帝春心托杜鹃。沧海月明珠有泪，蓝田日暖玉生烟。"其中几个典故唯一相似的就是这种挥之不去的"惘然感"，而这些典故的物象也成为一种经典的意象，只要是被同样的感情占据着，就能引发很多诗人的感慨，也就把这些意象化而为诗。古乐府《饮马长城窟行》中的"客从远方来，遗我双鲤鱼，呼童烹鲤鱼，中有尺素书"，后来"尺素"就用作书信的代称。像这些雅称，至今仍流传着，也使得中华的语言宝库更为丰富，更为文雅。《庄子外物》载，苌弘是周朝的贤臣，无辜获罪而被流放蜀地。他在蜀地自杀后，当地人用玉匣把他的血藏起来，三年后血变成了碧玉。后来人们就常用"化碧"①形容刚直中正的人为正义事业而蒙冤受屈。温庭筠《马嵬诗》："返魂无验青烟灭，埋血空成碧草愁。"这种精神被诗人用诗歌传颂，也因此一直能感召后人。苏轼在《江城子•密州出猎》中有"持节云中，何日遣冯唐"，引用了一个典故。据《汉书•冯唐传》记载：汉文帝时，魏尚为云中太守，抵御匈奴有功，后因故获罪削职。后来，文帝派冯唐持符节到云中去赦免魏尚。苏轼当时身在密州，也就借此生发出怀才不遇、壮志难酬之意。诗人委婉用典以表达自己不能明说的深意，也使这些具有重大历史价值、深厚文化内蕴的典故以诗歌为一种载体而得以传扬。所以，若是中职教育中，学生能够认真学习这些诗歌，虽然篇章不长，却能够学到很多文学常识。

中华传统文化不仅源远流长，而且形式丰富多样。时至今日，传统节日仍然是我们生活中的重要组成部分。但是在如今，传统节日的一些文化内蕴，以及一些重要的特征随着时代的发展、人们观念变化而逐渐

---

① 庄子. 庄子 [M]. 方勇，译注. 北京：中华书局，2010.

消亡。这些被淡忘的节日文化在一些诗词中仍然能窥见一景。中职教育中将诗词的学习重视起来，能让学生感受到祖先在这些节日里寄寓的美好情怀与向往，这也是青年一代与先人情感交流的一条重要纽带。元宵节放灯始于汉代，南北朝时，元宵张灯已蔚然成风。到了唐代，元宵放灯活动盛况空前，大街小巷灯光通宵达旦。而这灯火摇曳、车水马龙的节日是古代的未婚少女最期待的节日，因为古代的女子无论是大家闺秀还是小家碧玉，都是"养在深闺人未识"，只有到了元宵节和上巳节，才可以出来，和青年男性幽会谈情。所以元宵节相当于现在说的"情人节"或者说是相亲大会。欧阳修的《生查子·元夕》里便有这几句："去年元夜时，花市灯如昼。月上柳梢头，人约黄昏后。"写的就是在元宵节的一段爱情故事。又如辛弃疾在《汉宫春·立春日》里所写的"春已归来，看美人头上，袅袅春幡"，按照古时风俗，每逢立春，妇女会将彩绸剪为花、燕等状，戴之头鬓，或缀于花枝之下，谓之"春幡"。这样，我们也可以窥见古代在节气里的一些风俗。王安石的《元日》："爆竹声中一岁除，春风送暖入屠苏。千门万户曈曈日，总把新桃换旧符。"便是描绘春节时候的场景，跟现在的贴春联、放爆竹是一样的，这种喜气洋洋的氛围延续了千年，每每读到这些诗句之时，就会获得一种民族认同感。晏殊的《破阵子·春景》里"疑怪昨宵春梦好，元是今朝斗草赢，笑从双脸生"，斗草又称斗百草，是中国民间流行的一种游戏，属于端午民俗。斗草有"文斗"即采摘花草，比谁采的花草种类最多或比对花草名字；"武斗"，就是两人用草之茎秆相交之后向各自拉扯，以断者为负。其实很多都是我们小时候也玩过的游戏，殊不知，这也是先人的游戏，若不是活在诗词的字里行间，这些风俗也可能"灭绝"而无人知晓了。

（二）诗词的审美功能

孔子将《诗经》教化的目的和效果概括为"其为人也，温柔敦厚，《诗》教也"[1]，"温柔敦厚而不愚，则深于《诗》者矣"。温柔敦厚，是

---

[1] 〔元〕陈澔. 礼记 [M]. 上海：上海古籍出版社，2016.

读《诗》而培养的性情，或许包含了政教功能在里面，但是更应该注意到的是《诗》所给予人的美的熏陶，即美育。在诗词的长河中，诗人的人格与诗品早已统一在了一起，而使得诗词的教化功能与审美功能有机结合，因此诗教的内容和形式成为一个整体。诗教作为中国传统美育的一种基本形态，在源远流长的中国传统文化发展历程中，始终与民族诗性的生命意识息息相关。在中职教育的过程中，诗词文化的力量，是陶冶中职学生的情志，使他们生发出壮阔的胸襟和豪情，并且将诗意融为学生学习生活不可缺少的部分；也有助于将对理想人格的追求变成每个中学生的信念，从中表现出民族文化中浓厚的人文主义精神传统。

在传统诗词中，诗品与诗人的品格有密切的联系。诗人品格的高低决定了诗词的雅俗、境界。清代叶燮[①]认为"心如日月，其诗如日月之光，随其光之所至，即日月见焉"（《原诗》）。诗人以自己高雅的情趣去体悟万事万物，又将世间有灵性之物作为自己的化身，并写诗以歌之，或空谷幽兰的遗世独立，或傲霜寒梅的坚韧不屈，或青翠庭竹的高风亮节，诗人的品格熔铸了诗的意象。当中职学生在品味这些诗歌的时候，也能够感受诗人的精神力量。诗言志，诗言情，诗词是自古以来的文人抒发情志的载体，古典诗词汇聚着诗人的喜怒哀乐，是诗人心物交感的产物。李白的《将进酒》中"天生我材必有用，千金散尽还复来"，诗人给人一种昂扬的姿态，这种乐观向上的精神也使读者深受折服。从柳宗元的《江雪》中"千山鸟飞绝，万径人踪灭"，能感受到一种永恒亘古的孤独感。苏轼的《定风波》："竹杖芒鞋轻胜马，谁怕？一蓑烟雨任平生。"可以感受到一种豁达的胸襟与从容的自信。在这些诗歌中，诗人的风骨展露无遗，可以深深滋养中学生的灵魂。

诗词中蕴含着丰富的情感美，诗歌将精心选择的意象进行艺术加工，营造出独特的意境，可以给予学生美妙的艺术享受。诗词的字里行间，不仅仅透着中国古典艺术的美，还有中国古典绘画浓厚的美。诗人将自己的所见所闻写成诗，但是他们的文字又能构筑一幅惟妙惟肖的画

---

①〔清〕叶燮. 原诗笺注［M］. 上海：上海古籍出版社，2014.

卷。"飞流直下三千尺，疑是银河落九天"（李白·《望庐山瀑布》），充满才气的想象，把人迎入了画中。"大漠孤烟直，长河落日圆"（王维·《使至塞上》），寥寥几笔，便使得塞外奇特壮丽的风光扑面而来。《礼记·乐记》："歌，咏其声也。舞，动其容也。三者本于心，然后乐气从之。"[①]诗乐舞本是一体，所以诗带着旋律的美感。而词是曲子词，和乐的词，其来源就是文人为歌女而"倚声填词"。诗词的音乐美，不仅仅在于它的节奏美、韵律美，还在于它的文字美，抑扬顿挫的美，韵脚的和声美等等。诗形式优美，对仗工整，词错落有致，婉转动人，既给学生带来心灵的震撼，又给予他们以美的享受。古诗词语言含蓄精练，诗词中常常有"诗眼""字眼"，可谓一字千金，如"春风又绿江南岸"（王安石·《泊船瓜洲》）的"绿"，"红杏枝头春意闹"（宋祁·《玉楼春·春景》）的"闹"，一字便形神兼备，充分体现了汉语的艺术魅力，有很强的文学性和审美价值。

诗词可以给人们带来美的享受，更深层次的应该说是一种情感的共鸣。在文化的长河里，高度凝练和有丰富意旨的语言将可以被人们所理解或"思悟能得"的物象变成了"意象"。意象携带着人类的情感和认知，能轻易勾起读者对所指代和隐寓的理念感觉和经验，从而实现了丰富的可能，在诗歌里达到某种心灵的对应。诗词可以使诗人和读者进行情感交流，同时也是一种心理补偿，都是作为一些难以排解的情绪的突破口。"此时相望不相闻，愿逐月华流照君。"（张若虚·《春江花月夜》）"月"寄寓过多少人的情思，亘古未变。"芭蕉不展丁香结，同向春风各自愁。"（李商隐·《代赠二首·其一》）"试问闲愁都几许？一川烟草，满城风絮。梅子黄时雨。"（贺铸·《青玉案》）诗人把抽象的"愁"具象化，而不变的是，在所有人心头，这份愁是说不尽的。有了这种情感共鸣，将人与人之间的情感联结起来，也丰富人们的情感体验，对世间万物的体悟。

---

① 〔元〕陈澔. 礼记 [M]. 上海：上海古籍出版社，2016.

（三）诗词的思想道德教育功能

诗词多是饱读圣贤书的文人雅士写就的，他们灵心善感，把自己读书、仕途、日常生活所感写成诗词，在广为传诵下，也影响了许多当代的中学生。颜真卿《劝学诗》中的"黑发不知勤学早，白首方悔读书迟"，《论语》等儒家经典都很强调学习和思考的重要性，在一些诗歌里面也继承了这优良传统，杜甫说"读书破万卷，下笔如有神"，也是说读万卷书，行万里路的重要。"问渠哪得清如许，为有源头活水来"，朱熹从生活中所见所感出发，抒发读书体会，虽是说理，却自然晓畅，描绘事物功能本身的形象时，又蕴涵了理性的东西。诗词里，常常能引人生发感慨的时间多是春秋，伤春悲秋可以说是诗人的心理特性了。伤春悲秋的同时，多是包含着对韶华易逝、青春不再的感慨。孔子说："逝者如斯夫，不舍昼夜。"时间是一个萦绕在每个人心中永恒的话题，"惜时"的诗也有很多，"劝君莫惜金缕衣，劝君惜取少年时。""少壮不努力，老大徒伤悲。"这些耳熟能详的诗句是先人对现代中学生的谆谆教导，在中职教育中，引导中职学生汲取这些智慧，能使他们的人生更为充实。文天祥的《过零丁洋》："人生自古谁无死，留取丹心照汗青。"这份爱国忠心和高尚的民族气节，回荡在每个中华儿女心中。爱国主义精神是中华民族最坚强的堡垒，这些爱国主义诗篇便是这"长城"的砖瓦。中职学生需要爱国主义精神引领，这些爱国诗篇便是长明的灯塔。

子曰："不学诗，无以言。"诗言志，诗传情。学习古诗不仅丰富学生的古典文学知识、文化常识，也有助于提高他们的写作水平。中职学生的欣赏品位与审美情趣可以在诗词学习中得到培养，思想道德也能在感受诗词带来的艺术魅力和人文精神中得到提升。中学所要学习的诗词，是传诵百年的佳作名篇，中职教材的诗词所具有的艺术审美价值与人文精神价值都实现了高度的统一。杜甫《春望》中的"感时花溅泪，恨别鸟惊心"，山河破碎，诗人痛心不已，亦觉得所见之花鸟也是因为国家危亡而痛楚不安。"安得广厦千万间，大庇天下寒士俱欢颜"，一种舍我其谁的大无畏，一种爱国爱民的赤胆忠心荡气回肠。爱国主义词人辛弃疾："凭谁问，廉颇老矣，尚能饭否。""倩何人唤取，红巾翠袖，揾英雄泪！"男儿有泪不轻弹，但为国家抛头颅、洒热血又何妨。中职学生在品读的时候能领悟到诗人的爱国热忱，会受到鼓舞和感染，不知不觉中便会把爱国主义深化在自己的意识中。李白的"桃花潭水深千尺，不及汪伦送我情"，能让学生体会到人与人之间深厚的情谊，即便是萍水相逢，但人生一知己已是世间难能可贵。中学教材里李白的诗歌有很多，学生的习作也很喜欢引用李白的诗歌。他诗中积极乐观的精神、朝气蓬勃的斗志能够一直激励着读者，"人生在世不称意，明朝散发弄扁舟""安能摧眉折腰事权贵，使我不得开心颜""长风破浪会有时，直挂云帆济沧海"，学生在品读这些诗篇时能联系到自己遇到的挫折困难，更乐意把这些诗句当成激励自己的座右铭。豪迈宽广的胸襟、不畏强权的骨气、乐观积极的潇洒，很多学生欣羡李白的风骨，更想拥有像李白一样的自信洒脱。"竹喧归浣女，莲动下渔舟""人闲桂花落，夜静春山空"，山水田园诗人王维有一颗佛心，宁静致远，淡泊明志，读诗也能使心灵得到休憩，再带着这份淡然平静笑看世间多变。

　　除了古典诗词对人有思想道德教育的作用，革命诗词更发挥着鼓舞人的精神力量。像毛泽东同志的著名诗词《沁园春·长沙》《沁园春·雪》《忆秦娥·娄山关》《七律·长征》等，不仅是在用典等修辞手法、艺术表现方面独领风骚，传承并创新了中国古典诗歌的优秀品质，更是以其磅礴的气概、壮阔的胸襟感染并振奋着中华民族。"问苍茫大地，谁主沉浮？"一读此句，就被这份气概所折服，一种民族自信和自豪感便油然而生。"恰同学少年，风华正茂"，感受到的是那个时代的朝气，那是来自对祖国的热爱，对自由的向往。无论是赏读古典诗词还是现代诗歌，在学习和写作过程中，中职学生可以形成对宇宙自然和社会人生的多种多样丰富多彩的诗意人文态度。从山水田园诗里，可以看到天人合一及人与自然的和谐，也使得对自然怀着一份感恩之心，敬畏自然。从边塞诗里，可以看到慷慨豪迈与忠贞爱国。从对生命咏叹的诗里，看到的是悲天悯人、热爱生命，从游子思乡的诗里，看到的是故国亲情。

诗词使圣贤的智慧可以延续，丰富了学生的内心，使他们的精神、思想得到了洗礼、升华，由此他们未来的人生变得丰满。

参考文献

[1]〔春秋〕孔子. 尚书［M］. 周秉钧，注译. 长沙：岳麓书社，2001.

[2] 王国维. 人间词话［M］. 北京：中华书局，2010.

[3]〔春秋〕孔丘. 论语［M］. 杨伯峻，杨逢彬，注译. 长沙：岳麓书社，2000.

[4] 郭绍虞. 中国历代文论选（一卷本）［M］. 上海：上海古籍出版社，2001.

[5] 文心雕龙今译［M］. 周振甫，译注. 北京：中华书局，2013.

[6] 中国毛泽东诗词研究会. 毛泽东诗词研究丛刊（第 2 辑）［M］. 北京：中央文献出版社，2005.

[7]〔宋〕朱熹. 诗序辨说. 辨说毛苌传述. 诗序［M］. 北京：中华书局，1985.

[8] 庄子. 庄子［M］. 方勇，译注. 北京：中华书局，2010.

[9]〔元〕陈澔. 礼记［M］. 上海：上海古籍出版社，2016.

[10]〔清〕叶燮. 原诗笺注［M］. 上海：上海古籍出版社，2014.

[11] 傅德岷. 中华诗词鉴赏辞典［M］. 武汉：湖北辞书出版社，2005.

[12] 林予. 国学经典诵读丛书·中学古诗词名篇［M］. 北京：首都师范大学出版社，2013.

[13] 贺卫东. 先秦儒家《诗》教美育思想研究［D］. 西安：陕西师范大学，2013.

[14] 朱永刚. 论如何发挥革命诗词文化的德育功能［D］. 天津：天津大学，2012.

[15] 李少明. 论中学语文中的古典诗词教学［D］. 武汉：华中师范大学，2006.

［16］李明. 兴观群怨：诗词的社会功能［N］. 文艺报，2008-03-06
（3）.

［17］葛景春. 从古代诗教到当代诗教——诗教源流及其发展［J］. 中原文化研究，2015，3（2）：102-108.

［18］谭锦华. 传统诗词社会功能之浅见［J］. 桂海论丛，1996（1）：97-100.

工匠精神——追求卓越，精益求精

一、工匠精神概述

教育部印发的《中等职业学校德育大纲（2014年修订）》中，对中等职业教育提出了更高的要求。深入分析其内涵可以发现，对中等职业德育的要求正契合近年来盛行的"工匠精神"。2016年3月15日，李克强总理首次在《政府工作报告》中提出"工匠精神"。李克强总理强调："鼓励企业开展个性化定制，柔性化生产，培育精益求精的'工匠精神'"。可见，"工匠精神"最初是党和国家领导人对制造行业的殷切期望。随着"工匠精神"一词的广泛传播，工匠精神不再仅局限于制造行业，各行各业都在提倡工匠精神的培育和传承。工匠精神不仅是国家战略的需要，也是社会每一个行业、每一个人的需要。作为传授职业活动所必需的技能、知识和态度，为社会培养技能型人才的职业教育，必然在培育工匠精神中承担历史重任[①]。

制造业对一个国家发展的重要性不言而喻。目前我国的制造业在国际上有着举足轻重的地位，然而仍存在着"马桶盖要从日本背回来，螺

---

① 刘宝民. 职业教育尤须注重培育工匠精神［N］. 工人日报，2016-07-12.

丝帽做不过德国"的现象。究其原因，无非是工匠精神丧失带来的质量问题。德国和日本作为世界制造业强国，在一百多年前也曾陷入假冒伪劣产品成风的困境。为走出泥潭，它们从那时就开始重视产品质量，重视工匠精神，着重打造企业品牌形象，经过一百多年才有了今天在国际制造行业的地位。据统计，截至 2015 年，日本超过 200 年寿命的企业有 3146 家，德国则有 837 家。这些长寿企业扎堆德、日两国并非偶然，它们无一不是追求工匠精神才取得如今的成就。它们非常重视工匠精神在职业教育中的培养力度。反观当今中国，重效率而忽略质量，一味地追求利益，早已将工匠精神遗忘。工匠精神丧失带来的种种弊病已经引起我们国家的重视，政府表明要重振工匠精神的态度。随着《中国制造 2025》的提出和"互联网+"时代的来临，教育部也采取了一系列措施，强调从当代青年人抓起，注重培养他们的工匠精神，特别是在职业教育的过程中精准把握工匠精神的内涵，切实培育和传承工匠精神，是当今时代赋予职业教育的历史使命。

"中国制造"亟需的大国工匠，供给侧结构性改革，培养和弘扬精益求精、追求卓越的工匠精神。在当代，技能型人才不仅仅是会实践、能操作，更加注重的是拥有良好职业精神。现在忽视技能型人才的人文素质教育，特别是忽视职业精神培养的做法已经不符合时代的需求、人才培养的风尚。当前在全球制造业革新和供给侧改革的大背景下，我国应充分认识到培养学生工匠精神的重要性，非常有必要把职业教育特有的劳动实践技能与思想道德教育、人文素养培养结合起来，作为技能型人才职业精神培养的重要内容。培养具有专注和坚守精神、将职业技能极致化、追求卓越的匠心精神的大国工匠，需要大批拥有工匠精神的技能型人才作为支撑。

（一）工匠精神内涵

学界对工匠精神的内涵有着不同的阐述。教育部职业技术教育中心研究所副所长刘宝民[①]认为，工匠精神是对产品精雕细琢、精益求精、

---

① 刘宝民. 职业教育尤须注重培育工匠精神［N］. 工人日报，2016—07—12.

追求卓越，并不断创新的精神理念。它的核心在于，不仅把工作当作谋生的手段，而且树立对工作的敬畏、对事业的专注、对责任的担当、对质量的执着、对完美的追求，并将这些品质内化于心，外化于行。徐耀强[①]认为，工匠精神的基本内涵包括敬业、精益、专注、创新等方面的内容。中国职业技术教育学会副会长李小鲁[②]认为，真正的工匠精神应该是专业精神、职业态度、人文素养三者的统一。笔者认为，学界虽然对工匠精神内涵有不同的阐述，但本质上是一致的，其内涵主要包括三个方面：职业道德、职业能力以及职业品质，整体反映的是从业者自身职业价值取向和外在行为表现。

1. 职业道德

职业道德主要是指敬业的精神。

中华民族历来有"敬业乐群""忠于职守"的传统。早在春秋时期，孔子就主张：人在一生中始终要"执事敬""事思敬""修己以敬"。"执事敬"旨在告诉我们，做任何事都要认真对待，不偷懒；"事思敬"告诉我们遇事全神贯注、专心致志；"修己以敬"则是从自身出发，加强道德修养，保持谦虚谨慎的态度。敬业也是当今社会主义核心价值观的基本要求之一。敬业是建立在从业者对职业的敬畏和热爱的基础之上，认真、尽职尽责的职业精神。习近平总书记在担任浙江省委书记时就多次强调，对待本职工作，应时刻秉持敬畏之心，专心、守职、尽责，干一行、爱一行、钻一行，全身心投入。

敬业是一种职责，从事一项工作，担任某一职位，我们要明确这一岗位应该肩负的责任，调整心态，培养兴趣，真正当成自己的一份事业来对待。将思想从"要我做什么"转变为"我要做什么"；将行动从"你应该做这个"转变为"这个应该我来做"；将态度从"完成任务就好"转变为"认真高效地完成"。随着年龄的增长以及社会压力的增加，我们的生理、心理都会发生巨大的变化，但是无论条件如何变化，我们都应该严格要求自己，规范自己，养成良好的学习、工作和生活习惯。在

---

① 徐耀强：《论"工匠精神"》，载于《红旗文稿》，2017 年第 10 期。

② 李小鲁."工匠精神"，职业教育的灵魂［N］，中国教育报，2016-05-13.

当今社会压力大的背景之下，只有保持健康、高效的生活，我们才能达到更高的目标。敬业是一种精神，不轻视任何岗位，不怠慢任何工作，对待所接到的任务，无论大小，都视为一份神圣的事业，尽全力完成，尽所能做好。

2. 职业精神

职业精神是指对精益求精的不懈追求，即对产品品质孜孜不倦地追求和对产品细节不遗余力地完善，同时又不墨守成规，做到不断创新，不断追求新的突破。

精益求精的精神理念是工匠精神的核心。对品质精益求精，其前提是必须具备精湛的技艺。老子说过，"天下大事，必作于细"，螺丝钉也有其存在的价值，我们不能忽略任何一个细节。工匠们喜欢不断雕琢自己的产品，不断改善自己的工艺，享受产品在双手中升华的过程。他们对细节有很高的要求，追求完美和极致，对精品有着执着的坚持和追求，把品质从 0 提高到 1，其利虽微，却能长久造福于世。中国古代的"丝绸之国""陶器之都"，还有如今的"德国汽车"和"日本电器"，都是对精益求精的职业精神的最好诠释。

创新是工匠精神的一种延伸。只有钻研和掌握高超的技艺，才能成就高品质的产品和服务，精益求精才能成为现实。而任何技艺的习得从来都不是简单的"子承父业""师徒相授"，只有不断创新才能更好地传承前人的智慧和思想[①]。创新是国家发展战略的重要一环，近几年对创新的提倡明显增多。工匠不仅仅是通过自主劳动获得工作快乐与成就感，更是通过不断地改进技术来解决问题或者创造解决问题的新方法，从而创造社会财富，推动社会的发展与进步，这才是工匠精神的根本价值所在[②]。

3. 职业品质

2016 年 3 月 5 日，李克强总理代表国务院向十二届全国人大四次会议作的政府工作报告中有三个词：增品种、提品质、创品牌。打造属于

---

① 张铮. 当代工匠精神与职业教育研究 [J]. 哈尔滨职业技术学院学报，2016（6）：1-3.
② 王晓漪. "工匠精神"视域下的高职院校职业素质教育 [J]. 职教论坛，2016（32）：14-17.

中国自己的品牌，可以说是工匠们的目标之一。其实职业品质渗透于职业道德和职业精神之中，是在追求职业道德和职业精神的过程中体现出来的对自身素质和产品品质的高要求。工匠精神培育的关键在于紧抓每一个细节，需要从生活学习中的点滴做起，平时的生活学习中有很多机会可以当作训练资源。比如说：注重个人形象和言谈举止，保持个人和公共卫生，做人诚信、可靠，为人友善谦逊、不骄不躁，上课认真听讲、尊重老师，课外积极参加社会实践活动，对任何事物不敷衍、不苟且，力求百分之百的努力换取百分之百的满意。工匠精神的培育就是在这样的过程中由量变实现质变。注重细节，凡事全力以赴，日积月累地将工匠精神内化为自身的内在品质①。

（二）中华传统匠人匠心

在古代，"工"和"匠"连在一起统称为"工匠"。东汉许慎《说文解字》中曰："'工'，巧饰也。"从字面而言，可以理解为"工"凸显了追求技艺之"巧"。"匠"是由"匚"和"斤"两个部分构成。从工，盛放工具的筐器，从斤（斧）。工具筐里放着斧头等工具，表示从事木工。"工"与"匠"连在一起即"工匠"，通常指有专门技术或手工业才能的人。

在很长的历史时期里，工匠肩负着创造发明、满足人们生活和社会生产需要的重任。几千年来，木匠、瓦匠、铁匠、石匠、鞋匠等手工匠人和人们日常生活休戚相关，不可或缺。在远古虽无明确记载，但根据传说钻木取火是燧人氏发明的，构木为巢是有巢氏发明的，农业是炎帝发明的，故称他为神农氏，医药是神农氏尝百草发明的，畜牧业是伏羲氏发明的，他又发明了画八卦；特别是把造舟车和弓箭，用玉做兵器，染五色衣裳等发明都归为中华民族始祖轩辕黄帝的功绩。在这些传说中，其发明人和时间虽难以考证，但却意味着发明是从无到有，不断完善，经受时间的考验，保存了下来，代代相传，泽被后世。

"祖师"鲁班是我国古代工匠最著名的代表人物。鲁班，姓公输名

---

① 张娟娟. 工匠精神在职业教育中的回归与重塑［J］.《职教论坛》. 2016（35）：35–39.

班，春秋时鲁国人，他被工匠，特别是建筑工匠尊称为"祖师"。墨子说鲁班"始为舟战之器，作为钩强之备"（《墨子·鲁问》）。鲁班曾为楚国创造攻打宋国城池的云梯，《墨子·公输篇》具体叙述了墨子制止公输般（《墨子》作盘）帮助楚国攻打宋国的故事。相传他又创造了刨、钻、锯等木工工具和磨粉的硙，所以木工所用的曲尺，就叫"鲁班尺"。

中国古代四大发明——火药、指南针、印刷术和造纸术，造福全人类。造纸术的发明人是东汉蔡伦。他身为宦官，任尚方令，负责制造宝剑和其他器械。实际上，他就是工匠的管理者"百工"，他本身也是一位工匠、一位能工巧匠。他爱读书，因而切身体会到写书的竹简和缣帛这两种载体用起来很不方便，很想能找到新的理想的代替品。于是，他深入民间，特别对民间关于丝绵纸的制造进行调查研究，又和他领导的工匠团队一起不断试验。天下无难事，只怕有心人，他在汉和帝元兴元年（公元 105 年）终于用麻头、破衣、树皮、废渔网等作为原料，创造性地制造出一种既轻便又经济的纸，成为世界上最早的纸张。火药、指南针、印刷术的发明人和发明的时间，没有造纸术这么明确。因为历史久远，古代的发明成果是为适用日常的生活与生产所需的，由不自觉到自觉，众人一起用心出力，从设计到实验，从发明到改进，日积月累探索积淀而成，无法讲清楚是由什么人在什么时间发明的。但毫无疑问，古代的科学技术和发明创造，与广大群众的践行很有关系，所以说是我国古代劳动人民创造出来的。我们现在可以在这个基础上，进一步具体说是我国古代工匠创造出来的，特别是其中的能工巧匠和工匠大师，他们是发明创造不可或缺的关键人物。

孟子说："离娄之明，公输子之巧，不以规矩，不能成方圆。"（《孟子·离娄上》）孟子本意是说，即使有离娄（一名离朱，古代视力最敏锐的人，相传生在黄帝时代，能在百步外看见"秋毫之末"。）那样好的视力，公输般那样精巧的手艺，如果不用圆规和曲尺，也不能画出准确的圆形和方形。孟子传承了孔子"工欲善其器，必先利其器"（《论语·卫灵公》）的思想，也强调工具的重要性，要求把高超的手艺与良好的工具二者结合起来。所说"公输子之巧"，明确肯定了鲁班是一位杰出的能工巧匠。我国古代还有很多能工巧匠，他们凭借精湛的技艺创造了很多历史奇迹，如后母戊鼎、四羊方尊、故宫、赵州桥、都江堰等饱含工匠精神的作品。这些文物和历史建筑都表明：中国古代在器物制备和工程建造上都曾处于世界领先水平。对制作工艺的能力和精致的要求，以及既有一颗以道德精神为中心的工匠心，又有坚持把作品做巧的极致体现，这些都是塑造我国古代工匠精神的核心原生动力。

"工匠"之德艺兼备，他们认为拥有一门手艺比手握金钱更能保障自身的生活，其代表的工匠精神是中华民族文化的脊梁。从《庄子·达生》中的"梓庆篇"，就可以看出古代中国的工匠精神：对自己职业的虔诚、敬畏，忘名忘利，本着良心做产品的信念，从而实现基本的道德要求。《庄子·养生主》记载，庖丁手与心灵活自如地配合，专注体悟，将技术发挥到极致，成就匠人卓越的技艺。《荀子·荣辱》中将拥有精湛制作技艺的能力作为各种工匠的基本职业要求，成为区别于农民、商人、士大夫、公爵、侯爵的鲜明标志。由此可见，中国从来都不缺工匠，更不缺工匠精神，古代工匠们留传的德艺兼备的工匠精神，成就了大国工匠，使中华工匠文明绵延不绝。

（三）现代匠人匠心

"他们耐心专注，咫尺匠心，诠释极致追求；他们锲而不舍，身体力行，传承匠人精神；他们千锤百炼，精益求精，打磨中国制造。他们是劳动者，一念执着，一生坚守。"这是央视《大国工匠》的篇首语。这段话既是对片中人物的评价和褒扬，也是对在经济全球化背景下，为了民族复兴伟业而不懈努力的当代中国工匠所做的一个极为精准的表述。《大国工匠》记录八位工匠坚守岗位，数十年如一日地追求着职业技能的完美和极致，勤俭奋斗，无私奉献，凭借着传承和钻研、专注与坚守，缔造了一个又一个中国制造的神话，他们将自己的职业视为一种信仰，力争做到最好，绝不浅尝辄止、更不会敷衍和应付。为火箭焊接"心脏"的高凤林，30多年来，数次参加国家重点工程，一次次攻克世界级难关。他不辞辛苦，在严寒酷暑中依然坚守岗位，甚至被戏称为"与产品结婚的人"。他以卓尔不群的技艺和吃苦耐劳的精神为我们呈现了具有工匠精神的先辈们的榜样。胡双钱，"学技术是其次，学做人是首位，干活要凭良心"，他一直将这句话挂在嘴边，将其视为技工生涯的注脚。他坚守航空事业35年，对质量的坚守已经成了融入血液的习惯。他是可以加工数十万零件无一差错的普通钳工，他也是攻坚克难，创新工作方法，圆满完成ARJ21—700飞机起落架钛合金做动筒接头特制件制孔、C919大型客机项目平尾零件制孔等各种特制件的加工工作的匠人，他以精湛的技艺和勇于追求创新突破为我们诠释了工匠精神的内涵。錾刻工艺师孟剑锋，他在工艺美术行业奋斗22年，用纯银錾刻出无人能抓起的柔软丝巾。他勤练基本功，几个枯燥的工作他可以重复练习一年，他不断创新，创作出大量精美的金属工艺作品，在他手下制作成功的各类奖章为中国传统文化的传播和工美事业的发展做出了重大贡献。他以勤奋的态度和吃苦耐劳的精神为我们展现了当代青年应如何承担起追求工匠精神的重任。

在广西，有这么一位能工巧匠，他就是2007年被评为非物质文化遗产侗族木构建筑技艺传承人的匠人杨似玉，他以精湛的建筑技巧获得了"中国工艺美术大师"称号。杨似玉出生于广西的木工世家，擅长建造侗族传统的建筑——风雨桥和鼓楼。在广西三江侗族自治县，他的作品随处可见：设计制作吊脚楼100多座，风雨桥6座，鼓楼8座（包括一座27层高的鼓楼），大小凉亭20多座，风雨桥鼓楼模型2 680座……他一直兢兢业业，精益求精，为我们呈现了众多精美艺术作品。

侗族的鼓楼、花桥、寨门楼、侗戏台、水车等木结构建筑工艺有两绝，一绝是榫卯结构，不用一颗铁钉连接，却能结构牢固、接合紧密，上百年不散。另一绝是建造者不画图纸，凭着一根"香杆"——记有各种数据的竹竿，就可以完成各种式样、造型美观的楼桥建造。要做到这一点可不是易事，需要建造者把所有的设计完全记在脑子里，而且还要依据建筑物的地理位置，结合周围的环境，在心中勾画出"图纸"，计算出各种数据，用一种特殊的"文字"记在竹竿上，工匠们就可以依照这根"香杆"修建起楼桥。

　　1983年，一场大雨损坏了全国重点保护文物——程阳风雨桥。在工程队修复未果的情况下，杨似玉和他的父亲只用十几天的时间就将建桥需要的木料备齐，成百上千的梁、枋、柱的尺寸全凭心算，拆下来的老料不看标记就可以指挥工人放在相应位置，程阳风雨桥的昔日面貌很快就呈现在了大家的视野中。1997年香港回归，杨似玉制作了以程阳风雨桥为模型的"连心桥"，将其当作贺礼送给香港特别行政区政府。制作这个模杨似玉和他的家人用了不到一个月的时间。他们凭借精湛的木工手艺，用9 800多件构件，桥顶用多达10万多片小如米粒的瓦片，构造出了精美绝伦的程阳风雨桥模型。整个模型没有用一颗钉子，全部都是由榫卯接组成，10万多片小如米粒的瓦片也都是手工一刀一刀刻出来的。当模型送到香港之后，前来参观的同胞们对其精美的做工赞不绝口。杨似玉现在还带有100多名徒弟，他希望能够把侗族这一技艺一代代传承下去。

　　像杨似玉一样拥有精湛技艺的能工巧匠还有很多。从狭义上讲，工匠指从事手工业制作的匠人。从广义上讲，工匠不单单是只有工艺特长的一类人，还包括我们社会中在不同行业扮演不同角色的每一个独立的个体。社会在发展，离不开各类"工匠"饱满精神的投入。每一位工匠们身上承载着自己的职业态度，执着地坚守制作的产品，守得住内心的宁静。工匠精神指的是工匠们根据顾客或各行各业的需求进行产品创造，对自己所从事的事业执着地坚持，既不放弃也不改变自己的初心，对自己的手艺有超乎寻常的艺术追求。工匠们专心工作，一项工作一做就是一辈子；工匠精神实际上是敬业精神，是对事业的尊敬，是对手艺有超强要求的术业之敬，是徒弟对师傅的尊敬。"严谨、一丝不苟"是工匠精神的态度，一次就把事情做对做好，对于任何事情都尽心尽力，采取严格的检测标准，不容许一丝一毫的投机取巧，并且工作态度严肃、谨慎。"精益求精、耐心坚持"是工匠精神永恒的追求，注重细节，一点儿都不能差，反复改进产品十年如一日，反复磨炼。

二、培育工匠精神是时代的呼唤

我国目前已经进入经济转型升级的关键时期，对高素质职业技术人才的需求非常旺盛，迫切需要大批具有专业技能与工匠精神的高素质劳动者和人才。中等职业教育过程中的工匠精神的培养尤为重要，加强工匠精神培育，是提高职业教育服务经济社会发展能力、促进经济转型产业升级的重要抓手。德国和日本是制造业强国，他们早在一百多年前就意识到了工匠精神的重要性，便有了现如今的国际地位。中联重科董事长詹纯新认为：中国制造业目前大而不强，是因为缺乏工匠精神，要想实现中国制造在国际地位上的华丽转身，必须呼唤工匠精神的回归[①]。其实不只制造业需要工匠精神，各行各业都需要工匠精神来发扬和传承。

在这个"互联网＋"的时代，个人和企业都面临着巨大的生存挑战，一些以"山寨"为主的企业，在外部环境良好的时候，它可以生存，一旦外部环境恶化，企业就会马上面临倒闭。企业的核心要素是人，是追求工匠精神的员工。他们会不断雕琢自己的产品，不断改善自己的工艺，他们享受的是自己的产品不断升华的过程，这样的员工比追求眼前利益的员工有长远的发展目标和战略。现今有很多企业的目的只是"圈钱"，为了满足眼前可见的利益，追求效率忽视品质。中国要想改变现有国际地位，必须在产品品质上下功夫，也就是积极倡导工匠精神。注重打造工匠精神的企业，从另一方面满足自己的精神需求，看着自己的产品不断改进，不断完善，最终以一种符合自己严格要求的形式呈现出来。随着产品的推广，最后带来的利益是不可估量的。

培养有工匠精神的高技能人才特别要注重创新意识的培养。工匠精神所提倡的不是技术技能的模仿能力，而是技术技能的创新能力，模仿只是落后的另一种表现形式。只有创新才能发展，要注重培养创造性思维，也就是创新思维。没有创新思维，工匠们就会失去活力与生命力，工匠也无法成为真正的工匠。

---

① 赵碧君，刘涛. 詹纯新：唤起"工匠精神"建设"制造强国"[N]. 上海证券报. 2015–03–12.

很多人认为工匠是一种机械重复的工作者，其实工匠有更深远的意思。他代表着一个时代的气质、坚定、踏实、精益求精。工匠不一定能成为大企业家，但是大多数成功的企业家身上都有这种工匠精神。瑞士名表大家都不陌生，名表的制作过程就是典型的拥有工匠精神的代表。瑞士制表商对每一个零件、每一道工序、每一块手表都精心打磨、专心雕琢，他们用心制造产品的态度就是工匠精神的思维和理念。在工匠们的眼里，只有对质量精益求精、对制造一丝不苟、对完美孜孜追求，除此之外，没有其他。正是凭着这种凝神专一的工匠精神，瑞士手表得以誉满天下、畅销世界、成为经典。正是热情和兴趣、坚强和忍耐、坚持不懈这三者同时具备，才会最终取得如此瞩目的成就。我国目前就需要这样的青年一代，为我国的发展添砖加瓦。

实现中华民族伟大复兴的中国梦，推动"中国制造"向"中国创造""中国智造"迈进，迫切需要弘扬工匠精神、培养大国工匠，建设一支高素质的产业工人队伍。更为重要的是，"工匠精神"作为一种优秀的职业道德文化，它的传承和发展契合了时代发展的需要，具有重要的时代价值与广泛的社会意义。党的十九大报告中提出"建设知识型、技能型、创新型劳动者大军，弘扬劳模精神和工匠精神，营造劳动光荣的社会风尚和精益求精的敬业风气"，为新时代发展工匠事业指明了继续前进的方向。

三．工匠精神在职业教育中的培育和传承

（一）加强工匠精神培育对职业教育的意义

1. 加强工匠精神培育是中国制造转型升级的需要

李克强总理在作政府工作报告时提出，要实施《中国制造2025》，加快从制造大国转向制造强国。这对技能型人才职业素质和能力素养的要求和期待越来越高。面对中国制造转型升级等国家战略发展的要求，强化技能型人才工匠精神的培养，将会摆脱"中国制造"简单粗糙的命运，对于建设制造强国具有十分重要的现实意义。作为与经济社会和产业联系最为紧密的职业教育，承载着培养高素质人才和劳动者的重任，

要将敬业、严谨、精益求精的工匠精神融入企业生产与实践，就要从职业教育抓起，将工匠精神传递给数以亿计的生产一线的劳动者，为中国成为制造强国打下坚实基础。适应当前社会经济发展对技能型人才的需求，培养"工匠精神"，是时代赋予职业教育的使命与担当。

2. 加强工匠精神培育是落实立德树人根本任务的需要

立德树人是我国教育事业发展的核心任务，是培养社会主义合格建设者和可靠接班人的本质要求。职业教育"以德为先"，不仅要培养学生的政治认同、社会公德，还要注重培养学生的职业道德。不仅要培养学生的职业技能，更要注重学生的核心素养。爱岗敬业、精益求精、持之以恒、守正创新的工匠精神，正是我们要培育的职业院校学生的核心素养。职业教育应按照技术技能人才成长规律，在传授专业知识、培养职业技能的过程中，加强工匠精神培育，从职业道德、职业能力、职业品质等方面为学生奠定全面发展的思想基础，促进职业院校毕业生就业创业以及长远的职业发展。

3. 加强工匠精神培育是职业院校实现内涵发展的需要

当前职业教育已经初步形成产教融合、中高职有机衔接的体系框架，但是职业教育内涵发展、质量提升的任务依然繁重。在教育由"超额需求"转向"选择需求"的背景下，职业教育更要注重内涵与质量的提升，注重职业精神的培养和塑造，尤其是工匠精神的培养。工匠精神培育，关键在文化，而文化是学校的血脉与灵魂。通过文化的传承、创新与再造，培养、熏陶一代又一代中国产业工人，从而制造出真正让人心动的产品。这样，职业教育的"灵魂"因工匠精神的注入而强大。职业院校要以加强工匠精神培育为切入点，按照做强、做精、做优的要求，推进职业教育深化改革，提升市场竞争能力，拓展学校发展空间。

（二）现阶段职业院校工匠精神培育的困境

职业学校的学生普遍自我管理能力较弱，学习上缺乏吃苦精神，学习的积极性不高，自觉性不足，缺乏计划性；没有主动渴求知识的欲望，纪律比较散漫，上课玩手机、睡觉者大有人在。许多学生缺失目标，没有发展方向。不少学生参加职业资格证书考试只是为了获得一张人有我有的证书，并未与自己的职业目标和人生目标结合起来，没有明确的目标追求，人生缺少动力。

从学校方面来看，当前职业院校更注重专业理论知识的传授和专业技能的培训，忽视了学生的人文素质培养和职业认同感的提升，忽视对学生的可持续发展能力的培养，相当数量的学生马虎了事，浅尝辄止，缺乏刻苦专研的精神，人文素养的缺失容易使我们培养出来的学生对职业缺乏认同和热爱，对工作缺少热情，这不仅关系到学生未来的职业发展，也会影响社会的可持续发展。因此，职业院校在重视锤炼学生高超技术技能的同时，应自觉承担重任，遵循职业教育内在规律，看清职业教育的目标，更要注重内涵与质量的提升，注重职业精神的培养和塑造，尤其是工匠精神的培养，评估工匠精神对于职业教育的价值，把工匠精神作为职业素养教育的重要内容，让工匠精神渗透到学校教育的方方面面。当然，职业院校不可能在短短几年内就培养出大国工匠，但至少应该搭建一定的平台，树立工匠精神教育观念，深化课程及教学改革，为培育学生工匠精神积极营造氛围，让工匠精神真正走入学生的心里，成为影响学生一生的习惯，为学生走向工作岗位、成为大国工匠奠定基础。

（三）如何在职业教育中培育和传承工匠精神

1. 充分利用好国家政策的支持

一项制度的改革离不开国家政策的支持，更不用说对涉及当代青年人教育问题的改革，这需要国家制度提供最根本支持，只有完善的制度才能对今后职业教育的发展提供强有力的支撑。制度的构建体现在设置校园实习基地、国家统一标准、中职学校工匠人才培养模式和企业职业技术培训三个方面，缺一不可，好的规章制度才能塑造出优秀的工匠人才。"十三五"规划纲要中提出，要完善现代职业教育体系，实施职业教育产教融合工程。这是一个令人欣喜和欣慰的信号，职业教育自强的前景值得期待。不久前，教育部推进的现代学徒制就是一个很好的例子。

现代学徒制可以从根本上改变此前职业教育发展的误区，既可以让老工匠传授技术，又可以在老匠人的带领下学习他们所具有的工匠精神，实现工匠精神传承。将传统的学徒培养与现代学校教育相结合，企业与学校协调合作，培养造就更多的技能人才，无疑是适应现代企业发展和制造业转型升级的创新之举。

2. 产教融合，构建校企协同育人平台，培养工匠精神

职业教育与普通教育相比具有特殊性，主要体现在职业教育强调理论知识与实际操作训练相结合。为保持职业教育这份特别的活力，就要重视职业院校与市场关系的构建，除了依靠职业院校自身努力，还离不开企业行业发挥育人主体的作用，即体现在课程与教学离不开工学结合、知行合一的基本路径。既需要职业院校开设相关的理论课程培养训练技能型人才，也需要企业行业在技能型人才培养的过程中搭建服务平台——产教融合，校企合作构建协同育人的平台。将企业行业等各方面资源导入学校，协同制定人才培养方案，协同确定人才培养规格和标准，协同进行企业文化、企业精神、职业道德与工匠精神培育，从而使学校人才培养目标能够凸显工匠精神的指向和内涵要求。

《国家中长期教育改革和发展规划纲要（2010—2020年）》提出，调动企业行业参与职业教育建设的积极性，推进产教融合。职业院校因缺乏真实的工作场景，需要通过校企合作和产教融合为学生提供技术技能训练的场所。职业院校和企业的成功合作能够实现互惠多赢，因此，产教融合是培养高素质技能型人才的重要举措。对于企业而言，工匠精神中蕴含的敬业、专注、严谨的职业精神，正是企业招聘员工时所看重的。在具体实施中要鼓励企业行业主动参与发展职业教育，与职业院校合作积极、对接有效、资源共用。产教融合是中国长期以来职业教育教学改革探索的具有职业教育特点的行之有效的人才培养模式，将职业教育与企业行业全面合作，将技能型人才工匠精神的培养过程融入真实的生产和工作环境中，不仅是培养学生技术技能、有效实现职业院校人才培养目标和企业需求对接的重要途径，也是通过实践育人培养技能型人才工匠精神的重要平台，同时更是实现教学过程与生产过程零距离，从而提

高技能型人才培养质量的突破点。产教深度融合，促进校企双方共赢，实现高质量技能型人才工匠精神的培养，是经济发展新业态下的要求。

3. 打造具有工匠精神素养的师资队伍

教师是教育的第一资源，担负着培育祖国下一代人才的重担。教师在学生的一生中所起作用的重要性不言而喻。对于培养学生的兴趣、塑造学生的价值观、引导学生选择适合自己的发展方向等起着举足轻重的作用。想要培养出具有工匠精神的技能型人才，具有工匠精神素养的职业教育师资队伍必不可缺少。然而，近年来在媒体上看到一些师德师风严重滑坡的事件。由于社会正处于经济的转型期，拜金主义等不良的社会现象对教师的职业道德带来负面影响，加之学校管理松懈以及社会上对职业院校老师地位的不重视，部分职业院校老师职业道德素质滑坡，主要表现在：师表观念淡薄、奉献精神不够，等等。教师只有在敬业的前提下，才可以像工匠做出高质量和高水准的艺术品那样，培养出高质量的技能型人才。由于职业教育职业性的特点，职业院校的老师也要像工匠一样拥有精湛技艺，拥有专业的学科知识和娴熟的教学技能、实践实训技能，还要有对职业院校学生精益求精的管理态度，因为职业院校的老师大多面临的是成绩不突出，或者来自农村等贫困家庭的学生，面对这些特殊的学生，老师需要在技能型人才的学习和生活上都要有细致和高标准的管理，帮助他们树立正确的价值观，真正做到精细化管理。尤为重要的就是要坚持，像工匠坚持将工艺品做到极致那样，去坚持对技能型人才严格要求，坚持用自身具备的工匠精神去感染学生。

因此，高水平师资队伍的建设对技能型人才工匠精神的培育尤为重要。把加强师资队伍建设摆在更加突出的优先发展战略地位，创新"双师型"培养模式，培养一批"教练型""双师双能"素养的教学名师，提升职业院校教师教学能力和实践指导能力，秉持职业精神和职业技能培养兼顾的理念，是供给侧改革背景下职业院校的必然选择。

4. 实施校园文化育人的系列措施

文化对人的影响是潜移默化的，学生在校期间，无形之中会受到校园文化的各种熏陶和影响。校园文化是发扬和传播工匠精神的重要渠道。对于职业院校来说，校园文化建设是培育学生工匠精神的重要抓手。尤其是要在注重传承和发展学校历史文化的基础上，融入相关行业、产业、企业的文化，逐步培养学生具有精雕细琢、精益求精、追求完美和极致的"匠心理念"，最大限度地发挥文化在工匠精神培育中的关键作用。一方面，职业院校要注重"硬文化"建设。"硬文化"也就是显性文化，主要是指摸得着、看得见的环境文化和物质文化。职业院校可以打造学校历史文化，相关行业、产业、企业文化及工匠精神文化于一体的文化墙或工匠园。另一方面，职业院校应加强"软文化"建设。"软文化"也就是隐性文化，包括制度文化、观念文化和行为文化等①。职业院校可以通过开展内容丰富多彩、形式多种多样的文化活动，比如举办工匠人物讲座和先进事迹宣传，开展职业精神方面的征文或演讲比赛等，通过技能大赛获奖选手和典型事迹的宣传，带动学生对高超技艺的追求，也可以是卓越教师示范、优秀学生引领、杰出校友传播等，充分发挥先进典型的社会影响力和"传帮带"作用。以班会、讲座、科技制作、企业考察等多种形式，定期开展活动，使弘扬工匠精神成为职业院校的一种文化自觉。让崇尚工匠精神成为校园文化的重要组成部分，也让学生在长期的工匠文化熏陶下树立正确的职业理想和职业精神①。

5. 发挥德育在工匠精神培育中的积极作用

职业院校加强对学生工匠精神的培育，本质上就是贯彻党的教育方针，坚持立德树人。要坚持用社会主义核心价值观和工匠精神引导学生勤学、修德、明辨、笃实，引导学生静心学习、刻苦钻研、百折不挠，求得真学问，练就真本领；重视实践育人，拓展学生社会实践的平台和路径；加强对学生使命意识和责任意识教育，职业院校应大力开发科学、人文等文化基础课蕴含的工匠精神教育资源，激发学生信仰和践行崇尚劳动、敬业守信、精益求精、敢于创新的精神；多种途径提升学生的人文素养和职业认同感，引导学生干一行、爱一行、钻一行，从而在工作后做到宁静淡泊，执着坚守，在平凡的岗位上磨炼自己的才干，不轻言

① 朱婷. 关于职业院校学生工匠精神培育的思考 [J]. 改革创新，2018（7）：44-45.

放弃。

日本"秋山木工"的创办人秋山利辉[①]讲道："我相信一流的匠人，人品比技术更重要，所以在每天的学习中，不仅磨砺学生们的技术，更注重锤炼他们的人品。"首先，要锤炼学生的人品，自然离不开德育课这个教育主阵地、主课堂和主渠道。培养学生的工匠精神，职业院校德育课首先应从课程体系建设入手，把工匠精神的养成教育纳入各课程教学大纲和教学计划。其次，应着力打造特色工匠课堂，不仅要通过德育教学，向学生输入工匠精神的理念，更要不定期邀请优秀工匠走进德育课堂，讲述他们锤炼技艺的故事，与学生分享成功的匠人历程和心得体会。再次，要增加德育课的实践教学课时。工匠精神的养成教育不能只靠教师课堂上的讲授，更需要学生到生产实习一线去亲身体验。因此，职业院校要加强校企合作力度，增加德育课实践教学课时，让学生在具体的工作岗位上、在实际工作中来体验和感悟工匠精神的实质和内涵。

细节积累好品质形成于好习惯，工匠精神培育的关键是不放过任何细节。教师平时的生活和学习中有很多可以挖掘利用的训练资源，引导学生从生活学习的点滴做起、体知躬行。比如保持宿舍、校内公共区域和校外公共场所的清洁和有序，注重个人形象和言行举止，衣着朴素、整洁，做人诚信、可靠，为人谦恭、友善；课堂上认真听课，吸收知识的养分，课后有规律地复习、温故知新，对待作业毫不含糊，一丝不苟，全力以赴地完成，遇到难题穷追猛打、刨根究底；面对困难和挑战，要有不认输的精神，斗志昂扬，拼搏到底，积极参与校园文化活动和社会实践活动，积极参加各类技能比赛，力求以百分之百的热情实现百分之百的满意。工匠精神的养成是量变到质变的过程。必须注重细节，凡事全力以赴，如切如磋，如琢如磨，日积月累地将工匠精神逐渐内化成自身的内在品质。

---

① 秋山利辉. 匠人精神——一流人才育成的30条法则［M］. 北京：中信出版社，2016：45.

参考文献

[1] 张铮. 当代工匠精神与职业教育研究 [J]. 哈尔滨职业技术学院学报，2016（6）：1–3.

[2] 王晓漪. "工匠精神"视域下的高职院校职业素质教育 [J]. 职教论坛，2016（32）：14–17.

[3] 张娟娟. 工匠精神在职业教育中的回归与重塑 [J]. 职教论坛，2016（35）：35–39.

[4] 刘冬玲. 熔铸"工匠精神"：职业教育责无旁贷 [J]. 职教通讯，2016（14）：3.

[5] 朱婷. 关于职业院校学生工匠精神培育的思考 [J]. 改革创新，2018（7）：44–45.

[6] 赵碧君，刘涛. 詹纯新：唤起"工匠精神"建设"制造强国" [N]. 上海证券报，2015–03–12.

[7] 刘宝民. 职业教育尤须注重培育工匠精神 [N]. 工人日报，2016–07–12.

[8] 李小鲁. "工匠精神"，职业教育的灵魂 [N]. 中国教育报，2016–05–13.

[9] 徐耀强. 论"工匠精神" [J]. 红旗文稿，2017（10）.

——知行合一，止于至善

《礼记·中庸》①有云："君子遵道而行，半途而废，吾弗能已矣。"意思是：君子遵循待人处事不偏不倚、不过头也无不及的原则前行，如在半路上停止不前，就不能算是君子，我是不会停止自己前进的步伐的。上下五千年，中华文化源远流长，孕育了中华民族宝贵的精神品格，养育了中国人民崇高的价值追求。社会在飞速发展，在新的历史时期，如何传承弘扬中华优秀传统文化，推进社会主义核心价值观落实，这是我们每位教师都应该认真思考的问题。

---

① 〔西汉〕戴圣. 礼记·中庸.

一、中华优秀传统文化在中职德育中的运用

2014 年教育部下发的《完善中华优秀传统文化教育指导纲要》中指出：加强中华优秀传统文化教育，是培育和践行社会主义核心价值观，落实立德树人根本任务的重要基础。对于引导青少年学生增强民族文化自信和价值观自信，自觉践行社会主义核心价值观具有重要作用。

长期以来，中职学校对学生思想道德的教育存在内容碎片化、不系统，德育课程脱离学生实际，缺乏传统文化教师等问题；中职生缺乏学习动力，不懂感恩、不讲文明礼貌、行为习惯不良。如何挖掘中华优秀传统文化育人功能，提高中职学校德育的吸引力、有效性，一直以来是我们积极实践和探索的重要课题。

针对中华优秀传统文化渗透职业院校德育过程中内容碎片化、不系统的问题，广西物资学校传统文化工作室的老师们以"明理—力行—反思—长善—习惯"为主线，构建了传统文化课程体系。从 2014 年秋学期开始，广西物资学校开设了"中华优秀传统文化"课程；改革了课程评价标准，评价主体多元化和评价形式多样化，注重过程性评价和实践性评价；建立了包括教案、课件、教学素材等配套的资源库及系列实践活动方案，参与研发了"中职学生职业素养培养在线课程资源库"中的《〈弟子规〉与我》及《中职学生国学经典诵读在线课程资源》，搭建中职德育资源库。根据2014 年教育部印发的《中等职业院校德育大纲（2014修订）》及《完善中华优秀传统文化教育指导纲要》的精神，结合中职生特点，编写出版系列中华优秀传统文化教材 11 本，丰富了德育课内容。针对职业院校渗透中华优秀传统文化教育形式较为单一，缺乏传统文化教师或教学水平不高的问题，创新传统文化"六教联动"渗透模式：通过教师言传身教、率先垂范的榜样作用（身教、言教），上施下效，注重引导学生身体力行（导教）；通过礼节仪式、德音雅乐（礼教、乐教）及校园、班级文化建设（境教）的精心打造，以礼导志，以境化心，多方联动，全方位营造育人的文化氛围。根据中职在校学生发展阶段及中国传统节日，在全校开展了"一月一主题"教育活动，营造文明健康

和谐的校园环境，努力改变过去德育课程空泛化、形式化的缺点，增强实效性，让学生在各种实践活动中发展品德思维，丰富品德经验，形成品德行为习惯。

针对中职生接受优秀传统文化教育缺乏体验、知行脱节，对本土民族文化缺乏亲近感的问题，我们设计了系列活动，打造特色活动品牌。将少数民族传统文化的精华渗透到中职学校德育工作中，既丰富了德育内容和形式，又能增强少数民族学生的民族自豪感和自信心，促进民族团结教育，进一步培养学生爱祖国、爱家乡的情怀。如开学典礼暨中华传统拜师礼、十八岁壮族成人礼、德育成果汇报演出、经典诵读大赛、一封家书等，形成了学校的德育特色品牌，产生了良好的社会影响，提高了学校的美誉度和知名度。

针对职业院校开展优秀传统文化教育资源少、手段单一的问题，依托"互联网＋教育"理念，运用现代信息技术，校企共同研发了《中职学校班主任的每周一课在线课程资源》及《中职学生国学经典诵读在线课程资源》，搭建中职德育资源库。

针对中职学校缺乏传统文化教师或教师教学水平不高的问题，广西物资学校成立了传统文化工作室，打造传统文化骨干教师团队。工作室由校领导挂帅，德育教师为主要成员，将践行优秀传统文化融入规章制度建设中，将传统道德规范放到了师生基本要求的重要位置。定期开展学习交流活动，通过中华文化经典学习，教师增长了教育智慧，在与学生的沟通交流中、在与同事的团结合作中、在自身反思能力和科研能力的提高中充分获益，从而推动教师专业发展。

二、传承和弘扬中华优秀传统文化的具体做法

党的十八大报告[①]指出："文化是民族的血脉，是人民的精神家园，要建设优秀传统文化传承体系，弘扬时代新风。"中国优秀传统文化的深刻内涵体现了"文明""和谐""爱国""敬业""诚信""友善"等社

---

① 胡锦涛. 坚定不移沿着中国特色社会主义道路前进为全面建成小康社会而奋斗（十八大报告单行本）[M]. 北京：人民出版社，2012.

会主义核心价值观，中华优秀传统文化教育，也是在国民教育体系中培育社会主义核心价值观的重要载体。因此，我们要深入挖掘和利用传统文化中的精髓，积极寻找优秀传统文化与学校德育的结合点，赋予它新的时代气息，使其成为新时期青少年学生思想道德规范的基础。

学校是优秀传统文化教育的主渠道、主阵地，有着先导与示范作用。因此学校要立足于"先做人、后成才"的德育观点，努力推进优秀传统文化走进课程、走进课堂，在校园内营造热爱优秀传统文化的良好风气。学校要组织编写由浅入深、循序渐进、符合不同阶段学生特点的中华传统美德教材，让优秀传统文化资源在整个教育体系中占据相对合理的地位。

对学生进行中华优秀传统文化的继承发展教育，目的是引导学生树立正确的世界观、人生观、价值观，成为有民族自尊心、自信心和自豪感的社会主义建设者和接班人。而中华优秀传统文化的核心是"忠孝仁义礼智信"，结合现实来诠释，归根到底也是培养有理想、有道德、有文化、有纪律的建设者，所以两者的价值观本质上是相通的。中华优秀传统文化的"忠孝仁义礼智信"在我们每一个教学环节中都是有具体内容承载的。

（一）培养一支高素质的传统文化教师队伍

要发挥传统文化在教育教学中的作用，教师必须有深厚的传统文化修养。作为一名职业院校的教师，不仅要有较丰富的专业知识，更要有较深厚的人文素养，特别是传统文化素养对学生有着重要的影响。苏霍姆林斯基说"人只能由人来建树"。只有用教师本身的传统文化素养，才能提升学生的品位和素养。但在教学过程中，大多数教师一直从事本专业的研究，基本上没有人从事专门的优秀传统文化教育的研究。因此，我们要从提高教师自身的传统文化素养入手，用教师自身的传统文化人文精神去滋养学生、影响学生、净化学生。

首先要培养一支高素质的专兼结合的优秀传统文化教师队伍。任何教育教学工作要想抓好，首先要有一支教学业务精湛的师资队伍，而中华优秀传统文化教育，除了要求教师要有精湛的教学业务之外，还需要教师具有良好的文化素养，在教育教学工作中除了教会学生"做事"，还要教会学生"做人"。在原来的常规教学中，职业院校教师往往注重学生"技能"的培养，忽略了"德能"的培养。大部分教师认为"德育"是德育教师、班主任的事，自己只要上好课就行了。所以职业院校以中华优秀传统文化教育为抓手开展德育，首先要开拓创新，面向全体教师，建设一支教学业务精湛且具有优秀传统文化的教师队伍。

职业院校要按照教育者先受教育的理念，加强面向全体教师的中华优秀传统文化教育培训，有计划地组织全校教师开展各种中华优秀传统文化培训。"中华优秀传统文化"授课教师每周进行集体学习和备课，探索和交流"中华优秀传统文化"授课经验，等等，不断将优秀传统文化学习引向深入，使教师不断汲取中华优秀传统文化的思想精华和道德精髓，并在教学实践中努力继承和发扬中华优秀传统文化和传统美德，言传身教，创造性地、有针对性地在教育教学工作中渗透中华优秀传统文化教育。学校还要安排专项培训资金，采取"请进来"和"走出去"的办法，聘请一些践行中华优秀传统文化的名家到校开展培训；推选优秀教师到中华优秀传统文化培训基地参加培训，培养出一支高素质的专兼结合的优秀传统文化教师队伍，为学校开展以《弟子规》教育为抓手的德育工作奠定坚实基础。

广西物资学校教师经典研习，包括《弟子规》《孝经》《论语》等。针对教职工开展"幸福人生""孝道与感恩""师道人生""职业宝典""管理治要""传统文化对现代教育的启示"等课程。

从 2013 年开始，广西物资学校多次派出教师参加中华优秀传统文化的学习和调研。2013 年秋学期，每周二晚上培训，连续十次，每次有 10 多名教职工参加。2013 年 11 月到广州思源学校、东莞联合技工学校等考察，到顺德博益书院参加"职业宝典"培训。2014 年 1 月参加广西首届中华女性健康与传统文化教育论坛，9 名老师做义工，16 名老师做学员。2014 年 7 月，5 名教师参加广州思源学校"师道人生"讲座。

图 2-1　2013 年广西物资学校骨干教师在博益书院培训

　　2014 年春学期,广西关心下一代研究所所长李英庆为广西物资学校全校教职工作"中华传统文化与学校教育"的专题讲座,学校有 20 多名老师做志愿者;5 月份,李显峰老师为广西物资学校全校教职工作"师道人生"培训;6 月份,秦皇岛民族学校校长倪敏达及 30 名师生入校20 多天进行中华优秀传统文化导入的"传帮带"活动;2014 年 7 月到 8月,广西物资学校 15 人由钟芳晖副校长带队赴秦皇岛民族学校参加为期 15 天的《弟子规》德育师资中级班培训;2014 年 8 月,5 位教师参加在广西南宁市党校举办的"广西公民道德价值观"公益论坛。2014年 10 月 30 日,多位师生在南宁市三中参加《沐浴在党的阳光,回归道德人生》王竑锜老师广西巡回演讲——南宁站大型传统文化公益论坛。多位教师参加由广西道德促进会、孝道家园主办的各类传统文化学习教育活动。同时广西物资学校德育组利用课余时间有计划地组织教师集中学习和诵读《论语》《道德经》《弟子规》,对新进的教职员工进行多层次的中华优秀传统文化教育培训活动。

　　2014 年 9 月 11-13 日全校开展中华优秀传统文化教育导入活动,弘扬中华优秀传统文化,践行社会主义核心价值观——《立德树人,从孝开始,学会礼赞》。由传统文化工作室组织策划,设计三天课程,分别有"百善孝为先""文明礼仪伴我行""9 月集体生日会""团队协作的力量""感恩与赞美"等系列专题,并对全校班主任及授课教师进行培训。2013—2017年传统文化骨干教师多次参加由广西道德促进会、孝道家园主办的各类传统文化教育学习培训活动。通过参观、调研、学习、培训，广西物资学校培养传统文化骨干教师，以点带面，形成人人学习中华优秀传统文化的良好氛围，为更加广泛地开展中华优秀传统文化经典教育活动培养了一批优秀教师。

图2-2　广西物资学校传统文化培训班结业典礼

（二）中华优秀传统文化课程开发

中职学生许多是中考失利者，文化知识基础相对薄弱，普遍缺乏文化归属感，行为习惯养成不尽如人意，所以，要安排中华优秀传统文化教育课程，将中华优秀传统文化教育渗透进日常的教学工作之中，在学生吸收必需的课本文化知识的同时，用中华优秀传统文化浸染和熏陶他们，让他们了解中华优秀传统文化中关于立志、修身、勉学、处世、治家、忠孝等方面的经典章

图2-3　自编教材《中华经典文化读本》

句，了解中华优秀传统文化中蕴含的正确人生观和价值观，从而使教师能很好地履行教书育人的职责，使学生能通过课程系统了解中华优秀传统文化的精髓，对他们的道德规范、行为习惯形成积极影响，更好地矫正和规范行为。

广西物资学校从 2014 年秋学期开始，开设中华优秀传统文化教育校本课程。把中华优秀传统文化课程作为必修课程纳入全校各专业的教学标准中，总课时为 36 节。根据中职生特点，自主开发中华优秀传统文化教材和教学课件。形成"课程开发、环境熏陶、实践体验"的传统文化课程教育体系。

教材内容：中华优秀传统文化教材以"修身立己，仁爱共济"为核心，以"孝悌""泛爱""亲仁""行有余力，则以学文"为主线，教会学生如何做人。"入则孝"篇——孝亲尊师、修身养性；"出则悌"篇——兄友弟恭、与人为善、关爱他人；"谨""信"篇——谨言慎行、言行必果；"泛爱众""亲仁"篇——仁爱和平、知恩报恩；"余力学文"篇——德技兼强、术业专攻、责任担当。

1. 中华优秀传统文化课程标准

（1）课程性质。

中华优秀传统文化作为学校的德育课，旨在讲授中国优秀传统文化，传承中华民族精神，弘扬优秀历史传统，提高学校教育文化品位和学生人文素养，培训学生的爱国主义情操和建设社会主义现代化的历史使命感，培养有理想、有道德、有文化、有创新精神的合格人才。

（2）课程目标。

通过本课程的学习，帮助学生深入了解中华民族文化的主要精神，从而培养他们对祖国的情感和爱国情操；帮助他们理解和认识中国传统文化的优秀要素，帮助他们掌握多种认识方法，在影响他们的人生、社交和工作态度以及养成良好的行为习惯方面有所裨益。

① 认知目标。通过教学，目的是让学生对中华优秀传统文化的基本面貌、基本特征和主体品格有初步的了解，尤其对中华孝道文化、礼

仪文化有更深的理解与认识。

② 能力目标。通过教学，学生能将中华优秀传统文化精神运用于日常的学习、工作与生活中，学会在家、出外、待人接物、求学应有的礼仪与规范。

③ 素质目标。通过教学，学生能确立良好的人生、社交和工作态度，养成良好的行为习惯。学会孝敬父母、体谅父母；培养学生的爱心，爱长辈，爱老师，爱同学，互相关心，互相帮助；提高学生辨别是非的能力，教育学生诚实、守信；指导学生的生活习惯、行为规范。

（3）设计思路。

以"修身立己，仁爱共济"为核心，以"孝悌—忠信—爱人—亲仁—学文"为主线，强调身体力行。课程总体设计思路上，打破了德育课程以理论知识传授为主要特征的传统模式，以具体知识传统和整体文化精神把握相结合组织教学内容，力求使学生对于中华优秀传统文化发展的大势、中国文化精神有所领悟。教学过程中，采取多种教学形式，充分开发学习资源，给学生提供丰富的实践机会。教学效果评价采取过程评价与结果评价相结合的方式，通过理论与实践相结合，重点评价学生的实践能力。

教材以儒家经典《弟子规》为主要内容，其中又以孝道教育为首要内容，增加具有当代价值的古今孝道案例与故事，在每一任务单元的设计中，通过典型的案例、故事、作品欣赏等引入内容，侧重于中华优秀传统文化精神的实际说明，并在其中引入必需的基本理论知识，强调技能训练内容，加强基本理论、知识点在技能训练过程中的有意识应用。

（4）教学建议。

在教学过程中立足于加强对学生中华优秀传统文化素养的培养，以任务单元为基础进行能力训练，创设学习情景，以角色扮演、互评、讨论、自行设计场景等方式调动学生自主学习能力。以教师讲解、分组讨论、每日力行分享等加深学生对学习内容的理解与体悟，使学生在"闻""思""修""正"的过程中，真正形成良好的行为习惯与人文素养。

（5）教学评价。

力求形成理论与实践一体化的评价模式，过程考核与结果考核相结合，以课堂表现、集中考核、力行反思等方式考核学生的学习效果。

① 平时成绩（8%）（课堂表现、课堂分享）。

② 段考成绩（12%）：写一封家书。

③ 期末成绩（80%）：

A. 个人力行表（30%）

B. 背诵《弟子规》（20%）

C. 学习中华优秀传统文化收获与心得（30%）

2. 中华优秀传统文化教学模式：创新师生成长教学模式

教育的责任就是培养人才，"人"即遵纪守法、负责任、有担当、身心都健康的社会人，"才"是具有专业性和职业性的能力突出之人。为此，德育教师在课堂上，应该在基于中华优秀传统文化的基础上，帮助学生既专注专业学习，也要结合自身兴趣，做好职业规划，确立人生目标，实现民族复兴的中国梦。要发挥优秀传统文化的作用，注重引领学生关注社会现实，将人文精神的培养渗透到教学过程中，教师在教学过程不断学习，师生共同成长。

（1）闻：上课、视频、文档（生动震撼，氛围活跃，经典案例，贴近生活）。

（2）思：思考、讨论、反省（关注人心，交流分享，相关而善，相互切磋）。

（3）修：力行、体悟（正己化人，不断提升，激发智慧，应用落实）。

（4）证：实证、内化（身体力行，实践应用，经验体会，共同进步）。

书本之外的一些影视感悟交流也是一个不错的德育教学载体，可以说影视是生活的结晶，更具有可读性，可以让学生慢慢从影视作品中感悟生活主题。当然对影视作品是有选择的，选择那些能够起到励志作用或阐发道理的优秀德育经典作品。学生自己悟到的道理要比教师强化灌输的道理效果好上万倍。自己悟到的东西自己会去执行，而别人灌输的东西不仅可能被当成耳边风，甚至会产生逆反心理。

将中华优秀传统文化有机地融入德育课中，通过学习中华优秀传统文化提高学生的思想道德。如《弟子规》学习篇章，帮助学生正确理解《弟子规》所包含的"孝、悌、忠、信、礼、义、廉、耻"等中华优秀传统文化内涵。不仅仅是文化基础课程，在专业课、实训课和一体化课等教学中，专业教师也要结合教学实际情况，适当穿插一些《三字经》《孝经》《弟子规》等中华优秀传统文化的经典语句，让学生耳熟能详，在中华优秀传统文化的熏陶下逐渐成长。

图2-4　优秀传统文化课程学习小组

中华优秀传统文化课程授课教师自行编写教材，集体备课设计课件、教案、活动方案，形成中华优秀传统文化课程特有的课堂教学模式。采用小组合作学习探究的形式，老师创设情境，提出讨论问题，学生小组讨论、总结并上台分享，始终凸显学生的主体地位，师生互动，生生互动。课堂中通过德育故事分享、小组讨论、情景模拟、品味读诗、新闻热点视频播放等，让学生在体验中感受，在讨论、活动中领悟做人的道理：做一个有感恩之心、孝敬父母、友爱同学、守规矩、懂礼仪、讲诚信、负责任的人。

老师在开展中华优秀传统文化教学活动中，除了课堂教学外，还要注重学生课后的力行，设计学生《广西物资学校德行扎根个人力行记录表》（以下简称《力行表》），每上完一个内容开展相应的实践活动，要求学生每天总结自己哪些方面做得好，哪些事情做得不好，反省自己每天的得失，找出如何改进的具体措施，并填写《力行表》。《力行表》作为学生学习平时成绩考核的重要参考依据，促使学生高度重视力行、反思、修正。

良好习惯的养成教育是学校德育的主要内容之一。通过对中华优秀传统文化的学习，以培养学生各种良好习惯为主线、为突破口，潜移默化地将其渗透于学生学习、生活、活动的每个领域之中。"冠必正，纽必结，袜与履，俱紧切"，培养学生良好的生活习惯；"用人物，须明求；倘不问，即为偷"，培养学生良好的行为习惯；"读书法，有三到；心眼口，信皆要"，培养学生良好的学习习惯，等等。"学贵力行"，学一句就做一句，实践一句。引导学生每天填写《广西物资学校德行扎根个人力行记录表》，指导学生把每天的践行点，当成一项作业来完成，帮助学生改变不良习惯，鼓励学生一月养成一个好习惯。

3. 围绕课程开展的相关教育教学实践活动

［活动一］

开展"力行省思"活动，养成良好行为习惯

一、活动目的

曾子曰："吾日三省吾身，为人谋而不忠乎？与朋友交而不信乎？传而不习乎？"中国古人十分重视个人的道德修养，以求塑造成理想人格。在当代社会我们也应当像古人学习，时刻反省自己。每天想想自己做事是否尽心尽力，今天的学习任务是否完成，有没有帮助别人等等；对于存在不足的方面，给自己一个改正的机会。这样，就能逐渐形成良

好的品格和不卑不屈的人格。

通过此活动，让同学们学会"朝发意、昼力行、夜反思、勤修正、不二过"的品格养成模式，形成良好的做人、做事习惯，提升同学们的道德修养素质。

图 2-5　力行表

二、活动内容

1. 学习践行中华优秀传统文化重要警句内容。

2. 学习践行学校的规章制度和社会道德规范。

3. 填写《养成良好行为习惯力行省思表》。填写内容可从文明礼仪（文明用语、师生问候）、清洁卫生（不乱扔；随手捡；叠被子、衣服、袜子；洗衣服）、与家人联系情况（打电话、发信息、见面）、纪律（晚休、自习、课堂、集会）、学习（认真、专注、勤学、好问）、饮食（按时就餐、不浪费、不挑食）等方面考虑。

三、活动形式

1. 每一位同学独立完成。

2. 两位或多位相处不错的同学结对，相互鼓励、帮助与监督，持之以恒地力行反思和修正。

养成良好行为习惯省思表

班级：	姓名：	组名：	日期：第　周

一周学习经典经句：

学习经典的感悟与收获：

一周力行：

周一：

周二：

周三：

周四：

周五：

周六：

周日：

一周 小结	

［活动二］

开展"收获分享、相互激励"活动

一、活动目的

学习中华优秀文化的主要目的之一是将中华文化的精神化为我们的语言与行动，让优秀文化在我们的日常生活中得以彰显。同学们通过力行，在文明礼仪素养上或多或少的都有收获与变化，在思想上也不同的感触与觉悟。将收获与变化在同学中分享，实现相互激励，共同成长的目的。

二、活动内容

1. 分享课堂学习的收获与感悟；

2. 分享日常在做人做事方面的进步与不足；

3. 分享各项专题活动的过程、收获与意义。

三、活动形式

（一）分享组织

1. 设班级内分享组：班级内组建分享小组，可以是一个组或多个组，设小组长一人、组员若干人。

2. 设校级分享组：校内各班抽人组建分享小组，可以是一个组或多个组，设小组长一人、组员若干人。

图2-6 优秀传统文化课堂小组分享

（二）分享要求

1. 分享分定期和不定期；

2. 确定分享主题；

3. 分享人员分享前写好书面分享内容。

［活动三］

给父母的一封信

一、目的

通过给父母写一封家书的形式，加深学生与父母的情感沟通，教育和引导学生学会感恩，以良好的道德品质和优异的学业成绩报答父母。同时让父母了解孩子、倾听孩子的心声，营造和谐温馨的家庭氛围，促进学生健康成长。

二、要求

1. 感情真挚，内容真实。可以向父母说说在校的学习生活情况；可以是发生在自己和父母亲身上的事情，想说又不敢开口或不好意思跟父母亲说的话。

2. 必须符合书信写作的格式，字数不限，文字通顺，字迹书写工整规范。

三、活动流程

1. 观看视频《十月怀胎》《伟大的母爱》《来信》，让学生回忆在自己成长的道路上父母的艰辛。

2. 播放李春波的歌曲《一封家书》，引导学生思考歌曲表达的内涵。

3. 情感表达。"谁言寸草心，报得三春晖"，请同学们借助手中的笔给爸爸妈妈或有养育之恩的爷爷奶奶、外公外婆写一封信，以表达自己的感恩之情。

4. 播放《烛光里的妈妈》等背景音乐，烘托氛围，酝酿情感。

5. 每人发一个信封，由学生自己写好邮寄地址，课后统一邮寄。

配合中华优秀传统文化课程，开展"写一封家书"活动，检验"孝道"教育的教学效果，并为学生提供一个向父母传递"感恩之心"的平台。

刷屏时代，家书抵万金。在中华优秀传统文化课程教学中，"孝道"教育是非常重要的第一个教学内容，我们开展"写一封家书"活动，布置每一位学生给父母写一封家书，由学校统一邮寄。学生通过中华优秀传统文化课程的学习，深切体会到父母的艰辛和期盼，领悟到行孝要及时，在信中真诚地感谢父母在自己成长过程中的付出，表示要好好学习，多帮父母分担，让父母放心、安心、舒心。我们还对家长收到家书的反应作了调查。通过调查，真实地了解到大多数学生学会了孝敬、学会了感恩、学会了理解、学会了宽容，思想行为日趋成熟。这同时也说明了中华优秀传统"孝道"教育教学是有明显效果的。

图 2-7　学生写给父母的家书

[活动四]

社会实践活动

本次综合实践立足于在活动中增进学生对中华优秀传统文化的感知，培养学生热爱祖国灿烂的优秀传统文化的情感。教师指导学生运用多种调查方式，如查阅资料、上网查询、向长辈或专业人士咨询等，利用课余时间自主地进行社会实践调查活动，了解当地的民族文化和文化特色，并及时记录活动中所获得的基本资料，通过课外实践活动，让学生用自己的眼睛去观察、发现、感受身边的传统文化，引导学生体验和分享活动的乐趣，感受蕴涵在传统文化中的中国人的家国情怀和精神追求，学习和弘扬中华传统美德。

实践 1. "民俗活动我参与"。引导学生通过对身边传统文化的调查，了解当地的传统文化和文化特色，并在活动中受到热爱中国灿烂的优秀传统文化的教育。围绕精美的民间工艺（如泥兴陶、北流三环陶瓷、壮锦、绣球、铜鼓、天琴等）、民间艺术（山歌、桂剧、壮剧、壮族大歌、壮族八音等）、风俗习惯（歌圩、歌会、打油茶等）、民间文学（敢壮山壮族起源、传说、神话、故事等）、民间建筑（三江风雨桥、鼓楼、壮族干栏式建筑等）、名胜古迹（花山崖画、龙胜梯田、合浦汉墓、兴安灵渠、黄姚古镇等）、传统节日（三月三歌节、花炮节、盘王节、走坡节等）、名人逸事（瓦氏夫人、石达开、李宗仁、李宁等）、方言土语等主题，指导学生通过网上调查、社会考察、采访等方式收集相关资料、图片，了解中华优秀传统文化。

实践 2. "感恩行动我争先"。为长辈做一件事情。动员学生利用假期，为父母家人做一件力所能及的事，如在家打扫卫生、做饭、洗衣服、喂家禽等，学习一项家务小本领，争做懂事、有责任感的家庭成员，践行"百善孝为先"的传统美德。

图 2-8　2016 年我校师生作为志愿者参加传统文化公益讲座

实践 3."我爱家乡人景物"。参观当地历史名胜。参观一处能反映家乡历史、文化特色的风景名胜，了解家乡的历史故事和历史人物。利用地方的便利条件（如文物苑、民俗文化馆、孔庙等），对同学进行优秀传统文化教育。

实践 4."最美瞬间我来拍"。以"美在我家""美在学校""美在旅途"等为题，拍摄最美瞬间。可以围绕爱岗敬业、奉献爱心、团结友善、风土人情、习俗文化等方面选择题材，抓拍令你感动或者难忘的瞬间。

实践 5."经典故事我来说"。学讲一个传统故事。利用业余时间诵读传统文化经典篇章，倡议背诵《弟子规》《三字经》等，学讲一个如"泰伯采药""精忠报国""一诺千金""孔融让梨"等反映民族精神的传统故事，学习和弘扬中华传统美德。

图 2-9　小组成果汇报

实践 6."献爱心送温暖"活动。围绕特殊日，集中开展大型志愿活动。组织开展"学雷锋、树新风、做好事、讲文明"的活动、义务植树活动、清明节到城区烈士陵园祭奠志愿服务、五四青年节做一天义务劳动、重阳节到养老院做一些力所能及的事等。

实践 7. 成果汇报。引导学生互相交流活动成果，互相学习，增进对传统文化的了解。展示形式：PPT 展示、语言汇报（讲一个传统文化故事、分享孝敬父母长辈的事）、摄影相片、小作文（感悟、体会）、手抄报等。小组或同学互相评价。教师总结、评价。

【注意事项】

（1）可以个人单独完成，也可以根据同学们的兴趣、爱好或居住位置自己成立小组共同完成。如果是小组合作就应该既要注意小组成员之间的分工要合理，又要注意整体协作，既要尽可能独立调查研究，但也要注意合作、交流，某些问题可以采取小组合作的方式共同完成，形成资源共享。

（2）不会完成的事情可以请教老师、同学和家长，但不能出现让他人包办代替的情况。

（3）调查、汇报的准备时间是节假日、双休日以及课余时间。

（4）需要在互联网上查找资料。

（5）调查过程中一定要注意安全。

4. 充分利用现代信息技术，开辟传承中华优秀传统文化的新方式

互联网科技革命，不仅诞生了因特网和手机等快捷通信工具，还出现微信、微博和博客等交流载体，让我们的生活变得更开放。据《中国互联网络发展状况调查统计报告》显示，学生群体已经连续 15 年居于网民数量的首位，不得不重视。中职生的热点和兴趣爱好受到了新兴传播媒介的很大影响，比起在教室内交谈，学生更愿意在朋友圈中点赞、评论，与其听老师在课堂说教，不如在老师的博客上、QQ 空间里看老师写的帖子。

我们主动研究新媒体，积极运用互联网思维，找到新媒体时代背景下有效实施中华优秀传统文化教育的对策。改进课堂教学手段方法，将现代多媒体技术手段充分运用到传统文化教育课程中，增强课堂教学的吸引力和时代感；建设学校官方网站，开辟传统文化专题，让中华优秀传统文化教育在其中占有一席之地；利用学生的手机 APP 终端，借助微博、微信等学生普遍使用的信息渠道，开辟介绍中华民族发展史，反映弘扬中华文明礼仪等专栏。

广西物资学校建立学校微信公众号，定期发布各类传统文化学习、活动新闻图片，班级成立传统文化学习交流群，学校官方网站开辟传统文化专栏，让传统文化传播范围更广、辐射面更大。老师通过 QQ 空间、朋友圈、微博等网络社交平台推送传统德育故事、哲人哲理，分享师生参加传统文化活动的图片及心得体会等内容，传播正能量；学生也将自

己平时的"力行"作业、参加志愿者活动等发布在 QQ 空间或微信朋友圈里，被转载和点赞的次数作为课程学习平时成绩考核依据，极大地激发学生的学习热情和参与度。21 世纪的发展离不开网络和新媒体，借助网络和新媒体，占领中职德育舆论新阵地，毋庸置疑是中职院校德育努力的方向。

（三）融入中华优秀传统文化的校园文化建设

弘扬文化的实质是宣扬一定的价值观。人本主义向来被认为是中华优秀传统文化的一大特色。我们在养成学生独立人格的同时，也要引导学生养成"各美其美，美人之美；美美与共，天下大同"的价值观。校园文化是素质教育的载体。中华优秀传统文化自古就有移风易俗、教化民众的道德力量，所以在校园中推广中华优秀传统文化不失为推陈出新、互惠共赢的好方式。

良好的校园文化氛围对提高学生思想和道德素质，培养学生的人文精神和素养有着不可忽视的作用。中华优秀传统文化教育与校园文化建设相结合，可以营造浓厚的德育氛围。中职学校要把中华优秀传统文化德育系统工程的大厦建筑到一个极有感染力的校园文化的人文环境里，营造环境育人的德育氛围。广西物资学校积极开展与传统文化教育相关、与传统文化相结合的系列校园活动，形成富有特色的系列中华优秀传统文化教育的主题活动。

1. 广西物资学校秋季学期开学典礼暨拜师仪式

每年秋学期广西物资学校均会举行中华传统拜师礼，让师生在隆重的典礼活动中感悟中华传统尊师重教的教育思想。2016 年秋学期开学典礼暨拜师仪式，全体在校师生 4 500 多人参与。80 余名教师及学生代表身着传统汉式礼服演绎传统拜师典礼。伴随着阵阵鼓声与传统中国乐曲，学子们向师者行拜师礼：一拜"师道尊崇立人立德"；二拜"传道授业教化解惑"；三拜"感念师恩天地为鉴"。师者赠礼学子：一敲手，劝勉学子奋发图强，努力读书，学好技能；二敲肩，希望学生树立远大志向，挑起重担；三敲身，让学子们行为端正，做人做事有尺度；

四、师者在学子们的额头正中央点上眉心红，希望他们能够开启智慧，做一个聪明、好学的人。

传统文化工作室策划的这场隆重拜师礼，是学校开学之初的重点活动。

通过拜师礼，一方面激发学生对优秀传统文化的崇敬之情，另一方面培养学生对老师的尊重及感激之情，学生在活动中接受老师的立长志、敢担当、有尺度、自信勇敢、奋发向上的美好祝愿。

图2-10　2016年秋学期开学典礼暨拜师礼

一、活动方案

前期准备

1. 30名学生代表穿汉服参加拜师礼，30名教师代表着汉服参加拜师礼，其他老师穿校服；

2. 长者、师者、学生代表穿汉服分别站在舞台下；

3. 礼仪（4人），2人在舞台下，2人在舞台边上；

4. 会场布置：铺红地毯，摆桌子（一张桌子，两边两张板凳，铺桌布），桌子上毛笔、砚台、朱砂、《弟子规》、智慧囊，舞台两边设置两个净手台，盛状元泉泉水及菩提叶。

流程

主持人：我宣布广西物资学校2016年秋学期开学典礼暨拜师礼现在开始！

仪式第一项：升国旗、唱国歌、全体肃立、行注目礼。礼毕。（国歌）

仪式第二项：请大家端身正意，向大成至圣先师孔老夫子行三鞠躬礼。（配行礼背景音乐）一鞠躬，兴。再鞠躬，兴。三鞠躬，礼成。

主持人：现在举行拜师礼仪式。

仪式第三项：请长者入座。（背景音乐响起）今天来参加拜师礼的长者有……（司仪请领导上主席台，在净手台净心净手，另一司仪在主席台引导领导就座。）

仪式第四项：请师者入座。今天来参加拜师礼的教师代表有离退休教师、优秀教师、优秀班主任等。（续音乐）（司仪请师者上主席台，在净手台净心净手，另一司仪在主席台引导师者就座。）

仪式第五项：请学子入位（续音乐）。今天参加拜师礼的学子代表分别来自2015、2016级各班。（司仪请学生上主席台，在净手台净心净手，另一司仪在主席台引导学子就位）（分别从舞台两边上舞台，在净手台上净心净手。）

拜师礼从东周春秋时期的孔子时代流传至今，一直是学生的一种启蒙教育，通过拜师礼，一方面表达了学生对优秀传统文化的尊崇，对恩师的尊重及感激之情，另一方面也表达了老师希望学生立长志、敢担当、有尺度、自信勇敢、奋发向上的美好祝愿。

学子们净手的是取自青秀山状元泉的山泉水。传说以前有一名书生生活艰苦，但仍然坚持读书，为了提神，他每天都坐在状元泉旁读书，渴了就喝一口泉水，困了就用泉水洗脸提神。所谓"有志者事竟成"，最后这位穷书生终于高中状元。净手礼提醒学子们向读书圣人学习，做好刻苦读书的准备。

仪式第六项：正衣冠。

所谓"冠必正，纽必结，袜与履，俱紧切"。学子们先"自正衣冠"，整理自己的着装，意味着做一个整洁的人。先正衣冠，后明事理，做一个堂堂正正的少年。

仪式第七项：拜师礼（接着行礼音乐）。

学子向师者行拜师礼。"一拜'师道尊崇立人立德'，起——；二拜

'传学授业教化解惑'，起——；三拜'感念师恩天地为鉴'，起。"（教师用手扶起学生）

图2-11　学子拜谢师长教诲

仪式第八项：诫勉和朱砂开智（配背景音乐）。

一敲手，寓意是劝勉学子奋发图强，努力读书，学好技能；二敲肩，寓意学生树立远大志向，挑起重担；三敲身，寓意学子们要行为端正，做人做事有尺度。最后师者在学子们的额头正中央点上眉心红（示意眉心痣），称为点"聪明"，"痣"通"智"，用红痣来寓意学生能够开启智慧，做一个聪明、好学的人。

（朱砂开智结束后）

师长赠《弟子规》及智慧囊给学生。智慧囊里有龙眼干、芹菜和葱。龙眼干象征开窍生智，芹菜寓意勤劳，葱寓意聪明。智慧囊表达了师长对学子们的美好祝愿。请师者先行回位。

（教师用双手赠《弟子规》，学子鞠躬接）（教师有序下场）

仪式第九项：齐诵《弟子规》（配诵读《弟子规》背景音乐）。

（"总序"和"入则孝"两则诵读完后）请学子回位。（学生有序下场）

（播放《弟子规》视频，接"入则孝"）

下面举行师生宣誓。

有请书记带领全体老师注目大屏幕，在国旗下庄严宣誓。

　　请全体老师跟着我举起右手庄严宣誓：我们是光荣的人民教师，我们郑重宣誓：秉持公忠、履责、勤勉、正气、和谐物校价值观；立德树人，以身立教；严谨笃学，爱岗敬业；热爱学生，尊重学生；注重修养，为人师表；廉洁从教，无私奉献；勤奋工作，严谨治学；秉持务实态度，树立求精作风；立德树人，桃李芬芳，做学生良师益友，为培养德技兼强的人才努力奋斗！（宣誓人：×××）

　　有请学生代表带头宣誓。

　　让我们在这庄严的五星红旗下立下不悔的誓言，请举起右手，以我们青春的名义宣誓：

　　我是中国人，我热爱我的祖国与人民；从今天起，我要志存高远，勤勉好学，自强不息，克服困难，追寻梦想；

　　我是物校人，我热爱我的学校与老师，从今天起，我要维护母校荣誉，尊敬老师，诚实做人，力争德技兼强；

　　玉不琢，不成器，人不学，不知义，恳请老师严厉教导。我承诺，不负父母期盼，不负恩师教诲，不负青春时光，自尊自强，自信勇敢，乐观向上，强健身心，文明守纪，做一名合格的中职生。（宣誓人：×××）（安排军训提前背熟）

　　仪式第十项：学生向师长致敬。

　　宣读：中华民族是历史悠久的民族，更是尊师重教的民族，在教师节即将到来之际，我们用传统的形式向我们尊敬的老师履行庄严而神圣的拜师仪式，在弘扬国学传统文化的同时，也在宣传中华民族尊师重教的优良品质。（学生代表集体向师长致敬：老师您辛苦了！感恩老师的悉心教导！）（鞠躬）

　　仪式第十一项：有请校长致辞。

　　感谢校长的致辞……

　　通过拜师仪式希望全校师生能明晰为师之道、为徒之道、为生之道，在全校形成一个尊师重教、关爱学生的良好氛围和风气。到此，拜师仪式结束。请大家端身正意，向大成至圣先师孔老夫子行三鞠躬礼。（配行礼背景音乐）一鞠躬，兴。再鞠躬，兴。三鞠躬，礼成。

合影：请领导及嘉宾移步大礼堂，与学生代表合影留念。

2. 开展"立德树人，从孝开始，学会礼赞"感恩父母活动

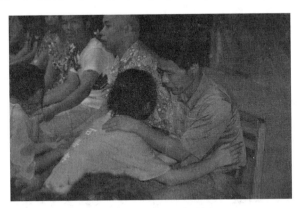

图 2-12 感恩父母活动

广西物资学校导入传统"孝文化"与"礼文化"，培养学生的感恩之心与礼敬素养，旨在践行社会主义核心价值观，引导学生学会感恩父母、赞美他人，学会校园基本礼仪规范，培养良好品行。活动内容和形式均围绕主题设计。一是广泛感受，包括诵读经典《论语》，播放歌曲《黄帝颂》《礼仪之邦》，放送视频《百善孝为先》《最美孝心少年》《谦谦君子，礼仪之邦》等等；二是引入思考，包括开办讲座《为什么要学习传统文化》，填写《孝心调查表》等；三是融入活动，包括参加拜师礼，举行团队游戏"感恩与信任"，开办分享游戏活动"学会赞美和获得爱"，参与 2016 中国—东盟（南宁）孔子文化周（9月28日—10月7日）活动启动仪式（广西中华传统道德文化促进会会长李纪蕙团队到校举办），举办学生日常礼仪规范学习和讨论活动等等。

教育部在《完善中华优秀传统文化教育指导纲要》中明确指出：加强中华优秀传统文化教育，是培育和践行社会主义核心价值观，落实立德树人根本任务的重要基础。传统文化工作室筹划的系列中华优秀传统文化导入活动，对于引导青少年学生增强民族文化自信和价值观自信，自觉践行社会主义核心价值观具有重要作用。

2016秋学期中华优秀传统文化导入活动方案

立德树人，从孝开始，学会礼赞

——2016秋学期中华优秀传统文化导入活动方案

一、指导思想

习近平总书记强调：培育和弘扬社会主义核心价值观必须立足中华优秀传统文化。牢固的核心价值观，都有其固有的根本。抛弃传统、丢掉根本，就等于割断了自己的精神命脉。博大精深的中华优秀传统文化是我们在世界文化激荡中站稳脚跟的根基。

教育部在《完善中华优秀传统文化教育指导纲要》中明确指出：加强中华优秀传统文化教育，是培育和践行社会主义核心价值观、落实立德树人根本任务的重要基础。对于引导青少年学生增强民族文化自信和价值观自信，自觉践行社会主义核心价值观具有重要作用。

二、宗旨

此次活动旨在践行社会主义核心价值观，落实教育的根本任务——立德树人。传承中华优秀传统文化，开启孝心，引导孩子学会感恩父母、赞美他人，学会在校的基本礼仪规范，培养良好品行。

广西物资学校"立德树人，从孝开始，学会礼赞"—— 践行社会主义核心价值观系列活动　教室版					
时间			课程安排	主讲老师	备注
第一天 9月12日	上午	8:10— 9:40	开班典礼暨拜师礼	班主任及辅导教师	活跃气氛
			为什么要学习传统文化？	班主任及辅导教师（视频）	
		10:00— 11:30	《什么是孝？》	曾仕强老师(视频)	
			小组分享	班主任及辅导教师	中秋节力行
		11:30— 14:30	午餐、午休		

续表

时间			课程安排	主讲老师	备注
第一天 9月12日	下午	14:30— 16:00	伟大的母爱	（视频）	
			父母调查表+引导	班主任及辅导教师	
		16:20— 17:30	《中国最美孝心少年》	（视频）	
			分享	班主任及辅导教师	
	晚间	18:45— 20:30	电影《暖春》	（视频）	学生边看边写感触，老师集中交流总结
第二天 9月13日	上午	8:10— 9:40	《大导演与老妈妈》	视频	
			分享	班主任及辅导教师	
		10:00— 11:30	写一封家书（给父母）		收集5篇
			典型分享	班主任及辅导教师	
		11:30— 14:30	午餐、午休		
	下午	14:30— 16:00	学会赞美，获得爱	班主任及辅导教师	视频+活动
			《水知道答案》	（视频）	
		16:20— 17:30	感恩与信任游戏	班主任及辅导教师	盲人与哑巴游戏
			分享		
	晚间	18:45— 20:30	30分钟写心得体会后各小组节目排练	学生	老师集中交流总结
第三天 9月14日	上午	8:10— 9:30	礼仪学习（课堂礼仪、日常行为礼仪，在宿舍、饭堂、教室等）	班主任及辅导教师	重在践行
		9:50— 11:30	只有完美团队分享团队协作的力量	班主任及辅导教师游戏	齐眉杆游戏

续表

时间		课程安排	主讲老师	备注
第三天 9月14日	下午	11:30—14:00	午餐、午休	
		14:00—17:00	文艺汇演 （9月学生集体生日会）	
		17:00—17:30	毕业分享会	感谢志愿者老师

广西物资学校"立德树人，从孝开始，学会礼赞"—— 践行社会主义核心价值观系列活动　礼堂版			
时间		课程安排	主讲老师
第一天 （9月12日）	8:10—9:40	开学典礼暨拜师礼	班务
		为什么要学习传统文化	曾钰恒
	10:00—11:30	《什么是孝？》	曾仕强（视频）
		小组分享	
		午餐、午休	
	14:30—16:00	《中国最美孝心少年》	（视频）
		伟大的母爱+父母调查表	
	16:20—17:30	感恩与信任游戏	盲人与哑巴（活动）
		晚餐、休息	
	18:45—20:30	电影《暖春》	布置作业、写信
第二天 （9月13日）	8:10—9:40	拜孔子、诵读《弟子规》	分享《暖春》
		孝亲尊师	曾钰恒
	10:00—11:30	学会赞美　获得爱	三欣会
		《水知道答案》	引导分享
	11:40—14:30	午餐、午休	
	14:30—16:00	只有完美的团队	齐眉杆游戏
		分享团队协作的力量	
	16:20—17:30	礼仪学习	
		晚餐、休息	
	18:45—20:30	各小组节目排练	

续表

时间		课程安排	主讲老师
第三天 （9月14日）	8:10—9:40	拜孔子、诵读《弟子规》	分享给父母的信
	9:50—11:30	感恩、尊重、爱	爱的成功路体验
	11:30—14:00	午餐、午休	
	14:00—17:00	文艺汇演	
	17:00—17:30	毕业分享会、毕业典礼	感谢志愿者老师

3. 弘扬中华优秀传统文化，践行社会主义核心价值观德育成果汇报演出

每年春学期，全校开展以"弘扬中华优秀传统文化，践行社会主义核心价值观"为主题的德育成果汇报演出。各班学生及校领导老师们用小品、情景剧、舞台剧、唱歌、诗朗诵、手语舞、太极表演等多种形式展示师生们"弘扬中华优秀传统文化，努力践行社会主义核心价值观"的学习成果，体现了师生们在日常学习、生活中具有的爱国敬业、孝亲尊师、明礼诚信、团结友善等优良品质，唤起强烈的心灵情感共鸣，取得了较好的效果。

图2-13　2016年2015级会计1班的"弘扬中华优秀传统文化，
践行社会主义核心价值观"德育成果汇报演出

弘扬中华优秀传统文化，践行社会主义核心价值观
德育成果汇报演出活动方案

一、指导思想：以科学发展观为指导，弘扬中华优秀传统文化，践行社会主义核心价值观。通过传承弘扬中华传统文化的精髓，结合我校的实际，将德育工作虚功实做；通过深化校园文化内涵，积极营造文明校园氛围，构建和谐校园；根据学生成长的规律，高处着眼，小处着手，把口号变成行动，使学生在活动中受到潜移默化的熏陶、感染和教育；通过学生的实践体验，使他们的情感得到升华，行为得以内化，逐渐做到言必行、行必果，增强学生的道德规范意识和高尚的道德情操，促进学生全面发展，形成健全的人格。

二、活动主题：弘扬中华优秀传统文化，践行社会主义核心价值观。

三、活动对象：2015 级全体学生。

四、活动内容：3 月底举办一场以"弘扬中华优秀传统文化，践行社会主义核心价值观"为主题的文艺汇演。

五、节目报名方式：要求 2015 级每个班推荐 1 个节目参加学校汇演，填写报名表，并将报名表纸质版于 3 月 15 日 17:30 前送至基础教研办公室（综合实训楼 11 楼 1107 号）。

六、活动具体安排：

（一）活动前期宣传（3 月 4—14 日）

1. 印发通知发放到 2015 级各个班级进行宣传。

2. 通过班主任例会对班主任进行宣传，争取班主任的积极配合。

3. 通过校园广播播放汇演通知。

（二）活动主题、形式与要求

1. 活动主题：孝亲尊师、诚信友善、爱国敬业、文明和谐等积极向上的内容。

2. 节目形式：歌舞、器乐、小品、走秀、武术、书法、曲艺、舞台剧等多种类型（不支持个人表演）。

3. 节目要求：以班级为单位，每班至少报一个节目（多报不限），内容积极向上，贴近主题，形式自定，服装、道具、化装自备。

4. 举办"壮族十八岁成人礼"。

广西物资学校通过对壮民族文化的探索和研究，成功开发了"壮族十八岁成人礼"活动流程。整个流程结构严谨，程序规范，可推广性强。在学校中开展"壮族十八岁成人礼"活动，有利于固化成人的内涵和民族精神的传承，起到积极的育人作用。

相传一代歌王白鹤郎张伟望 18 岁那年三月三，相邀他的同庚共岁好友十兄弟，一起登上邕宁刘圩那里和南阳施村交界的母象岭顶，面对蓬勃的春光，放声吼唱他自编的《嘎特时》（《牛犊之歌》）。仰天向大地盟誓，共同发表"男子汉宣言"。从此，带动方圆百里每年三月三，年满 18 岁的后生云集母象岭顶惊天动地地唱歌盟誓，少则数十人，多则百余人，其声之洪亮，其情之激烈，气壮山河、力拔千钧。这就是"壮族十八岁成人礼"的由来。

"壮族十八岁成人礼"是古邕州一道壮丽的人文景观。随着时光的流逝，尤其是"文革"以后，已经失传。古笛先生作为新中国培养的一代歌王、著名诗人、词作家，痛恨民族瑰宝陨落失传，遂辗转抢救《嘎特时》（《牛犊之歌》），使已经失传的"壮族十八岁成人礼"这一民族瑰宝得以恢复并传承下去。在开发建设田阳敢壮山布洛陀文化遗址的过程中，古笛先生深感弘扬优秀民族传统文化刻不容缓、迫在眉睫，参加"百色田阳敢壮山民俗文化节"的时候，把传播"壮族十八岁成人礼"的心愿告诉了自治区党委宣传部黄云龙处长，并全权委托其关门弟子若舟配合策划实施。

2011 年，黄云龙处长把这件大好事告诉广西物资学校的校长、党委书记周树刚，立即得到周书记及校领导班子的大力支持。经研究后决定把"壮族十八岁成人礼"作为学校"育人以德，授人以渔，潜移默化提升学生综合素质和促进学生全面发展"的一项重要思想品德教育活动，并以此作为传播民族文化的重要载体，"壮族十八岁成人礼"将在学校长期开展下去，让学生学习优秀民族传统文化成为常态。

　　从 2011 年起，每年 5 月份，学校都隆重举行"壮族十八岁成人礼"。年满 18 周岁的学子身着统一服装，行传统壮族十八岁成人沐浴礼，诵读广西物资学校《成人感恩诗》，共唱《牛犊之歌》即壮族《十八岁成人歌》。学生在成人礼上接受长辈取自"状元泉"泉水的洗礼，披红挂彩，使其立志成才。活动不仅让壮族文化在学校得到传承，还让全体学生明确了成人身份，勇担责任，感恩回报。

图 2-14　在广西民族博物馆举行的"壮族十八岁成人礼"仪式

　　十八岁成人礼活动符合一个人在生理、心理和社会性方面由未成熟走向成熟、由未成人阶段走向成人阶段的规律，十八岁成人礼教育活动的广泛开展为青少年健康成长开辟了一条新的教育途径。"壮族十八岁成人礼"活动建构了十八岁成人礼教育活动的内容体系，涵盖了成人意识教育、生存技能教育和公民素质教育等基本内容。整个活动由学校团委组织，通过公民意识教育、志愿服务、素质拓展训练和成人宣誓仪式等教育方式来实现教育目的，落实教育内容。"壮族十八岁成人礼"活动的开展，有效地补充和拓展了学校德育工作的实践，从多层次丰富和完善学校德育工作的内容。通过德育课堂教学与系列实践活动相结合的方式，提高了学生主动参与教学的兴趣，增强了德育的育人效果，同时，弥补了师资及课堂教学的不足。

　　2016 年 5 月 22 日，我校在广西民族博物馆（广西民族村）举行 2016 年"壮族十八岁成人礼"暨民族团结教育主题活动。广西物资集团经营管理部李波部长，学校党委章红平书记、钟芳晖副校长参加了活动。在低沉昂扬的铜鼓声中，汉、壮、瑶、苗、仫佬、侗、回等各民族成年学子齐唱壮族《十八岁成人歌》，唱响民族团结主旋律。成人礼上，长辈给学子最好的祝福——沐浴礼，各个民族的学生还进行了对唱山歌、福带寄心愿、齐跳竹竿舞等民族活动，在老师和长辈的祝福声中走向了成年。

"壮族十八岁成人礼"是我校开展的一项别具民族特色的德育活动，是学校民族团结教育的重要举措。这项活动通过组织学校各个民族的学生参与和观摩，使热爱祖国的种子埋在每个学生的心灵深处，使社会主义核心价值观在祖国下一代的心田生根发芽，激发青年学生责任意识和社会担当，努力做到寓民族团结教育于德育养成、于课堂教学、于社会实践、于第二课堂、于校园文化建设当中。

图 2-15 "壮族十八岁成人礼"师长祝福环节

"壮族十八岁成人礼"活动流程

由身穿壮族服饰的司仪宣布仪式开始。

（1）仪式第一项：升国旗、唱国歌。

（2）仪式第二项：拜师礼的回顾。预先录制 18 岁参礼的成人学生举行的拜师礼视频，通过大屏幕播放视频，让我们一同回顾仪式的内容。

拜师礼从孔子时代流传至今，一直是学生的一种启蒙教育。通过拜师礼，一方面表达了学生对传统文化的尊崇，对恩师的尊重及感激之情；另一方面也表达了老师希望学生立长志、敢担当、有尺度、自信勇敢、奋发向上的美好祝愿！

（3）仪式第三项（鼓声三响）：一响缅怀鼓，缅怀祖先，缅怀壮王布洛陀；二响感恩鼓，感谢父母、恩师的教诲；三响励志鼓，激流勇进，奋勇拼搏，为我们奔跑的青春，加油！

鼓声响毕，谛听"布洛陀"的创世功绩。

"布洛陀"是壮族传说中的创世者。"布洛陀"是壮语的译音，指"山里的老人"或"无事不知晓的老人"等意思。"敢壮"是壮语，"敢"是指岩洞，"壮"是指洞穴，"敢壮山"意为有岩洞和洞穴的山。敢壮山是传说中布洛陀居住的地方。

布洛陀是壮族群众崇奉的始祖神。其功绩主要是开创天地、创造万物、安排秩序、制定伦理等。歌颂布洛陀创世功绩歌谣，是布洛陀的子孙对始祖布洛陀丰功伟绩的由衷赞颂。壮族子孙能有今天的模样，是布洛陀用智慧恩赐，壮族子孙能有如此多娇的山河，是布洛陀用无穷的力量掬成。今日，壮族子孙用布洛陀赐给的双臂扒开厚土，谛听布洛陀留存在地脉深处的心语。壮族子孙用布洛陀创造的文字铭刻在布洛陀高贵的门楣。今天我们齐聚在这里，缅怀壮王，布洛陀！

（4）仪式第四项：在"感恩诗音乐"伴奏下，学生诵读《成人感恩诗》。

（5）仪式第五项：行沐浴礼。在行礼前，通过大屏幕观看之前取水仪式视频。视频中我们看到，"沐浴礼"所用水，源自青秀山状元泉的泉水，是学生代表踏着晨曦，怀着诚挚的心采集而来的第一道泉水，并附上长者的祝福。

接着由德高望重的长者（或领导）为每一位年满 18 岁的成人学生洗礼。

（6）仪式第六项：班主任老师祝贺，为成人学生披挂"绶带"。

（7）仪式第七项：成人学生全体宣誓（面对国旗，举起右手，由1至2名成人学生代表领誓）。

（8）仪式第八项：成人学生共唱《牛犊歌》即壮族《十八岁成人歌》；跳具有壮族特色的竹竿舞，共同欢度今天这美好时刻！

图2-16 "壮族十八岁成人礼"跳竹竿舞环节

成人感恩诗

（牛犊之歌）

遥想先祖，斩棘披荆，

深知父母，哺乳艰辛。

感念老师，启智育信，

如今成人，天地作证。

敢于担当，坚强自信，

乐于助人，爱心永恒。

学以致用，全面发展，

胸怀大志，言行真诚。

"壮族十八岁成人礼" 誓词

我是中华人民共和国公民，在 18 岁成年之际，面对国旗，庄严宣誓：

我立志成为有理想、有道德、有文化、有纪律的社会主义公民，遵守宪法和法律，热爱社会主义祖国，拥护中国共产党的领导。正确行使公民权利，积极履行公民义务，自觉遵守社会公德。服务他人，奉献他人，奉献社会；崇尚科学，追求真知；完善人格，强健体魄，为中华民族的富强、民主和文明，艰苦创业，奋斗终生！

（四）开展丰富多彩的课堂拓展活动

积极利用传统文化节日、纪念日等契机，举办经典诗文诵读大赛、"创意灯笼，点亮祝福"制作大赛、"学会生活煮导生活"中华厨艺大赛、民族团结知识竞赛活动等为主题的相关活动，加深学生对传统文化的认识和理解，让中华优秀传统文化、壮民族文化深入人心。

1. 组织民族团结知识竞赛活动

广西物资学校作为地处广西壮族自治区首府南宁的名校，同一个校园内有着来自壮、汉、仫佬、苗、彝族等各个不同民族的同学共同学习、生活，民族团结是校园和谐安全的重要因素。我校自 2014 年秋学期开始，每学年举办以民族团结为主题的主题班会、校园知识竞赛和宣传等活动，既作为每年广西壮族自治区民族团结知识竞赛的后备，又使学校内不同民族的同学增进友谊、加深了解、进一步体会到不同民族文化的魅力与共建各民族和谐共进美好生活的向往。

这项活动以少数民族传统文化为载体，挖掘其中蕴涵的德育资源，突出德育教育内容的本土化和民族性。把本地少数民族的一些有利于培养美德的传统礼仪和习俗教给学生，使学生养成良好的品德；对少数民族传统美德的曲艺、民间故事等进行挖掘；在全校开展民族团结知识竞赛，组织学生参加广西民族团结网络知识竞赛，取得较好效果。为此，我校代表队得以代表区中职学校参加广西首届中小学民族团结知识竞赛，获区第五名。在这些活动中学生加深了对民族文化习俗和党的民族政策的认识，增进了民族团结教育，进一步培养了学生爱祖国、爱家乡的情怀。

图2-17　2014年广西物资学校参加广西首届中小学
民族团结知识竞赛荣获全区第五名

民族知识竞赛活动方案

为大力弘扬社会主义核心价值体系，唱响各民族大团结大发展大繁荣的主旋律，进一步宣传党的民族宗教政策，加强我校各民族同学之间的相互了解，促进各民族同学团结互助，共同营造和谐、团结的氛围，同时响应"广西首届中小学民族团结知识竞赛"的号召，我校举办"民族团结青年当先、携手圆梦共创和谐"民族知识竞赛活动，具体方案如下：

一、活动目的

展示民族特色文化与风俗，增进学校各民族之间的相互了解与关注程度，加强学校师生的民族文化素养，培养各民族老师同学之间团结友善、互相尊重、互利互助的优良风尚。

二、领导小组

组　长：陈静

副组长：陈瑛　郭海君　方艳丹　陈小英

组　员：全体德育教师

三、活动时间及地点

时间：2015 年 11 月 8 日下午 7、8 节

地点：综合楼 2 楼多功能报告厅

四、活动对象

2013、2014 级学生

五、活动细则

1. 比赛以班级为单位派出代表队，每支代表队由 3 名同学组成，共组成 39 支代表队，39 支代表队抽签决定选题的顺序。

2. 本次题目分为"选择题""视频题""音频题""问答题""抢答题"五种。前四项是必答题，后一项为抢答环节。

六、比赛流程

由各代表队抽签决定问答次序，选派代表选择一个成语作为本组的回答题目。

1. 必答题环节：必答题每队必须回答 4 题，每题 10 分，答对加 10 分，答错不扣分，由参赛人员依座位轮流作答，队员不得提示，答题时间为 20 秒。

2. 抢答题环节：本环节共有 10 道题。在主持人读完题并宣布"请抢答"之后各队方可抢答，提前按抢答的代表队将取消本题的抢答权利，由其他队继续抢答。得到抢答权的队需在 10 秒内作答，否则视为放弃，继续抢答。每题 20 分，答对加分，答错扣分。

3. 每支代表队初始分数为 0 分。

4. 由组委会成员计分统计后向大家公布成绩。

七、奖项设立

1. 一等奖 2 名：比赛结束分数排名第一、第二的队伍获得。

2. 二等奖 3 名：比赛结束分数排名第三、第四、第五的队伍获得。

3. 三等奖 4 名：比赛结束分数排名第六、第七、第八和第九的队伍获得。

4. 优秀奖 8 名：比赛结束分数排名第十至第十七的队伍获得。

八、预期效果

通过此次活动的开展，促进学风建设，使同学们能在竞赛中巩固民族团结知识，树立牢固的"三个离不开"思想。在促进学风建设、营造浓厚民族团结氛围的同时，为我校不同年龄不同民族的学生搭建全面展示自己民族团结知识的平台，增进其自学能力，培养其多看新闻、多关心国家大事的好习惯。

2. 经典诗文诵读比赛

每当桂花飘香、落蕊纷飞的金秋时节到来，广西物资学校校门口凉亭处都会传出阵阵读书声。"长亭外，古道边""谁言寸草心，报得三春晖""大漠孤烟直，长河落日圆"……同学们三五成群，或独自品阅，或相互对彰，伴随着校园的欢声笑语沉浸在中华古诗词优美的意境中。

这既是我校每学期均会举办的经典诗文诵读活动，也是同学们在传统文化校园环境的熏陶下自主举办的"诗友会"。在诗声词声与歌声中，同学们与中华优秀传统文化心神交融，培养品性，陶冶情操。

图 2-18　经典诗文诵读比赛朗诵《水调歌头》（2016 年）

经典诗文诵读比赛活动方案

华夏文明是世界文明中璀璨的明珠，是中华民族 5 000 年源远流长的文明脉搏。中华优秀传统文化作为其载体，通过诗词、典故、戏曲等丰富多彩的形式传承并发扬。诵读其中的经典，便是与古人智慧的结晶接触。通过朗读或者背诵经典，学生知耻明礼，养成尊师重道、兄友弟恭、恭谨谦让等优良品德。与课堂教学相呼应，更能加深学生对国学经典的印象，在记忆经典的同时增长知识、陶冶情操。

一、活动主题："诵读中华经典、弘扬传统文化"

二、活动的目的和意义

通过开展经典诗文朗诵比赛，来弘扬文学艺术，营造文明高雅的校园文化氛围，打造"诵读国学经典，积淀文化底蕴"的书香校园；让同学们感受中国古代民族文化源远流长、儒家思想博大精深，吸取民族精神的源头活水，获得古先圣贤的智慧之光；并且学会与圣贤为友，与经典同行，在熟读成诵之中潜移默化，培养开朗豁达的性情、自强不息的人格、和谐诚信的品质，做有德之人。

三、活动对象：全体师生

四、活动的时间：2016 年 4 月 17 日下午

五、活动的地点：大礼堂

六、活动主办单位：基础教研室

七、活动的内容和形式

活动内容：古诗词、近现代诗文等的朗诵

活动形式：（1）个人组，以一人为单位进行朗诵。朗诵可以有背景配乐增加气氛，也可创新形式，作品主题鲜明突出，内容积极向上，朗诵时感情饱满真挚，表达自然。（2）集体组：以团体形式参与；表现形式可自由创新，可用生动的表演形式来表达诗歌的内容和情感，也可结合书法、绘画、跳舞等形式来表达作品内涵。

八、活动流程安排

1. 前期宣传：各班班主任做好活动的宣传工作。

2. 具体流程：

报名工作：① 报名截止时间：2016 年 4 月 11 日；② 报名方式：以各班为单位进行报名，并由各班班长将各班参赛人员名单及节目名单在截止日统一上报。

赛前准备工作：① 参赛人员及节目确定，对报名选手进行抽签排序，决定选手上场顺序，并将节目进行分类制作成表；② 比赛场地的布置工作，场地的装饰、场地的设备检查等；③ 列出所需用具名称及数量，并负责购买比赛用具（包括水、纸、笔等）；④ 评分表、总分表的制作；⑤ 评委任选。

3. 赛中工作：① 座位安排（评委、观众、参赛选手）及摄影，评委出席确认；② 比赛扩音设备操作；③ 比赛流程的确定：先由主持人作开场白，介绍评委、领导及比赛规则→比赛开始，选手按顺序上场表演→评委给分，现场计算总分，比赛汇总总分工作→主持人在宣布下一位选手上场前公布上一个节目的得分→比赛结束后由评委老师点评→主持人宣布比赛结束。

4. 赛后工作：① 颁奖；② 比赛场地的清理工作（抽调六年级学生）；③ 赛后的总结工作及活动相关资料的整理工作。

九、参赛选手要求

1. 选手必须提前准备好比赛稿，时间为 4～6 分钟；

2. 选手上场必须遵守顺序；

3. 参赛诗文自选，也可在已给定的朗诵篇目中选取。

十、评分细则

1. 印象分（20%）：① 仪表端庄，衣着整洁；② 表情自然，动作大方得体。

2. 朗诵内容分（20%）：① 主题鲜明；② 突出"传统经典和红色经典"。

3. 朗诵技巧分（50%）：① 口齿清晰，普通话标准；② 表达流畅、生动，饱含感情；③ 感染力强，整体效果良好；④ 节奏把握准确，能准确表现诗歌的内涵。

4. 时间掌握（10%）：朗诵时间3～5分钟，以4分钟为佳，超过或不足酌情扣分。

十一、比赛规则说明

（一）评委

1. 评委必须公正严明，做到对错分明；

2. 评委必须熟知各题正确的答案；

3. 评委要认真评判，不得错评；

4. 评委一时不能判定正误时，要讨论决定。

（二）参赛者

1. 参赛者必须服从主持人与评委的判定，不得有反对言行；

2. 参赛者必须遵守比赛规则；

3. 参赛者对主持人、评委有不满时，不得当场顶撞，可在大赛结束后，向主办单位提出申请，请求解决；

4. 参赛者如果多次无理取闹，有意打乱竞赛进程，根据情况，评委可讨论后给予处理。

十二、奖项设置

教师组：冠军1名，亚军2名，季军3名。

学生团体组：冠军1名，亚军2名，季军3名；最佳风采奖1名；最佳创意奖1名。

学生个人组：冠军2名，亚军3名，季军5名。

3. 举行"创意灯笼 点亮祝福"灯笼大赛

中国的传统节日形式多样、内容丰富，是我们中华民族悠久历史文化的重要组成部分。元宵节迎花灯的习俗至今已有2 000多年的历史，花灯是中华民族数千年来重要的娱乐文化，是中华民族民俗文化的瑰宝。为传承我国优秀传统文化，营造良好的节日气氛，培养热爱祖国和传统节日的情感，我校每年在元旦前夕举行"创意灯笼 点亮祝福"活动，一盏盏学生自己动手制作的花灯点亮在校园，美化了校园，丰富了学生的课余生活，也使他们加深了对中华传统习俗的认识和喜爱。

"创意灯笼　点亮祝福"灯笼大赛方案

2014、2015 级各班：

灯笼是我国传统文化的典型元素之一，也是喜庆吉祥的象征。一年一度的元旦和春节接踵而来，为传承我国优秀传统文化，营造良好的节日气氛，培养热爱祖国和传统节日的情感，拟于 2015 年 12 月 25—31 日开展以"创意灯笼　点亮祝福"为主题的灯笼手工制作大赛，望全体同学积极响应，充分利用各种资源，精心制作灯笼，迎接新年的到来。

图 2-19　灯笼大赛学生作品展示

一、灯笼制作材料：报纸、废弃的塑料盒、大小形状各异的瓶瓶罐罐、色彩斑斓的糕点盒等。

二、灯笼尺寸、颜色要求：直径 30～50 cm，高 40～60 cm，形状以意寓喜庆吉祥的动物或花朵等各种图案为主，灯笼上端要做可以挂起来的绳扣，且必须留有可放入灯管的口（直径约 10 cm）。灯笼颜色不能为纯黑色和纯白色。（温馨提示，装入的灯管为 5 W 的节能灯，故建议各班选用的材料或制成的灯笼要具备透光性，以免通电之后无法显现出灯笼的特色。）

三、灯笼数量、质量要求：每班上交 4 个灯笼，多交则相应多加分。因所有灯笼均在 12 月 31 日悬挂于校园内，故要求灯笼牢固、安全，不宜过重，以免发生意外事故。

四、灯笼上交时间：2015 年 12 月 20 日 17:30 前，学工处将根据灯笼的形状、颜色、创意等方面评出一、二、三等奖及优秀奖，并颁发一定数额的奖金。

空间有限，创意无限！生活中到处都充满了创意。希望同学们发挥聪明才智，用自己的双手表达对环保的推崇、支持和对生活的热爱。这些灯笼将向我们传递生活的创意和节日的问候。

期待同学们的精彩表现！

学生工作处　传统文化工作室

2015 年 12 月 2 日

4. 中华美食厨艺大赛

中国历史悠久、幅员辽阔、人口众多，因而形成了丰富多彩的饮食文化。中华饮食讲究色香味俱全。中华饮食文化的美，其实不仅仅是色香味形触，也不仅仅是时间转化和调和，它更在我们对历史的情感中，对食材的善待中，对自然馈赠的感激与尊重中，在食物给我们的留白中。它是一种有形的美，更是一种无形的美。广西物资学校每年 5 月份举办的中华美食厨艺大赛，引导学生学会生活，热爱生活，主导生活，在动手实践和菜名讲解中感受中华饮食文化之味。

"学会生活，煮导生活" 中华厨艺大赛活动方案

为传承中华美食，展示我校学生的烹饪技艺，培养学生的动手实践能力和团队协作能力，激发学生的创新意识。我校将举办 2016 年"学会生活，煮导生活"中华美食厨艺大赛。

具体方案如下：

一、活动主题

"学会生活，煮导生活"

二、活动目的

培养同学们的饮食情趣，使健康饮食、特色饮食深入人心。

三、参赛对象

2014、2015级各班同学

四、活动要求

1. 每个班选出 3 名同学参赛，要求穿着统一，可以穿校服、班服或自己的服装（3 名同学需要佩戴校牌）。

2. 每个班出一道菜，以炒类为主。（除汤类、凉拌菜）烹饪方法可以是蒸、煎、炸、炒。

图 2-20　2015 级学生厨艺展示

3. 学校提供锅、铲子、油、盐、酱油、醋、筷子。其余配料及配菜各班自己提前准备好，在比赛当天，各班的配菜可以提前洗好，但不可以提前切好，不然会扣一定的分数。

4. 桌子由主办方提供，各班只需要带食材。

5. 比赛完毕，各班参赛队员需清洗好比赛用具方可离开，否则扣分。

6. 各班事前用粉红色的 A4 纸打印班级名和菜名（没有提前准备好的班级会扣相应的分），各班也可以自己手工设计版面。

7. 学校将会提供一个碟子，也可自带。

五、评分标准

在 40 分钟内完成，超时扣分。以色、香、形、味、名打分（总分 100 分）。

1. 色：要求色泽鲜艳、悦目，有一定观赏性，能引人注目。（20 分）

2. 香：要求香味扑鼻，能增进食欲。（20 分）

3. 形：要求有一定的形态美，器皿干净，搭配赏心悦目。（20 分）

4. 味：要求五味调和，有一定的特点。（20 分）

5. 名：要求所命名的菜名与菜式的色、香、形相称，且内容健康，雅俗共赏。（10 分）

6. 每个参赛班级的拉拉队在比赛当天必须到场加油打气（10～15人），没有啦啦队的班级扣 10 分。

学工处　传统文化工作室

5. 以美育德——茶文化

茶艺课程在广西物资学校既是众多专业艺术课程的一门，又是国际商务专业的一门专业课。而今世界饮茶的国家越来越多，英式茶、日式茶等也逐渐变为各自国家的特色。但从发展源头上来说，世界上很多地方饮茶的习惯都是从中国传过去的，包括饮茶习惯、种植茶叶的习惯都是直接或间接地从中国传过去的。

茶艺是非物质文化遗产，会品茶、懂鉴茶也逐渐成为中华传统文化修养的高端内涵，甚至可以作为一种身份与学识的象征。因此广西物资学校每年秋学期会专门举办商务晚会，在晚会上将茶艺表演作为固定节目。还特设茶艺部，作为日常的茶艺文化传播基地，为全校师生感受茶文化提供据点。

图 2-21　2016 年广西物资学校社团巡礼月茶艺表演

"以美育德"茶艺表演方案

一、设计理念

源远流长、博大精深的茶文化是中华优秀传统文化的组成部分，茶艺是传承中华优秀传统文化的最佳载体。中国古代传统茶德为俭、清、和、静（即节俭朴素、清正廉洁、和睦处世、怡淡安静），茶艺有修身养性作用和教化品德功能，青少年学习茶艺课可以把传统文化、美育实践、素质教育有机而和谐地结合在一起，通过有形和无形的潜移默化的熏陶，使学生们在德智体美诸方面都得到提高，并成为既合乎时代要求，又有传统美德的合格人才。茶中蕴含的思想和道德观可以影响青少年的人生观和价值观。

二、目的意义

弘扬中国茶文化，展示中职学生的茶艺底蕴和美德修养。

三、主题：以美育德

四、表演形式

1. 人员安排：2 人一组表演，解说 1 人。女茶艺师用盖碗统一冲泡花茶，展示女性茶艺的柔和美、花茶茶艺的韵律美。

2. 茶席设计：两组茶席从台面看既相互独立，在表演时又连成一体。

3. 表演用具：

茶具：盖碗 6 只，茶道组 2 组，随手泡 2 套，茶盘 2 个，茶叶罐 2 个，赏茶荷 2 个，奉茶盘 2 个，茶巾 2 块，水盂 2 个。

服装：旗袍 2 套。

其他：台布 2 张，木桌 2 张（长 1.5 m，宽 1 m，高 1 m），凳子 2 张。

五、表演程序及解说词

茶艺师出场、就位。【茶艺是中华民族优秀传统文化的结晶，茶艺表演是展示中华民族高贵气质、优雅举止和美好追求的艺术形式。下面，请大家欣赏广西物资学校国际商务专业学生的茶艺表演。】

（一）音乐响起

【茶是聚天地英华的灵物。春回大地的时候，茶叶在溪流声和鸟鸣声中萌发，一芽一叶，用嫩绿装点春天的景色，迎接灿烂的春光。】

（二）茶艺第一道　行礼　礼迎嘉宾

【向来宾行鞠躬礼，表示对来宾最诚挚的欢迎和谢意。茶艺是高雅的艺术，也是中华民族生活的艺术。国家昌盛才有茶业发展、茶艺的兴盛。从历史上的大唐盛世到今天的国泰民安，茶艺从形成走向繁荣。盛世茶情以茶艺表演抒发对国家、民族的赞美和祝愿。】

（三）茶艺第二道　展示茶具　孔雀开屏

【茶盘，随手泡，茶道组，茶叶罐，赏茶荷，茶巾，主泡器具为盖碗，盖碗又称"三才杯"，杯盖为天，杯身为人，杯托为地，寓意天地人三才合一。】

（四）茶艺第三道　温杯　温杯涤器

【茶是至清至洁之物，天涵之，地载之，人育之。所以，茶叶又有"草中英""瑞草魁"等别称佳号。用洁净的茶具来冲泡茶叶，是为了保持茶性的自然和真实，也表示对客人的尊敬。】

（五）茶艺第四道　赏茶　鉴赏佳茗

【中国是世界茶叶的起源地，拥有千姿百态、形态各异的茶叶。我们冲泡的是产自四川峨眉山的优质茉莉花茶——碧潭飘雪。茶芽细嫩，

香气悠长。所谓茶引花香，花益茶味。花香与茶韵交融，相得益彰。】

（六）茶艺第五道　置茶　学子思归

【细嫩的花茶如同片片花瓣飘落碗中，宛如各地学子汇集于学校这个温馨的家园。】

（七）茶艺第六道　润茶摇香　"三才"化露

【盖碗又称"三才碗"，所谓"三才"化育甘露美，而浸润茶叶，宜缓，宜柔，宜静，润物无声，使茶充分吸收水分和热气，孕育茶味、花香，蓄势待发。】

（八）茶艺第七道　冲泡　春风化雨

【表演者采用"凤凰三点头"的方法冲泡茶叶，是以凤凰优美的姿态向各位来宾表示敬意。以优雅的动作来表现茶叶的自然美，似行云飘散，流连于青山绿水间；似流水蜿蜒，游走于山石松木上。茶的芳香随热气袅袅升起。茶艺是生活的艺术，也是人生的艺术。冲泡茶叶的过程能够让人们学会以自己创造的美来服务他人，尊重他人。】

（九）茶艺第八道　奉茶　瑞草酬宾

【双手将茶碗举至眉宇间，再由胸前缓缓奉茶给宾客，称为"举案齐眉，相敬如宾"。寓意我们发自内的祝福，已融注在香醇的茶汤之中，请您细细品尝。】

（十）茶艺第九道　品饮　啜香品茗

【饮茶时，茶味先苦涩而后甘甜，启示人生要如茶一样，人生之旅不会是一帆风顺，总会遇到挫折；人生如茶，有淡淡的苦涩，亦有咀嚼不尽的甘甜，茶味不管有过怎样浓郁的甘甜或苦涩，最终会归于平淡，正如同人生无论有过怎样的辉煌，最终不失质朴与平凡。茶道告诫青少年要先吃苦、多拼搏，不要养成好逸恶劳、爱享受的思想。】

（十一）结束语

品茶如品人生，祝愿各位嘉宾在品茶的同时，品味出茶中的至真、至纯、至善、至美，品味出我们的深情厚谊。

6."传承工匠精神　逐梦美好青春"——2018年秋学期主题班会活动

一、活动背景

为大力弘扬和培育工匠精神，帮助学生正确认识和感悟工匠精神，培养学生践行工匠精神的积极情感和自觉意识，广西物资学校以"传承工匠精神　逐梦美好青春"为主题，开展 2018 年秋学期系列主题班会活动。利用移动学习平台，构建线上学习社区，学习、交友、共同成长；全国知名学者、杰出大国工匠、优秀少年技师，不同的视角、独到诠释、践行工匠精神，激发学生发扬工匠精神，潜心钻研技能，永攀技能高峰。

二、活动时间：2018 年秋学期

三、活动内容

（一）主题班会"工匠精神"课程在线学习

课程介绍：

名称	简介	内容	主讲人
工匠精神	引领职校生深刻理解工匠精神	模块一：中外匠人传匠魂（故事手法促兴趣） 模块二：学者"大咖"释匠梦（透彻解读提认识） 模块三：大国工匠述匠心（全国劳模来激励） 模块四：少年工匠承匠心（同龄伙伴树榜样）	杨进　著名职业教育专家 葛剑雄　著名历史地理学家 许纪霖　著名历史文化学者 李斌　全国人大代表、劳动模范 陆梁宏　全国最美中职生标兵 杨山巍　世界技能大赛金牌获得者

（二）"工匠精神"系列学习奖项评选

1. 最优主题班会评选

教师或班委通过学习活动小组，发表话题：班级名+工匠精神主题班会课分享，内容图文展示，图片至少 3 张。

2. 阅读小达人评选

一本工匠读物，学生通过匠心品读，并随时记录读书笔记，内容严禁从网络复制粘贴。每班评选出"阅读小达人"2 名。

3. 演讲小达人评选

"传承工匠精神，逐梦美好青春"主题演讲，或其他工匠精神相关主题演讲，并上传自己的演讲视频及演讲文稿。每班评选出"演讲小达人"2 名。

4. 摄影小达人评选

发表关于工匠人物、事物、传承相关的摄影照片（手机拍摄即可），可用简单文字描述，照片必须原创。

工匠精神主题班会课程培训

一、培训对象

全体班主任及德育教师。

二、培训方式

集中培训与实践操作相结合。

实操培训：网络课程使用，教会老师如何使用网络教学平台建设课程和应用课程。

三、培训时间、地点及要求

时间：2018 年 10 月 17 日 15:00—16:00

地点：二楼多功能会议室和二楼电子商务实训室

请参与培训的教师下载安装"超星学习通"（扫描下方二维码，或者手机浏览器输入下载链接：http://app.Chaoxing.com），所有培训互动环节均在"学习通"里进行，并现场加入专门的培训课程班级中，培训相关素材资料也将放到"学习通"小组和培训课程里。

四、培训计划表

序号	培训项目	培训内容	主讲人	设施
1	网络教学平台登录流程	① 告知网络教学平台网址和登录入口； ② 登录账号信息绑定和注意事项； ③ 手机客户端下载安装并登录	超星培训师	二楼多功能会议室
2	"工匠精神"课程应用（网页端、"学习通"端）	① 通知、作业、考试发布； ② 班级名单导入开班； ③ 课程教师团队使用课程（克隆和映射）	超星培训师	

序号	培训项目	培训内容	主讲人	设施
3	"工匠精神"课程数据统计	① 作业、考试详情统计； ② 讨论话题发布与统计； ③ 数据一键导出； ④ 考核权重设置	超星培训师	
4	"学习通"互动教学	① 拍照签到、投屏、二维码签到、抢答、选人、评分、投票、直播等互动控件使用； ② 手机端发布通知、讨论、作业和考试、问卷； ③ 作业和考试批改； ④ 手机端数据查看与导出	超星培训师	二楼电商实训室进行，老师可以实操（有意向学习信息化教学的老师），浏览器最好安装火狐浏览器
5	课程内容编辑	① 泛雅云盘的使用和安装； ② 课程目录编辑； ③ 视频、图片、文档、文字上传	超星培训师	
6	课程内容建设	① 视频内容插入对象； ② 插入超星资源（图书、视频）； ③ 编辑题库	超星培训师	

五、社团建设——广西物资学校传统文化协会

2014 年 3 月 19 日，以"弘扬中华传统文化，做一个有道德的人"为宗旨的广西物资学校传统文化协会创建。协会提出了"修身养性，正己化人"的口号。目前协会共有成员 362 人，有指导老师 4 名，物校传统文化协会设有会长、副会长负责组织各项活动，对各个小组工作进行监督，与指导老师沟通交流，听取意见。

传统文化协会分组情况。

一、分享组

分享组的任务主要是多学习经典故事。要求口才好，语言表达能力强，能够代表协会到各班去分享，分享学习的感受、感悟，学习圣贤文化、德育故事等。

二、读经组

读经组的工作职责：熟读《弟子规》《孝经》《论语》等，能够示范

领读，带领大家一起学习传统文化的经典。

三、义工组

义工组的工作职责：组织大家一起清洁环保，承担校内外环保，负责"幸福人生"等讲座的义工工作，为他人服务，协助老师开展其他工作。

四、宣传组

宣传组的工作职责：宣传本协会各类活动等，通知发放、通讯稿、音频资料、摄影、PPT后期制作等。

五、礼仪组

礼仪组的主要职责：负责每次活动的签到，会前准备及维持会场秩序，以及教跳手语舞、熟唱会歌《感恩一切》。

自成立以来，广西物资学校传统文化协会积极开展各类活动：每周三晚上社团活动时间开展常规活动，如读经典、看德育故事、分享会、学习手语舞、欣赏德音雅乐等；每周开展 1～2 次校园环保力行活动；每周定时定点开展收集旧衣物活动，每学期捐赠到飞蚂蚁公益平台的旧衣物达 200 千克左右；每学期组织带领学生去敬老院慰问老人 1～2 次；与其他学校协会交流活动、论语 100 读书会；经常参加广西中华传统道德文化促进会、广西仁爱文化中心、广西孝道家园等社会公益组织举办的各类公益活动；在第七届潮商大会举办时，广西物资学校传统文化协会组织同学们到高新区企业家幸福联盟进行志愿服务。

图 2-22　德行天下公益读书会

图 2-23　传统文化协会展示书画作品

（五）开设"立人班"，探索用圣贤文化转化"后进学生"的新途径

在中职学生管理过程中，我们发现每一届学生中都有少数学生在学习习惯与生活习惯上存在诸多问题，这些学生在班级管理中成为"老大难"问题。为解决这个问题，学校开设"立人班"。具体做法是，课题组成员、学工处主任赖崇远老师对这些学生集中进行为期一周的教学，教学视频主要内容有"国家领导人及教育专家对传统文化传承的讲话"《圣贤教育改变命运》《王竑锜老师——淋浴党的阳光回归道德人生》《和谐拯救危机》《公益论坛精选》《张维为教授的系列演讲》《台湾忠信学校高震东校长演讲》等。第一天主要是以"孝"为主题的视频；第二天是以"敬"为主题的视频；第三天是以"礼"为主题的视频；第四天是以"志"为主题的视频，第五天是以集中分享学习、力行心得体会为主，每个同学都上台进行分享。上课期间每天都要写心得体会，不定期地让同学上台分享，组织他们分组去校园劳动等。

"立人班"教育效果比较显著：很多同学经过第一天的学习，才知道人为什么要孝顺父母，如何行孝等；学习结束当天就有七位同学主动报名和老师、团委、学生会的同学去参加"南宁市仁爱中心"的新员工培训。2014级电商专业的一位学生在整个培训过程中特别认真，通过一周的学习，从思想到行动上发生很大的转变。同宿舍同学们感到很诧异，因为他不仅自己有了很大的转变，而且还经常劝同学们早点睡觉、别抽烟、要遵守纪律等，由一个即将被劝退的学生，转变成比班主任还较真儿、经常劝说帮助同学纠正不良习惯的学生，班主任和家长感到非常欣慰。

传统文化工作室与学工处通力合作，每个学期都不定期地举办"立人班"。通过集中、主动帮助各班特别难教育和转化的同学，每期的"立人班"，都会有同学主动地、诚恳地向大家忏悔，并用行动来改正错误。

图 2-24 "立人班"授课中

（六）知行合一，开展社会实践活动

德育教学是需要适当的教育载体的，不能单单依靠教材，有时实践比书本知识更有效。长久重复同样的动作就可以养成习惯，文明的举止，高雅的谈吐，得体的着装，诸多外在的形式都在表现一个人的内心世界。外在形式约束改变内心世界，被改变的内心世界反过来又影响一个人的外部行为，这样的德育教学才能见实效。

1. "知"和"行"渗透相结合

李克强总理说过："喊破嗓子不如甩开膀子。"①在德育课中渗透中华优秀传统文化，需要注重"知"和"行"相结合。要深入分析中华优秀传统文化是什么，切实提升中华优秀传统文化建设内涵，并鼓励学校

---

① 《李克强：改革贵在行动，喊破嗓子不如甩开膀子》[EB/OL]. 新华网/中国政府网 www.xinhuanet.com. 2013-03-17。

广大教师结合时代特点，运用新的研究方法和研究理论，深化中华优秀传统文化研究，让德育与时俱进。社会实践是学生运用知识、服务社会、锻炼毅力、增长才干的重要平台，也是学生德育的有效途径之一。学校与广西中华传统道德文化促进会保持合作关系，积极参与促进会举办的适合中职生的活动。比如，具有广西壮族特色的"三月三女子成人礼"活动，每年9月的孔子文化周系列活动；与广西仁爱文化中心、广西孝道家园、广西孝行天下文化公司等机构开展贫困家庭走访"一帮一"活动，组织学生到敬老院、儿童福利院慰问并进行义务劳动；通过社会实践的平台，让学生走出校门，身体力行，拓宽德育的广度和深度，在实践中塑造良好的人格修养，在奉献中培养社会责任意识。

图 2-25　广西物资学校协办 2016 孔子文化周活动

（1）协办 2016 孔子文化周活动，让学生进一步感受儒家文化的精神内涵。2016 孔子文化周"圆梦中国"大型公益晚会于 9 月 29 日在南宁孔庙举行。广西物资学校选派《礼仪之邦》《竹简舞》《唐代茶礼舞》《孔子赞》四个节目共 141 人的演出团队参加了本次公益演出，参演人数占本次晚会演出人员的三分之一。由我校 21 位男生参演的节目《竹简舞》作为晚会开场舞，以气势恢宏的舞蹈节奏、整齐划一的舞蹈动作给现场观众留下了深刻印象。由我校市场营销、国际商务专业同学带来的《唐代茶礼舞》，让人领略到博大精深、源远流长的中华茶文化。多达88位同学组成大型舞蹈《礼仪之邦》，更让现场观众们获得了赏心悦目的视觉感受，深刻体会到了中华优秀传统礼仪之美。"圆梦中国"公益晚会以其鲜明的"大爱"主旋律，以及"真实感人、朴实无华"的演出基调，深深触动了现场数千观众的心弦，并得到现场观众的认可和赞扬。

图2-26　广西物资学校协办"圆梦中国"公益晚会

（2）承办文化体验活动，使壮民族特色文化深入感染各民族中职学生。

2016年7月28日，"民族同心·八桂同行"——2016年全国各民族大中学生暑假同心营（广西）壮族特色校园文化体验活动在我校举行。此次活动由共青团中央、全国学联主办，共青团广西区委，自治区教育厅、民委，广西学联承办，共青团南宁市委、广西物资学校等共同协办，来自湖北、湖南、广东、海南、贵州、广西等6个省（自治区）17个民族的50名中职学生，通过感受现场壮族特有的成人礼，参加跳竹竿舞、抛绣球、滑板鞋等活动，对壮族文化有了更深的了解。

来自全国各民族的同学们体验民族特色活动——"壮族十八岁成人礼"。"壮族十八岁成人礼"是广西物资学校的一项别具民族特色的德育活动，是完善学校民族团结教育的重要举措。这项活动通过组织学校各个民族的学生参与和观摩壮族成人礼仪式，让社会主义核心价值观进入每个学生的心灵深处，激发青年学生的责任意识和社会担当，努力做到寓民族团结教育于德育养成、课堂教学、社会实践、校园文化建设当中。

图 2-27　2016 年在广西物资学校举行的全国各民族大中学生同心营

（3）参与社会公益志愿者活动，将传统文化内化于心，外化于行。

① 组织学生志愿者参与 2016 年 12 月举行的 2016 年第七届全球潮商大会的会务工作。为了能很好完成本次服务工作，我们的学生服从组委会的安排及各项服务训练，每天天还没亮就起床跑步，晨练接待流程，吃苦耐劳，认真细致，以最饱满的精神状态给来宾最优质的服务。让学生参与该项活动有利于他们陶冶情操、提高修养、开阔眼界、增强能力。本次活动志愿者以较高的礼仪水平、敬业的服务精神获得了大会组委会与各界宾朋的一致好评。

图 2-28　广西物资学校潮商大会志愿者

图 2-29　组织学生参加公益活动

　　经常组织学生参加广西仁爱文化中心、广西孝道家园、广西孝行天下文化公司等机构开展的中华传统文化公益课程讲座，并鼓励学生参与这些机构组织的贫困生家庭走访"一帮一"活动，培养学生的奉献精神。

　　② 定期组织师生到敬老院、儿童福利院慰问，为孤寡老人送温暖，践行孝道，培养学生的爱心。

　　通过社会实践的平台，将传统文化的精髓和要义贯穿其中，使学生在实践和回报中增长知识、提高能力、塑造良好的人格修养，拓宽德育的广度和深度。

图 2-30　为孤寡老人送温暖

图 2-31　爱老敬老，孝行天下

（七）三位一体，家校互动，发挥学校教育与社会教育的合力

　　教育的最终目的是育人，育人的核心是道德教育。如果说青少年成长的基础是家庭教育，那么学校就是青少年教育的主战场，延伸了家庭教育，又为社会教育的发展奠定了基础；因此，把中华优秀传统文化融入中职道德教育中，就必须把学校教育、家庭教育和社会教育三者凝结于一处，三位一体、和谐一致、紧密结合才能把这种价值发挥到极致。发挥学校教育主导作用的同时，充分发挥家庭教育和社会教育的作用。发挥家庭教育的基础性作用，引导学生在家庭中注重自己的行为，听从

父母的正面指导，另一方面要促使学校环境与社会环境相衔接。

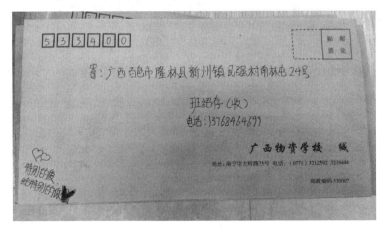

图 2-32　给父母的一封信

　　家庭是学生的第二个学校，家长也是学生的第二个老师。要使家庭教育真正成为学校教育的有效补充，家庭教育与学校教育就必须做到目标一致、观念一致。职校学生很多是"留守儿童"，父母常年在外打工，很多家长文化水平不高，缺乏正确的家庭教育观念，很少关心过问孩子的学习及生活情况，对孩子在成长过程中的困惑，不能加以正确对待和及时引导。针对这个情况，我们注重与父母的沟通，入学时让家长扫码加入群，并关注学校微信公众号，及时关注孩子在校的表现。通过"给父母的一封信"活动，学生向父母讲述学校发生的事情，将自己学习生活中所遇到的困难和问题，还有快乐和感悟都和父母进行分享；完成亲情作业，在父母工作休息的间隙给父母打一个电话，用问候温暖父母的心房；或周末、假期在家，将房间收拾整洁，干一些力所能及的家务活，让父母在拖着疲惫的身体下班回家之后能够感到欣慰。

　　发放家长问卷调查表，引导家长关注孩子在家中的表现。班主任通过电话微信沟通、请家长来校等方法进行个别辅导，提高家长的家庭教育水平，调动家长参与学校教育工作的积极性。同时邀请父母到校参与传统文化体验，参加学校或社会组织举办的公益家庭教育讲座，提高家长对家庭教育重要性的认识，配合学校共同教育孩子，增强德育的有效性。

图 2-33　回收的家长调查问卷

　　广西物资学校积极搭建社会实践平台，与广西中华传统道德文化促进会、广西仁爱文化中心、广西孝道家园、广西孝行天下文化公司保持长期合作关系，带领学生积极参与适合中职生的社会传统文化活动，如各类传统文化学习讲座志愿者活动、学校社团间的交流互学活动等。2013—2017 年广西物资学校师生参加各类社会实践活动百余次。通过社会实践的平台，学生走出校门，身体力行，拓宽了德育的广度和深度，在实践中塑造良好的人格修养，在奉献中培养社会责任意识。

图 2-34　广西物资学校师生参加 2015 年南宁市文化艺术节

三、弘扬中华优秀传统文化的保障机制

弘扬中华优秀传统文化是一项系统工程，为此要有正确的指导思想，有组织、有目标、有计划、有步骤地开展工作。

（一）正确的指导思想

中职学校运用优秀传统文化创新德育模式，必须有一个清晰且正确的指导思想。指导思想包括两方面。一是对中职教育培养理念的认识。教育部原副部长鲁昕[①]讲道："职业教育要把'人人成才'的理念真正融入教育体系、教学环节和育人的实践中。"这就意味着职业教育是人人成功的教育，不是淘汰选拔式教育，德育工作也要围绕这样的理念开展。二是对传统文化的正确认识。中华传统文化虽经历了几千年的积淀，但也存在一些腐朽的"毒素"，不利于社会的进步，是必须剔除的。这就要求我们清醒地了解、认识传统文化，取精华，去糟粕，弘扬优秀的中华传统文化，使之与当代社会相适应、与现代文明相协调，保持民族性，体现时代性。

（二）切实可行的工作方案

一套切实可行的工作方案是保证工作有序开展的前提。中职德育工作方案的制定应该依据学校实际情况，做到工作面广，跨度大，方法新，内容得当，有人、财、物的保障。德育工作工作面广，不仅涉及学生，还要包括领导、教师、职工、教务、后勤等方方面面，形成全员德育的局面。跨度上要有时间跨度和空间跨度，时间跨度包括新生入学到毕业离校；空间跨度包括社会、学校、家庭；方法上要结合中职学生实际，摆脱平淡无味的说教，采取灵活多样的新颖方式；内容上以《中职学校学生手册》为框架，以中华优秀传统文化为教育载体，我们组织传统文化骨干教师，设计传统文化教育活动专题模块，包括：教师德育工作培训模块、新生入学导入教育模块、日常行为养成模块、孝道感恩教育模块、"经典诵读"模块、主题活动模块等。学校按模块统一部署组织实

---

① 摘自鲁昕 2011 年在全国职业教育与成人教育工作视频会议讲话。

鲁昕. 落实教育规划纲要　推动职教协调发展［N］. 全国职业教育与成人教育工作视频会议讲话，2011.

施德育工作。这些模块形式多样，内容翔实，涉及教工和学生，涵盖学生入学到毕业离校的德育工作全程，让每个学生都能积极参与，在活动中感受中华优秀传统文化魅力所在，感受人文情感和关怀。人、财、物都要有保障，弘扬中华优秀传统文化，不是一蹴而就的工作，必须有相应的人、财、物保障才能顺利开展。

（三）健全的组织机构和完善的制度建设

健全有效的组织机构能从组织上保证德育工作的有效开展。学校领导高度重视，成立专门的传统文化领导小组和工作机构，为中华优秀传统文化进校园的顺利开展提供有效的保障。

广西物资学校成立以校长书记为组长、副校长为副组长、相关科室领导为主要成员的"导入中华优秀传统文化工作领导小组"，并在师生中进行动员，优秀传统文化的学习与践行在校园内蔚然成风。领导小组下设"传统文化工作室"，工作室成员由部分德育教师组成，"传统文化工作室"在领导小组的领导下开展工作。

广西物资学校还将优秀传统美德教育纳入中职生守则。中职生从年龄和成熟度上看，尚未形成良好的自律意识，因此诸多行为方式需要规章制度的约束，包括道德教育同样需要规章制度的引导和规范。将传统道德内容要求和规范融入规章制度的体系中，不仅能使人文情怀与规章制度有机结合起来，形成人和政通、以人为本、和谐民主的德育氛围，而且能达到"人人有才、人无全才、扬长避短、人人成才"的目标。

（四）打造良好的育人环境

在广西物资学校教学楼内，随处可见道德标语，如"不愤不启，不悱不发""学而时习之，不亦说乎""三人行，必有我师焉"等传统文化经典语句。在教室内的墙上和班级外面的墙壁上，以标语或者类似于班级板报的形式出现的经典语句，也多与传统文化相关，比如在教室内悬挂了孔子、孟子及其他中华传统文化大师的宣传照，无形中教育和激励了青少年。班主任布置值日生每天在黑板上抄写一句古语，并作简单的讲解，一方面加深学生的理解，另一方面也起到了示范和带动的作用。

在课堂上，老师在讲解有关传统文化或者传统思想的句子或者内容时，会主动地延伸出一部分，扩展加深学生的理解。传统文化通过人物雕像、条幅、诵读经典、教材选用、课堂教学等方式渗透了整个校园，使传统文化资源活跃在学校教学的每一个步骤和环节，不断丰富了校园文化内涵的同时，也让学生在充满传统文化气息的校园中学习和生活。在校园广播、学校橱窗设置"道德古训专栏""中国文化遗产专栏"等，每周更新内容，突出传统的和谐儒雅的"人境互动"，让传统文化在校园飘香，努力创建整洁、有序、优雅、健康的校园环境，使学生时刻感受到修身的人文氛围，构建了中职生成长的道德环境，传统文化尊师重教、崇尚知识等精神气质潜移默化地影响学生的发展。

通过对中华优秀传统文化的学习，营造高品质的校园文化，促使学生文明习惯的养成，提升学校内涵。具体体现在以下两个方面。一是学生方面：让学生在接触、了解、诵读经典诗文的同时，初步感受中华民族的优秀传统文化，激发其热爱祖国的情感。通过了解中华优秀传统文化的内容及表现形式，提高学生识真伪、分善恶、辨美丑的能力，成为21世纪社会主义新文化的开拓者和建设者，使学生学会运用多种阅读方法，诵读经典，培养高尚情操与趣味，发展个性，丰富自己的精神世界。二是教师方面：促使教师不断地汲取祖国深厚的文化精神养料，成为中华优秀文化的继承者和传播者；加深自身的传统文化功底，真正成为有文化、有涵养的教师。在各教研室，自发形成浓厚的教科研气氛，逐渐提升教师的理论研究水平，使大家成为学者型教师，研究成果形成专题系列论文，有阶段论文和总结报告，整理出与课题配套的校本教材。

广西物资学校以学习中华优秀传统文化为突破口，形成优良校风，全力打造"文明、高雅、健康、和谐"的师生形象和关系，营造良好的校园秩序和文明环境，进一步推动校园文化内涵建设，进一步提高学生的综合素质及教育教学质量，促进学校全方面的和谐发展。

四、中华优秀传统文化系列问卷调查

文明、和谐、爱国、敬业、诚信、友善等社会主义核心价值观是中华优秀传统文化的内涵体现。因此，我们积极挖掘传统文化中的精华，寻找它与中职学校德育的结合点，使它成为新时期中职思想道德规范的基石。为了把中华优秀传统文化教育渗透到课堂教学中、渗透到校园文化建设中、渗透到日常生活中、渗透到社会活动中，我们在实践的基础上，进行了以下调查研究。

（一）传统文化课程调查报告

1. 调查目的

为响应教育部号召，弘扬传承中华优秀传统文化，用传统文化培养学生的德行，2015 年秋学期，广西物资学校新开设中华优秀传统文化——《弟子规》课程。授课老师们非常认真，每次课都进行集体备课，相互听课，并反复修改教案课件。学期结束，我们设计了调查问卷，了解学生对本门课程的看法。

2. 调查基本情况

时间：2016 年 1 月 12—16 日

地点：2015 级各班教室

对象：2015 级全体学生（2015 会计 6 班、2015 广告班是劳动班所以未能参加调查）

方式：问卷调查，当堂提交统计汇总

单位：广西物资学校基础教研室德育组

3. 调查统计情况

一共发放 1 950 份，回收有效问卷共计 1 767 份。调查统计情况如下。

"中华优秀传统文化课程调查问卷"见 P186 "附调查问卷三"。

"中华优秀传统文化"课程调查问卷结果统计

有效问卷共计 1 767 份

主要搜集学生对教材使用、授课方式、授课内容、总体评价、以及学习收获等方面的信息。其中 1、2、3、5、6、9 为单选题，4、7、8

为多选题，10、11为主观题。

（1）你觉得传统文化课程使用的教材《弟子规》

A. 太难　　B. 难度适中　　C. 太易

选项	A	B	C
选择人数/人	159	1 389	228
比例/%	8.90	78.21	12.84

（2）你对传统文化课程的总体评价是

A. 优　　B. 良　　C. 中　　D. 差

选项	A	B	C	D
选择人数/人	700	804	253	44
比例/%	39.84	45.76	14.40	2.50

（3）你对教师授课的总体评价是

A. 优　　B. 良　　C. 中　　D. 差

选项	A	B	C	D
选择人数/人	941	667	213	51
比例/%	50.29	35.63	11.38	2.7

（5）经过传统文化课程的学习，你觉得你的品行有进步吗？

A. 大有进步　　B. 有较大进步　　C. 进步不明显　　D. 没有进步

选项	A	B	C	D
选择人数/人	312	937	365	63
比例/%	18.6	55.87	21.76	3.77

（6）您对传统文化的认识如何？

A. 传统文化博大精深、源远流长，我们要以继承发扬为主。

B. 传统文化精华与糟粕参半，我们接受时要有所扬弃。

C. 在现今时代，传统文化更多情况下显得过时、保守了。

D. 不关心，也没有什么认识。

选项	A	B	C	D
选择人数/人	1 316	273	127	30
比例/%	75.37	15.64	7.27	1.72

（9）您希望继续学习传统文化的有关知识吗？

A. 希望　　B. 不希望

选项	A	B
选择人数/人	1 455	274
比例/%	84.15	15.85

其中，第4、7、8为多项选择题。学生选择情况从多到少分别是：第4题"你觉得哪种教学形式使你获益最大？请排序"，依次为：播放视频、上台分享、小组讨论、教师讲解、力行表。第7题"你想了解传统文化哪方面的知识？（可多项选择）"，依次为：传统节日、民族风俗、古典音乐、古典名著、诗词曲赋。第8题"您主要是通过什么途径了解传统文化的？（可多项选择）"依次为：父母长辈的教导、书本及课外读物、广播电视网络等传媒、生活经历。

4. 调查结果分析

对传统文化课程总体评价85.6%在良好以上；对授课老师总体评价满意度较高，88.3%在良好以上；经过学习77.36%的同学感觉有较明显进步；第10题通过学习传统文化课程，学生感觉受益较大、变化较明显：懂得了孝的重要性，如何孝敬父母、长辈，学会与父母沟通，很多同学和父母关系改善；懂得文明礼仪的重要性，对老师、同学更加有礼貌；懂得珍惜粮食，在饭堂能主动收拾桌面上的残渣，日常行为有所改善。

84.15%的同学希望继续学习传统文化的有关知识。

5. 建议

根据调查结果，建议继续开设中华优秀传统文化课程。

本学期开设《弟子规》课程上了"总叙""入则孝""出则悌""谨"这几部分的内容。下学期课程继续《弟子规》"信""亲仁""泛爱众""余力学文"这四部分内容，加上学生感兴趣的传统节日、民族风俗、古典名著等等内容。

（二）学生品德教育与实践情况调查报告

中华文化源远流长、博大精深，其中蕴藏着许多高尚人文素养的基因，它是中华民族文明的核心价值所在。近年来，中华优秀传统文化的教育与传承举国上下达成了共识，如何在中职学校开展传统文化的教育与实践，培养中职生良好的文明素养，成为我们必须面对的课题。

为了探索培养学生良好行为习惯的新途径新方法，2015年秋学期，我们在 2015 级新生各班开设了中华优秀传统文化课程，其主要内容是以《弟子规》为基本线索，融入中华传统经典、传统德育故事，结合当今社会热点和学生日常学习生活，开展身体力行活动，力求做到知行合一。为了了解课程教学的效果，我们开展了一次中华优秀传统文化课程学生品德教育与实践情况调查，具体情况如下。"广西物资学校学生品德教育实践情况家长问卷调查表"见 P188 调查问卷四。

1. 调查设计

2015 年秋学期结束后，课题组布置了课程力行任务，并设计《学生品德教育实践情况调查表》，调查的目的主要是：检验学生在尊老爱亲、友爱兄弟姐妹、与邻居和睦相处、主动做家务、礼貌待人等方面有没有进步，调查内容有家长的基本情况，家长对传统经典《弟子规》的熟悉程度，学生学习传统文化后在家里的变化，家长对孩子的品行教育的期望以及对学校德育工作的建议等。

2. 调查过程

2015年秋学期放寒假时由2015级每位学生将《广西物资学校学生品德教育实践情况家长问卷调查表》带回家，请家长督促力行及填写调查表，2016年春学期开学由学生带回学校。共发放调查表1 000份，收回672份。

3. 调查分析。根据收回的调查表进行统计与分析，具体情况如下。

（1）学生家长的基本情况：① 家长的身份：爸爸450人，妈妈186人，爷爷奶奶及其他亲属36人，参与调查的家长主要是学生的父母，爷爷奶奶和其他亲属只是少数。② 家长的职业：在家务农268人，自由职业者158人，在职人员45人，外出打工140人。③ 家长的文化程度：小学169人，初中368人，高中90人，大专26人，大学以上5人。初中以下占81.6%。

（2）家长对《弟子规》的熟悉程度："比较熟悉意思"的66人，"仅仅知道意思"的147人，"读过一点点"的231人，"完全不知道"的191人。89.6%的家长对《弟子规》不熟悉。

（3）孩子进入广西物资学校学习后的变化："有很好转变"的154人，占23.1%；"有一些好的改变"的426人，占64.1%；"没有什么改变"的54人，占8.1%；"没有注意"的31人，占4.6%。87.2%的学生是有好的转变。

（4）学生在家的表现：70%以上能孝敬父母、主动做家务、礼貌待人、与人友好相处。

（5）95%以上的家长认为"做人"的教育放在第一位，看重学校对孩子的品行培养。

（6）64.1%的家长对学校举办家庭教育感兴趣，希望能有机会参加培训。

（7）家长对"一封家书"的反馈。在中华优秀传统文化课中，我们在学生中开展"孝道"教育后，为检验教学效果，布置每一位学生给父母写一封家书，学校统一邮寄。

① 95%的家长收到孩子的家书，表示感触很深。"当我收到女儿的来信，阅读后感动到落泪，没想到她在短短一个学期中改变了这么多，变得懂事多了，懂得让家人开心，这让我非常高兴""写得很不错，看了很感动""我收到孩子的这一封信，我就深深地感到我的孩子已经长大了""首先是感动，没想到昔日叛逆的儿子竟会在这么短的时间发生这么大的变化；再来是欣慰，为儿子的极大改变感到欣慰；最后是感激"。"收到信的时候，感受到女儿对我的爱，希望女儿好好学习天天向上""很欣慰，很高兴能写出这么感恩的话""很惊讶，有一点不敢相信，以为寄错了，但最后感到很欣慰，非常感谢老师和物资学校能有这样一份作业""第一次收自己孩子的信，很感动，物校对孩子的教育很不错"……这些都是家长反馈在调查表上的原始表述，家长们对收到孩子的信都表示"很感动""很欣慰"。这说明学生们通过中华优秀传统文化的学习，能够理解父母，体谅父母，懂得了父母的付出，懂得了感恩，改善了亲子关系。

② 90%以上的家长表示孩子"长大了""变化很大"。

第一，懂得和父母友好地沟通了，逆反现象有所减少。第二，懂得了关心父母。第三，懂得了感恩。第四，思想变得成熟了，学会了反思。"感觉到自己的孩子一下子比平时成长了几岁，平时不做的事情现在做了，感到好激动好开心好安慰""第一次收到孩子写给自己的一封书信，感觉到他能说的话全写在里面，平时只是通话说几句就完了，书信里写的注意身体，做工也要多休息一点，有时也觉得他会关心我们""从去了物资学校后学会了检讨自己，会替别人着想，这是个不错的改变"。从这些变化中说明通过课程教学与力行，大大促进了学生个人的成长。

（8）家长对学校德育的期待与建议。

"希望学校老师严格教育我的孩子，最主要让他怎么做人做事，多懂点知识，能学到一门技能，将来能为社会做贡献""希望多教孩子一些做人做事的道理""希望学校能开多一点道德课程和教育课程，能使学生得到更好的教育，有良好的学习作风""培养孩子团结互助能力，培养孩子健康积极向上的心灵；多组织一些接近社会适应力的培养和教育""学校应多注意学生的心理健康，及时了解孩子在想什么""必须加强德育工作，古往今来，中国是文化古国，礼仪之邦，如果丢弃，形同虚设"……95%以上的家长希望学校加强对学生的品德教育，把"做人"教育放在第一位，严加管理，把孩子培养成品行端正的人。

4. 调查结论

（1）通过调查，能真实地了解到学生的品德素质的变化，真实地了解中华优秀传统文化教育教学是有明显效果的，大多数学生学会了孝敬、学会了感恩、学会了理解、学会了宽容，思想行为日趋成熟。

（2）中华优秀传统文化教育教学，重在力行，在校力行，在家力行，在社会力行，学生良好的行为习惯才能逐渐养成。

（3）中华优秀传统文化博大精深，学习与力行，要达到知行合一，需要一个循序渐进的过程，需要我们不断研究与探索。

2016 年 10 月 15 日

（三）"壮族十八岁成人礼"活动调查报告

1. 调查问卷设计

调查目的：为了解学生对"壮族十八岁成人礼"的了解程度，明晰学生对成人礼的理解，便于课题组对以挖掘壮民族文化为起点的搭建中职育人平台的探索和实践的课题研究，特进行此次问卷调查。

调查内容：涵盖对壮民族的认识、成人礼的熟知程度、成人礼的意义理解等方面。

调查对象：2013、2014 级在校学生，涵盖会计专业、营销专业、物流专业、汽修专业、商务专业等学生。

"壮族十八岁成人礼调查问卷"见 P184 调查问卷二。

2. 调查问卷情况

（1）问卷回收统计及情况说明。

共发放问卷 198 份，收回问卷 163 份。参与问卷调查的学生中，壮族 56 人、苗族 1 人、瑶族 4 人，其他均为汉族。参与问卷调查的壮族学生占比 34.36%。

（2）主体问卷调研数据技术数据分析。

第 1 题，调查学生了解到的少数民族中人口最多的民族。93.87%的学生选择了壮族，可见壮族的确是为大多数人熟知的最多人口的少数民族。

第 2 题，调查学生对壮族主要分布省份的了解情况。90.86%的学生选择了广西。

第 3 题，调查学生是否知道成人礼这种仪式。23.75%的学生了解，71.88%的学生不了解，4.38%的学生从未听说过。76.26%的学生对成人礼不了解，对"壮族十八岁成人礼"比较陌生，很多传统的家庭都已不再延续该活动。

第 4 题，了解学生认为开展成人礼活动的必要性。45.45%的学生都认为开展成人礼很有必要，47.27%的学生持无所谓的态度。

第 5 题，了解参加成人礼活动的范围。16%的学生表示周围几乎没有学生参加过，63%的学生表示身边只有少数人参加过成人礼仪式。

第 6 题，了解学生在进入中职学校前对"壮族十八岁成人礼"的了解情况。42.33%的学生表示从未听说过，32%的学生虽然听说过，但是也不了解。

第 7 题，了解学生对学校每年都举行成人礼的看法。67%的学生认为很好，表示支持学校开展这项活动。

第 8 题，调查学生对参加成人礼的意愿。59%的学生表示愿意参加，29%的学生表示有空就会参加。

第 9 题，了解学生 18 岁以后，对自身责任的认识。86%的学生都能感觉到身上社会责任和家庭责任的变化。

第 10 题，调查了解学生对学校每年举行成人礼的意义的理解。68%的学生表示，成人礼的意义在于年满 18 岁之际，通过仪式强化成人的意识和责任感，34%的壮族学生表示应该传承老祖宗留下来的礼节，16%的学生认为可以引导青少年追寻梦想。

第 11 题，了解学生参加、观摩成人礼后的收获。23%的学生表示通过成人礼能感受 18 岁青春时光的美好，24%的学生表示能为自己新的人生阶段确定一个奋斗目标，48%的学生表示要做一个孝顺父母、有担当的人。

3. 综合评价

从调查问卷前半部分的统计结果来看，学生对壮族比较了解，对成人礼的了解熟悉程度一般，通过访谈可知，多半是来到我校后通过每年开展的"十八岁壮族成人礼"活动而熟知的。很多来自百色、横县等壮族分布比较密集的市县的学生也表示，来校前未曾听长辈们说过"壮族十八岁成人礼"，可见对民俗文化的传承迫在眉睫。

从调查问卷后半部分的调查结果来看，学生对自己年满 18 周岁后，身上社会责任和家庭责任的变化，都有很强的认识，对学校举行"壮族十八岁成人礼"非常支持，并且也有很强的意愿参加这项活动。可见"壮族十八岁成人礼"不仅能传承优秀的壮族传统文化，还是学生喜闻乐见并且愿意积极参加的受欢迎的活动。

最重要的是，"壮族十八岁成人礼"活动的成效凸显。学生能体会学校举办这个活动的良苦用心，能以 18 岁为分界线，重新认识自己，理解父母，感恩父母，确立新的目标，做个有担当的人，这才是举办该项活动的最终意义。

4. 建议

举办"壮族十八岁成人礼"活动不是为了完成任务，而应该抓住举办活动的核心，丰富活动内涵，把学生吸引进来，在传承壮族成人仪式精髓的基础上，通过一系列活动和仪式，使学生树立成人意识和敢于担负应有责任的态度，拓展胸怀，怀揣感恩之心践行感恩之为，努力奋斗，积极进取，做一个有利于民族、有利于社会、有利于祖国的有用的人。

（四）关于中职学校传统文化教育现况的调查报告

1. 调查背景

党的十八大报告指出："文化是民族的血脉，是人民的精神家园，要建设优秀传统文化传承体系，弘扬时代新风。"中华优秀传统文化源远流长、博大精深，是中华民族的精神支柱，是我们的民族之魂，是发展社会主义先进文化的深厚基础，是建设中华民族共有精神家园的重要支撑。用中华优秀传统文化教育我们的下一代，提高国民的道德素质和文化素质，不仅是素质教育的核心内容，也是我们国家民族文化发展的战略需要。2014年教育部发布《完善中华优秀传统文化教育指导纲要》，提出"加强中华优秀传统文化教育，是培育和践行社会主义核心价值观，落实立德树人根本任务的重要基础"，要"分学段有序推进中华优秀传统文化教育"。2017年中共中央办公厅、国务院办公厅《关于实施中华优秀传统文化传承发展工程的意见》指出，"要更加自觉、更加主动推动中华优秀传统文化的传承与发展"。中职学校作为我国教育体系的重要组成部分，是继承、传播和弘扬中华民族优秀传统文化的重要阵地，把中华优秀传统文化作为中职学校德育的重要内容具有极其重要的现实和长远意义。

2. 调查目的

本次调查主要目的是了解广西各中职学校开展中华优秀传统文化教育现状，以期更好地推动中职学校的中华优秀传统文化教育的开展。

3. 调查方式

本次调查采用问卷形式，在2017年我校承办的"广西中职德育研究会"上，我们向参会人员发放该调查问卷，收回79份调查问卷，来自24所学校，覆盖自治区直属中职学校、市级中职学校、县级中职学校，获取问卷资料后统计问卷结果，进行分析并结合相关资料文献得出结论。

4. 调查内容

本次调查的内容涉及中职德育工作中开展优秀传统文化教育的必要性，中职德育渗透中华优秀传统文化教育的内容、方式，中职德育中优秀传统文化教育的现状、面临的困难及中职优秀传统文化教育教师队伍情况。另附《中职学校开展中华优秀传统文化教育调查问卷》样卷一份于后供参阅。"中职学校开展中华优秀传统文化教育调查问卷"见P181

附调查问卷一。

5. 对问卷调查的结果统计分析

本次调查我们主要搜集了关于开展优秀传统文化教育必要性、主要内容、具体方法、主要途径、主要措施、存在问题等方面的信息，具体结果如表 2-1 所示。

表 2-1　开展优秀传统文化教育的调查结果

主要内容		频数
优秀传统文化教育必要性		62
优秀传统文化教育目的	增强文化自强自信	7
	了解、热爱优秀传统文化	10
	促进全面发展	12
	培养良好品德和行为习惯	46
优秀传统文化教育内容	传统美德	36
	中华典籍	38
	诗词歌赋	36
	历史名人	22
	民风民俗	22
优秀传统文化教育方法	知识授受	57
	技能训练	40
	情感体验	58
	人际互动	54
优秀传统文化教育途径	社会实践	61
	家庭教育	52
	专设课程	57
	学科渗透	52
	校园文化	58
优秀传统文化教育措施	经典阅读	56
	相关活动	58
	教师培训	58
	考察学习	58

主要内容		频数
优秀传统文化教育问题	师资缺乏	51
	教学方式僵化	42
	缺乏统一标准	45
优秀传统文化教育问题	缺乏配套资源	53
	教学内容难定义	34
	受众认知不足	40
	缺乏相应培训	40

（1）中职德育工作中开展优秀传统文化教育的必要性和目的。

表 2-1 显示，超过半数受访者认为有必要在中职德育工作中开展中华优秀传统文化教育，他们中的一些人认为开展中华优秀传统文化教育旨在增强文化自强自信，了解传统文化并热爱传统文化以及促进学生的全面发展，大部分受访者认为是为了培养学生良好的品德和行为习惯。这表明优秀传统文化教育的德育功能更为突出，而这正是中职学生应该注重的一个教育内容。

（2）中职德育工作中开展优秀传统文化教育的主要内容以及方式方法。

在优秀传统文化教育内容方面，大部分受访者认为传统美德、中华典籍、诗词歌赋应主要纳入优秀传统文化教育内容，不少受访者认为历史名人和民风民俗也是优秀传统文化教育的主要内容。除此之外，一些受访者还认为应涉及其他人文社会科学、性健康教育、家风家规、礼仪培养、民间工艺、中国戏剧、服饰、琴棋书画茶等方面的内容。

关于开展优秀传统文化教育的方式、途径，受访学校认为从学校层面可以通过社会实践活动、家庭教育、专设课程、学科渗透、校园文化、知识竞赛、参观博物馆、纪念馆、图书馆、举办文艺体育活动以及校方公众号推广的方式，同时结合家庭教育，向学生传授优秀传统文化知识，训练技能，给学生以情感体验和人际互动，从而达到教育目的。

（3）学校是否开设优秀传统文化校本课程或相关教育活动。

24 所受访学校中，仅有 5 所学校开设有校本课程，其中 A 院校开设了"中华经典诗词"课程，有校本教材，面向全体学生授课，每年会举办一次"经典诵读"活动，并组织全体学生参加；B 院校开设有《弟子规》、"励志晨读"经典诵读课程，主要以"民族体育进课堂"的形式，以早训、早晚读、专题讲解、实践评价等环节进行，覆盖全校学生；C 院校也将《弟子规》作为主要校本课程来促进学生思想的提升以及对文化遗产的继承，同时开展全校学生朗读比赛，在平时的文化课中也将此内容导入，强化学生专题学习。

D 院校的形式最为丰富，主要有三种。一是开设优秀传统文化课程，如书法、茶艺、手工艺品制作、疍家烹饪美食等校本课程，并编写有校本教材。书法课在全校各专业铺开，周课时 1 节。茶艺、手工艺品制作、疍家烹饪美食分别结合专业特点，在旅游部、烹饪部开设。二是全校开展"经典诵读"活动。学校统一印制经典诵读书面材料，利用早读、晚读时间，要求全校学生诵读经典诗文，并定期开展"经典诵读"比赛。三是"三名工程"教育活动。在高铁服务、邮轮服务等旅游专业校企合作订单班开展"三名工程"教育活动，指导学生读名著、听名曲、赏名画，其中就包括传统中华典籍、中国古典音乐及中国名画的欣赏。

（4）开展优秀传统文化教育活动与学校德育工作的契合点及活动覆盖面。

① 关于开展优秀传统文化教育活动与学校德育工作的契合点。

广西商业高级技工学校、广西南宁技师学院和容县职业中等专业学校认为：优秀传统文化教育与学校德育工作功能上的契合点是，都具有育人、导向、凝聚、传承的功能；内容上的契合点是，"三观"教育、爱国主义、理想信念、道德品质和行为规范等；同时增强优秀传统文化内涵教育，在这种潜移默化的熏陶影响下，通过培养良好品德和习惯，促进学生全面发展。

广西职工体育运动技术学校、百色市财经职业技术学校、灵山县职业技术学校、广西中医学校认为：学校应通过形式多样的活动形式，如传统文化礼仪教育活动，提高学生人文素质，利用活泼多样的传统教育活动来开展学生教育。同时活动范围不应局限在校园内，要多参加社会实践。

百色市民族卫生学校、岑溪中等专业学校、广西机电工程学校认为：首先是学校领导的重视，统一思想；其次是学校有相应的资金投入，搭建有效传统文化教育的平台，并建立完善的机制等。具体要通过班主任或辅导员老师，作为主要实施者和执行者，引导学生学会感恩、立志。

广西玉林技师学院、广西幼儿师范高等专科学校、广西科学技术出版社认为：德育是以人为对象的一项实践活动，德育的作用主要表现在确立人才成长的正确政治方向，培育人才的新思想观念，促进人才的人格完善等方面。两者的契合点主要都是培养人，培养 21 世纪合格的人才，要先学会做人，所以学习优秀传统文化很重要。将传统美德带入校园和学生的学习生活中，帮助、培养学生互助互爱、自强不息、尊师重道的美好品格。学生成才需要优秀传统文化在精神道德上支撑，对中职生的培养优秀传统文化教育不可或缺。但传承优秀传统文化不是拘泥于古礼、禁锢思维、盲目崇古。

② 优秀传统文化教育与学校的德育工作结合，活动覆盖面如下。

在受访学校中，开展中华优秀传统文化教育与学校德育工作相结合覆盖面较大的学校有 5 所。

a. 广西物资学校：2013 年开始导入中华优秀传统文化，全员参与。以中华优秀传统文化为引领打造物校德育品牌，打造传统文化骨干教师团队。采用身教、言教、导教、礼教、乐教、境教等"六教联动"的模式；通过入学教育——课程教学——第二课堂——专题活动——社会实践"五维度"持续深入开展中华优秀传统文化教育活动，营造全方位育人的文化氛围。

b. 广西二轻高级技工学校：以中华优秀传统文化为引领，以社会主义核心价值观为导向，运用中华优秀传统文化对学生开展"五天四夜德行教育"培训，以常规养成教育为手段，全面促进学生综合职业素质养成，全方位、立体化、渗透式地打造技工学校德育工作新模式。

c. 北海市中等职业技术学校：一是结合传统节日开展优秀传统文化教育活动，在元宵节、清明节、端午节、中秋节等传统节日期间，全校学生开展主题班会、主题活动；二是利用学生社团开展优秀传统文化教育活动。成立行知书法、贝雕手工艺、民族音乐等学生社团，指导老师带领社团学生定期开展活动。

d. 广西机电工程学校：以文化基础课老师为主体组织传统文化内容编写，校长牵头在全校开展优秀传统文化教育。

e. 广西纺织工业学校：通过课后活动来开展优秀传统文化教育，同时也进行了德育教育。一般是全校性的活动，活动覆盖面大，但是活动次数较少，一年一两次。早读活动坚持下来了，但是影响力不足。

（5）学校在中华优秀传统文化教育上存在的缺失及原因。

各学校在对优秀传统文化教育缺失的原因的分析主要集中在以下几点。

① 学校重视不够。广西机电工程学校、百色市民族卫校、广西商业高级技工学校、广西职工体育运动技术学校、灵山县职业技术学校、广西柳州畜牧兽医学校、百色市民族卫生学校、广西幼儿师范高等专科学校、广西南宁技师学院、容县职业中等专业学校、广西民族中专学校。

② 家长重视不够、家风本身未树立。广西机电工程学校、岑溪中等专业学校、广西玉林技师学院、广西机电工程学校、广西南宁技师学院、广西右江民族商校。

③ 缺乏专职传统文化教师、教师得到的培训不够。灵山县职业技术学校、北海市中等职业技术学校、广西柳州畜牧兽医学校、广西商业高级技工学校、广西玉林技师学院、广西机电工程学校、广西南宁技师学院、广西右江民族商校。

④ 缺乏教学大纲、课程标准等。广西纺织工业学校、北海市中等职业技术学校、岑溪中等专业学校、广西幼儿师范高等专科学校、广西南宁技师学院、容县职业中等专业学校。

⑤ 缺少落足点。钟山县职业技术学校认为优秀传统文化教育没有从上到下践行的价值取向。

⑥ 社会需求度不够。广西商业高级技工学校认为，受西方文化的冲击、生活节奏快、国人自己无暇过传统节日、拜金主义盛行、优秀传统文化教育得不到传承、缺乏信仰、法治观念淡薄而造成优秀传统文化教育缺失。广西幼儿师范高等专科学校认为，西方文化的影响和高等教育的功利性均有影响。广西右江民族商校认为，社会层面没有形成优秀传统文化教育的风气。广西民族中专学校认为，优秀传统文化与现代社会发展有距离。

可见缺乏学校层面的重视与统一的课程标准是制约优秀传统文化教育的重要原因。

（6）开展传统文化教育的师资建设问题。

所有受访单位均认为参与传统文化相关活动、外出考察学习、参加传统文化教师培训是传统文化教育师资建设的重要措施。而调查表明师资建设现状为：广西柳州畜牧兽医学校、广西机电工程学校、岑溪市中等专业学校在本次研讨会前从未有过传统文化教育相关的师资培训。曾参加过专门类传统文化教育培训的学校仅有北海市中等职业技术学校、广西商业高级技工学校、广西右江民族商校。其余学校参加的传统文化教育相关的培训仅有非专门类，或在其他培训中加入传统文化教育培训内容的书法培训、女子学堂、讲座或由于自身爱好参加的民间组织等方式。

6. 建议

（1）加强优秀传统文化课程建设，规范课程标准。将中华优秀传统文化纳入中职学校课程体系，在课程的设置、教材的编撰、教学内容的确定、教学方式的选择上都应该经过全面论证，并制定与该课程配套的课程标准。

（2）组织开展优秀传统文化教育活动。可以把晨读、主题班会、主题活动月、主题讲座形式固定下来。同时持续性地开展全校性的优秀传统文化活动，将优秀传统文化渗入校园文化环境，全面铺开优秀传统文化教育工作。

（3）建设高素质的优秀传统文化教育教师队伍。可成立独立的优秀传统文化教师团队，增加教师的传统文化教育专门培训，由上而下地提升文化素养，加强教师队伍建设，提高教师的人文素质。

（4）营造优秀传统文化教育的良好环境。推进优秀传统文化教育，校方与家长应保持联系，与家长合作对学生进行优秀传统文化教育引导；同时营造良好的社会环境，树立社会正气，传递社会正能量。

（5）提高重视程度。可由学校领导牵头，统一布置，加大对优秀传统文化宣传经费的投入，将中华优秀传统文化教育作为主要内容纳入教学中，传播优秀传统文化精粹。可以考虑将优秀传统文化教育列入考核范围。

（6）不断创新。时代在进步，现在的优秀传统文化教育不应照搬封建社会的老一套，而应正确区分传统文化精华与糟粕，更新教育理念，提高对传统文化的认识，提炼符合社会主义核心价值观的优秀部分。创新传播、渗透、学习的方式，不拘一格，除常见的晨读、朗诵、自省外，可结合各个学校自身特色开发新形式的优秀传统文化教育方法与途径。

附　调查问卷一

中职学校开展中华优秀传统文化教育调查问卷

敬爱的老师：

在当今世界文化多元化发展的格局下，民族传统文化的接续、传承与创新日益成为各个国家生存与发展的重大问题。作为传递传统文化的中坚力量，德育工作者的传统文化素养及其传统文化教育观念的状况对传统文化的有效传承起着至关重要的影响作用。

有鉴于此，我们特别设计了这份问卷，希望能够更加全面地了解中职学校德育工作者的传统文化素养和传统文化教育观念的状况，以及在传统文化教育过程中遇到的困难。在此，恳请您依据自己学校的实际情况，真实地予以填答。

广西道德教育学会

广西物资学校

2017 年 4 月

单位名称：　　　　　　　　职务：

第一部分：选择题

1. 您认为中职德育工作有必要开展优秀传统文化教育吗？（　　）

A. 有必要　　B. 没有必要　　C. 不知道

2. 您认为当前中职德育开展优秀传统文化教育最主要目的是什么？（　　）

A. 增强文化自强自信　　B. 让学生了解传统文化，热爱传统文化

C. 促进学生的全面发展　　D. 培养学生良好的品德和行为习惯

3. 【多选题】您认为中职德育教育渗透优秀传统文化的内容应该包括哪些？（　　）

A. 传统美德　　B. 中华典籍　　C. 诗词歌赋　　D. 历史名人

E. 民风民俗

其他：

4.【多选题】您认为中职优秀传统文化教育的方式方法有哪些？
（　　）

A. 知识授受　　　B. 技能训练　　　C. 情感体验　　　D. 人际互动
其他：

5.【多选题】您认为中职进行优秀传统文化教育的途径有哪些？
（　　）

A. 社会实践活动　　　B. 家庭教育　　　C. 专设课程　　　D. 学科渗透　　　E. 校园文化
其他：

6.【多选题】您认为应采取什么具体措施来提高教师的传统文化素养？（　　）

A. 必要的经典阅读　　　　B. 参与传统文化相关的活动

C. 传统文化教师培训　　　D. 增加外出考察、学习的机会
其他：

7.【多选题】您认为当前的中职学校的优秀传统文化教育存在哪些问题？（　　）

A. 师资力量缺乏，缺乏专职教师

B. 偏重灌输式的课堂教学，教学效果差

C. 没有统一的课程标准和评价标准

D. 教材缺乏配套的资源库

E. 对传统文化的界定模糊不清，教学内容的选择困难

F. 学生及其家长对于传统文化的认识比较单薄，难以开展教育活动

G. 缺乏专门针对传统文化的教师培训和集体教研
其他：

第二部分：

1. 学校是否开设优秀传统文化校本课程或开展优秀传统文化教育活动？请说明主要内容及呈现形式。

2. 学校开展的优秀传统文化教育活动与学校德育工作的契合点主

要是什么？活动覆盖面如何？

3. 如果感觉学校在中华优秀传统文化教育上有缺失，原因是什么？学校可以在哪些方面做出调整和改进？

4. 您是否参加过传统文化教育的相关培训？培训的内容和形式是什么？

调查问卷二

"壮族十八岁成人礼"调查问卷

您好！我们是"挖掘壮民族文化，搭建中职育人平台的探索与实践"课题组成员，感谢您在百忙之中填写如下问卷！

你的性别：　　　　你的民族：

1. 你了解到的少数民族人口中最多的民族是（　　　）

A. 壮族　　　B. 瑶族　　　C. 侗族　　　D. 苗族

2. 壮族分布在我国的那个省份（　　　）

A. 云南　　　B. 广西　　　C. 贵州　　　D. 四川

3. 你了解成人礼吗（　　　）

A. 了解　　　B. 听说过，但不了解　　　C. 没听说过

4. 你觉得有必要开展成人礼活动吗（　　　）

A. 有，也非常想　　　B. 无所谓　　　C. 没必要

5. 据你了解，你周围有多少人参加过成人礼（　　　）

A. 几乎没有　　　B. 少数人　　　C. 基本上都有　　　D. 不知道

6. 来学校之前你听说过壮族成人礼吗（　　　）

A. 了解　　　B. 听过，但不了解　　　C. 没听过

7. 你对学校每年都举行"壮族十八岁成人礼"有什么看法（　　　）

A. 非常好，传承民族文化

B. 非常好，让我们在成年之际留下深刻的印象

C. 一般，因为我不是壮族

D. 无所谓

8. 如果学校举行壮族成人礼，你会参加吗（　　　）

A. 非常愿意，无论如何都会参加

B. 愿意，只要有空尽量参加

C. 无所谓，到时候再说

D. 不愿意，因为

9. 18 岁以后，你是否感觉自己身上社会责任和家庭责任的变化（   ）

A. 是　　B. 否

10. 学校每年举行"壮族十八岁成人礼"，其意义是什么（   ）

A. 在学生年满 18 岁之际，给留点深刻印象

B. 我是壮族，我觉得要传承老祖宗留下来的礼节

C. 指引青少年追寻梦想

D. 同学参加，所以我就参加了

11. 观摩、参加完"壮族十八岁成人礼"，你希望能收获什么（   ）

A. 能感受 18 岁青春时光的美好

B. 能为自己新的人生阶段确定一个奋斗目标

C. 改变自己不成熟的观念，知道父母不易，懂得理解父母，感恩父母，要好好读书，做个有担当的人

D. 其他

12. 对"壮族十八岁成人礼"，还有什么好的建议

感谢您的参与！

调查问卷三

"中华优秀传统文化"课程调查问卷

班级：＿＿＿＿＿＿＿＿＿＿＿＿＿＿＿

亲爱的同学：

你好！首先感谢你对此次问卷调查的支持！

为了让你更加轻松愉快地学习、健康快乐地成长，并且在学习、成长的过程中学有所成，我们向你做一项调查。此调查不做任何评奖依据，也不留下你的姓名，希望你把自己最真实的想法告诉我们，让我们来实现你的愿望。谢谢！

请认真回答以下问题，在适用的一项下打√。

1. 你觉得传统文化课程使用的教材《弟子规》

A. 太难　　B. 难度适中　　C. 太易

2. 你对传统文化课程的总体评价是

A. 优　　B. 良　　C. 中　　D. 差

3. 你对教师授课的总体评价是

A. 优　　B. 良　　C. 中　　D. 差

4. 你觉得哪种教学形式使你获益最大？请排序：＿＿＿＿＿＿＿＿

A. 教师讲解　　B. 播放视频　　C. 力行表　　D. 小组讨论

E. 上台分享

5. 经过传统文化课程的学习，你觉得你的品行有进步吗？

A. 大有进步　　B. 有较大进步　　C. 进步不明显　　D. 没有进步

6. 你对传统文化的认识如何？

A. 传统文化博大精深、源远流长，我们要以继承发扬为主

B. 传统文化精华与糟粕参半，我们接受时要有所扬弃

C. 在现今时代，传统文化更多情况下显得过时、保守了

D. 不关心，也没有什么认识

7. 你想了解传统文化哪方面的知识？（可多项选择）

A. 古典音乐　　　B. 传统节日　　　C. 民族风俗　　　D. 古典名著

E. 诗词曲赋

8. 你主要是通过什么途径了解传统文化的？（可多项选择）

A. 书本及课外读物　　　B. 父母长辈的教导　　　C. 广播电视网络等传媒　　　D. 生活经历

9. 你希望继续学习传统文化的有关知识吗？

A. 希望　　　B. 不希望

10. 通过学习"中华优秀传统文化课程"，你的收获是：

_____

_____

_____

_____

_____

_____

11. 你最喜欢的课堂是什么样的？请描绘一下。

_____

_____

_____

_____

_____

_____

调查问卷四

广西物资学校学生品德教育实践情况家长问卷调查表

专业： 班级： 姓名：

亲爱的家长：

您好！首先非常感谢您选择了广西物资学校，给孩子一个实现梦想的机会！

教育贵在家庭与学校的配合。本学期学校针对新生开设了"中华优秀传统文化"课程。为了掌握学生学习课程后在家力行的效果，了解您的孩子假期里的表现，比如尊老爱亲、友爱兄弟姐妹、与邻居和睦相处、主动做家务、礼貌待人等方面是否有进步，我们特设计了以下几个调查问题，向您发放问卷。您的真诚回答是我们后续更好地开展德育工作的重要依据，谢谢您的合作！

1. 您的身份是：A. 爸爸　　B. 妈妈

2. 您的年龄段是：

A. 30～35 岁　　B. 36～40 岁　　C. 41～45 岁　　D. 46～50 岁

3. 您的文化程度是：

A. 小学　　B. 初中　　C. 高中　　D. 大专　　E. 大学及以上

4. 您对《弟子规》的熟悉程度：

A. 背诵并熟悉意思　　B. 仅仅知道意思　　C. 读过一点点

D. 完全不熟悉

5. 您的孩子学了"中华优秀传统文化"课程后的改变是否明显？

A. 有很好的转变　　B. 有一些好的改变　　C. 没有什么改变

D. 没有注意

6. 如果孩子有好的改变，具体表现在哪些方面？

A. 孝敬父母　　B. 主动干家务　　C. 兄友弟恭　　D. 礼貌待人　　E. 其他（请您写到横线上）＿＿＿＿＿＿＿＿＿＿＿

7. 您更看重学校对孩子哪方面的教育，请您按从重到轻排序。

A. 知识　　B. 技能　　C. 做人　　D. 做事　　E. 品德

您的顺序是：_____

8. 如果学校或社会组织举办公益的家庭教育讲座，您愿意来参加吗？

A. 请假也会来参加　　B. 太忙没有时间　　C. 没必要参加学习
D. 周末可以参加

9. 您对学校德育工作有什么建议？

您的建议：

_____

_____

_____

_____

_____

_____

_____

调查问卷五

关于工匠精神学生调查问卷

班级：　　　姓名：　　　跟岗企业名称：　　　工作岗位：

亲爱的同学：

你好！我校正在进行一项关于工匠精神的现状、传承与中职德育有效融合的项目研究，我们希望可以充分了解工匠精神的内涵及其意义并且为工匠精神的传承与发展助力。希望你能给予我们支持，祝你工作顺利，学习进步！

一、选择题

1. 你的性别是：（　　）男（　　）女

2. 你的年龄是：（　　）岁

3. 你认为自己了解工匠精神吗？（　　）

A. 非常了解　　B. 比较了解　　C. 一般了解　　D. 不太了解

E. 不了解

4. 你是否看过央视《大国工匠》纪录片？（　　）

A. 看过，印象深刻　　B. 看过，没什么感触　　C. 完全没看过

D. 看过其他有关工匠精神的纪录片，它是＿＿＿＿＿＿＿＿＿＿＿＿

5. 你认为"工匠精神"的内涵包括＿＿＿＿＿＿＿＿＿＿＿＿

A. 追求卓越　　B. 严谨认真　　C. 耐心专注　　D. 爱岗敬业

E. 技艺高超　　F. 勇于创新

6. 你认为工匠精神的精髓是什么？请选 1～2 项。（　　）

A. 用心活、用心干、用心经营、用心诠释人生

B. 技艺高超

C. 有趣和热情

D. 坚强和忍耐

7. 你认为工匠精神是每个社会群体都应具有的吗？（　　）

A. 不是，只有部分科研人员和医疗工作者需要工匠精神

B. 不是，只有技术工人和手艺人这些"工匠"需要工匠精神

C. 不是，部分工作不需要工匠精神

D. 是的，全社会都需要工匠精神

8. 你认为工匠精神对个人有哪些促进作用

A. 工作更认真专注　　B. 踏实不浮躁　　C. 更热爱工作

D. 和个人没关系

9. 你认为工匠精神在现代社会中的意义如何？

A. 非常重要，对技术技艺有重要意义，同时也是一种传承精神

B. 比较重要，是对产品精益求精的态度

C. 不重要，工业生产的时代不太需要工匠精神

D. 无所谓，并不了解

10. 这次的跟岗实习，你对上班有什么认识？（　　）

A. 上班很累，我不喜欢上班

B. 上班很累，但是我觉得人要上班，这是没办法的事

C. 上班能赚到钱，我愿意上班

D. 上班很有趣，我能从中学习成长，我喜欢上班

11. 你是通过什么渠道获得有关工匠精神的信息的？［多选题］
（　　）

A. 电视、广播、网络　　B. 报纸、杂志　　C. 政府部门的宣传
工作　　D. 学校的课程和活动　　E. 亲戚、朋友、同事、同学
F. 其他

12. 你认为现在跟岗实习中，班级同学一丝不苟、精益求精的职业
精神表现如何？

A. 现状很好，我身边到处都是具有一丝不苟、精益求精的职业
精神的人

B. 情况一般，我身边一些人应该具有这种精神，但没有

C. 情况较差，同学们对待工作比较随意

D. 情况很差，我身边几乎没有同学具有一丝不苟，精益求精的职
业精神

13. 你认为现在跟岗实习中，班级同学爱岗敬业的职业态度表现如何？

A. 现状很好，同学们都爱岗敬业

B. 情况一般，我身边一些人应该具有这种态度

C. 情况较差，同学们对待工作比较随意

D. 情况很差，我身边同学几乎都不热爱本职工作的人

14. 您是否愿意传承并发扬工匠精神？

A. 是，这是我的责任　　B. 不会刻意去做　　C. 否，和我没关系

二、请结合跟岗实习工作，谈谈中职生在跟岗实习时哪些方面的能力是需要加强和提高的？（比如工作态度、技术能力、人际沟通能力）

_____

_____

_____

_____

_____

_____

收获篇

——至微至显，善作善成

至微至显，是指最细微的事物、事情的最小的环节。善做善成，是指做事情的时候，用心地去做，并做到最好。古人曰："道虽迩，不行不至；事虽小，不为不成。"我们怀着"至微至显 善作善成"的信念，以终为始，传承和践行中华优秀传统文化。为了在学生的心里埋下中华优秀传统文化的种子，为了让学生懂得感恩孝顺、明礼诚信、学会做人，为了让学生个人素质提升并得到用人单位的认可，广西物资学校从中华优秀传统文化教育的教学模式顶层设计入手，自上而下，创建德育活动品牌。我们专注于细微，对每一个环节、每一项倡议、每一个教学互动或家校互动活动，都仔细交流、设计、探讨，力求达到简单易行、长期可行、逐步推进的效果。实践证明，广西物资学校这几年对中华优秀传统文化教育教学模式的实践和探索已经渐入佳境，已经开花结果，这足以让我们全体德育老师倍感欣慰。

一、成效——立德树人，引导价值观

广西物资学校以"加强中华优秀传统文化教育，落实立德树人，引导青少年学生自觉践行社会主义核心价值观，增强民族文化自信"为指导思想，历经 6 年的研究与实践探索，构建起了"六教联动"的中华优秀传统文化教育模式，将中华优秀传统文化引入学校德育课堂和德育实践教学中去，建立"中华优秀传统文化"课程体系，形成了两大具有传统文化特色的德育活动品牌，并通过入学教育—课程教学—第二课堂—专题活动—社会实践"五维度"持续深入开展中华优秀传统文化教育活动，营造全方位育人的文化氛围。

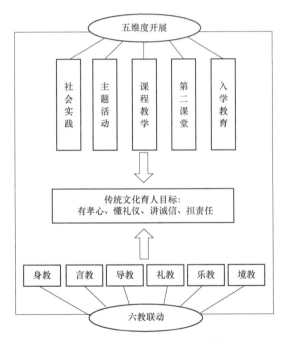

图 3-1 "六教联动"传统文化教育模式

（一）以"明理—力行—反思—长善—习惯"为主线，构建"课程开发、整合资源、服务社会"的优秀传统文化课程体系

丰富中职德育内容，开发"中华优秀传统文化"课程。形成以"明理（课堂学习）—力行（课外实践）—反思（内化于心）—长善（发扬优点）—习惯（外化于行）"为主线的中华优秀传统文化教育体系。

研发了"中华优秀传统文化"课程体系，包括课程标准、教学计划、教案课件资源包、项目考核方案，及系列传统文化实践活动和方案等。

开设"中华优秀传统文化"课程，写入《广西物资学校实施性专业教学标准》。中华优秀传统文化教育在学校各专业班级中得以普遍开展。教学内容、教学模式、实践活动设计与中职学生的思想和行为特点相契合，学生在课堂学习中明理，在日常力行中反思，在反思修证中成长；改革了课程评价标准，评价主体多元化和评价形式多样化，注重过程性评价和实践性评价；建立了包括教案、课件、教学素材等配套的资源库及系列实践活动方案。参与研发了"中职学生职业素养培养在线课程资源库"中的《〈弟子规〉与我》及《中职学生国学经典诵读在线课程资源》，搭建中职德育资源库。根据教育部《中等职业学校德育大纲（2014年修订）》及《完善中华优秀传统文化教育指导纲要》的精神，结合中职生特点，出版系列教材，丰富了德育内容。

主编或参编由上海交通大学出版社、高等教育出版社、中南大学出版社出版的职业教育规划新教材《中华经典文化读本》《〈弟子规〉选修课读本》《国学教育简易教程》《经典诗文诵读100篇》《经典歌曲欣赏100首》等传统文化教材。

图3-2 广西物资学校教师编写的系列传统文化教材

（二）创新传统文化"六教联动"渗透模式。打造传统文化骨干教师团队，营造全方位育人的文化氛围

"六教联动"即身教、言教、导教、境教、礼教、乐教。教师率先垂范，言传身教。通过教师言传身教、率先垂范的榜样作用（身教、言教），上施下效，注重引导学生身体力行（导教）；通过礼节仪式、德音雅乐（礼教、乐教）及校园文化（境教）的精心打造，以礼导志，以境化心，多方联动，全方位营造育人的文化氛围，对学生进行传统文化的熏陶教育。

成立了传统文化工作室，打造传统文化骨干教师团队。工作室由校领导挂帅，德育教师为主要成员，将践行传统文化融入规章制度建设中，将传统道德规范放到了师生基本要求的重要位置。定期开展各类学习交流活动，通过中华文化经典学习，教师增长了教育智慧，在与学生的沟通理解中、在与同事的团结合作中、在自身反思能力和科研能力的提高中充分获益，从而推动教师专业发展。

图3-3　我校与贺州学院"道德讲堂"建设的交流会

"六教联动"的传统文化德育渗透模式，全面加强了学生日常行为规范教育，从大处着眼，小处入手，让学生在小事中学会做人，在做人中学会求知，具有良好的道德情操，使学生的行为规范外化为行为表现，

内化为素质，逐步养成良好的生活习惯、学习习惯、文明礼貌习惯。

（三）走好"挖掘—传承—创新"三步棋，创建以传承中华优秀传统文化为载体的特色德育活动品牌

（1）品牌一："壮族十八岁成人礼"。以壮族传统文化为载体，挖掘其中蕴涵的德育资源，突出德育内容的本土化和民族性。自 2013 年以来，每年春学期举行"壮族十八岁成人礼"，促使学生树立成人意识，敢于担当，拓展胸怀，怀揣感恩之心践行感恩之为，成长为有利于社会、有利于祖国的人。

（2）品牌二："中华传统拜师礼"。生我者父母，教我者师傅。传统的师徒关系仅次于父子。国人尊师重教，乃久远之传统，通过拜师礼让教师以身立教、严谨笃学；让学生志存高远，自强不息。2014 年秋学期以来，广西物资学校每年秋学期开学均举行"中华传统拜师礼"，让师生在隆重的典礼活动中感悟中华传统尊师重教的教育思想，传承中华优秀传统文化，彰显文化与技艺的传承。

（3）入学传统文化教育主题活动——"立德树人，从孝开始，学会礼赞"，新生一入学就导入传统"孝文化"与"礼文化"，培养学生的感恩之心与礼敬素养。旨在践行社会主义核心价值观，引导学生学会感恩父母，赞美他人，学会校园基本礼仪规范，为培养良好品行奠定基础。

（4）"弘扬中华优秀传统文化，践行社会主义核心价值观"德育成果汇报演出，"诵读中华经典，弘扬传统文化"经典诵读大赛等，形成了学校特色品牌活动。以艺育德，加速德育内化过程，取得较好的实践效果。

（四）校企共同研发了中华优秀传统文化进课堂在线课程资源

依托"互联网＋教育"理念，运用现代信息技术，校企共同研发了《中职学校班主任的每周一课在线课程资源》模块一，中华优秀文化进课堂《〈弟子规〉与我》及《中职学生国学经典诵读在线课程资源》，搭建中职德育在线课程资源库。

《中职学校班主任的每周一课在线课程资源》包括案例集、PPT、辅助视频、活动设计等。

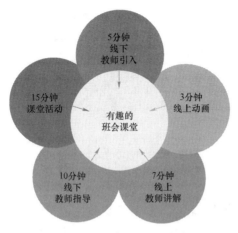

图 3-4　班主任每周一课课程介绍

《〈弟子规〉与我》通过"《弟子规》与我""中华第一规""感恩父母""重塑自己""学会选择""拥有技能"等篇章，向中职生阐释在家、在外、待人接物、为人处世、求学等方面应具备的礼仪规范。

国学经典诵读在线资源课程分为乡情篇、爱国篇、生命篇、感恩篇、修德篇、立志篇、礼仪篇、仁爱篇。立足做人立德，做事立业，通过传统文化的精神传达，使学生得到精神的洗礼和人文素养的提高。

图 3-5　2016 年我校师生在"中国-东盟（南宁）孔子文化周"表彰会现场

（五）知行并重，"五维度"持续开展中华优秀传统文化教育

通过入学教育—课程教学—第二课堂—专题活动—社会实践"五维度"持续深入开展中华优秀传统文化教育活动，全方位营造育人平台。通过"内引"，让中华优秀传统文化进校园、进教材、进课堂、进实践、进家庭；通过"外联"，请进来，走出去，参与社会、企业的实践活动。打造八个校园主题活动。春学期有"我是志愿者""传承与担当""感恩明礼""爱岗敬业"；秋学期有"孝亲尊师""我们的节日""爱国守法""友善诚信"，营造良好的德育育人氛围。逐步形成每年学校"一月一主题"教育活动的长效机制。此外，还有传统文化协会、经典读书会、太极协会、书法协会、武术协会等社团组织每周开展活动。

对内，通过校园文化建设营造浓厚氛围，广播站播放德音雅乐让学生时时感受到传统文化的熏陶；开设《中华优秀传统文化》《幸福人生》课程学习，让学生知书达理；环保校园、回收旧衣物、"一封家书""日行一善力行表"、做志愿服务、"家长调查问卷"等系列活动，让学生懂得知恩报恩，勇于担当。对外，参加南宁市"孔子文化周"系列活动，开设《幸福人生》《教子有方》家长课堂讲座，为"一点公益　中国行"走进南宁慈善公益晚会、"广西潮汕商会"等大型活动做志愿者等，让学生走出校门，进入社区，身体力行，在奉献中培养社会责任意识，在实践中自我教育，自我发展，自我完善。

在充分研究和挖掘壮民族文化特点的基础上，挖掘壮族文化育人功能，以品牌活动形式，搭建中职育人平台，并使之推广，传递优秀壮民族文化，设计了系列活动，打造特色活动品牌。将民族传统文化的精华渗透到中职学校德育工作中，既丰富了德育内容和形式，又能增强少数民族学生的民族自豪感和自信心，促进民族团结教育，进一步培养学生爱祖国、爱家乡的情怀。如开学典礼暨中华传统拜师礼、"壮族十八岁成人礼"、德育成果汇报演出、经典诵读大赛、一封家书等，形成了学校的德育特色品牌，产生了良好的社会影响，提高了学校的美誉度和知名度。

图3-6 2016年"中国-东盟（南宁）孔子文化周"志愿者荣誉证书

二、推广——探索实践，形成校园品牌

民俗活动是中华优秀传统文化的重要内容。通过多年的探索和实践，广西物资学校在推广中华优秀传统文化民俗活动方面形成了鲜明的特色，创造了自己的品牌。近七年间，广西物资学校多次举行了"壮族十八岁成人礼"、壮族"三月三"校园民族文化活动、"壮乡歌海"壮校分歌台等大型活动。广西物资学校制定了"壮族十八岁成人礼"活动方案及活动流程，创建了"壮族十八岁成人礼"资源库，连续举办了三届壮族"三月三"校园民族文化活动，将壮民族优秀的歌舞进行展演，"壮乡歌海"壮校分歌台活动也得到了广泛的关注。这些民俗活动融入校园文化建设，融入壮乡校园，其成效在师生间口口相传，在区内外取得了令人称赞的品牌活动影响力。不仅如此，接受过壮文化熏陶的学生，相比于其他未接触的学生而言，拥有了一项特长和爱好，在成长的过程中将打下壮民族文化的烙印，民族文化的影响将伴随其一生，表现突出者在就业过程中，更容易受到用人单位青睐。

（一）校内推广

中华优秀传统文化渗透中职德育成果，形成一系列的中华优秀传统文化进校园活动方案、流程、教材、课件等，共有 2013—2017 级五届超过 1.5 万名学生受益，学生在文明礼仪、行为习惯养成等方面有了较大的进步，用人单位评价优良。

引入的三项民俗活动，前后七年间共有六届学生参与，壮民族文化知识通过国旗下讲话、主题班团会、校运会、艺术节、演讲比赛、校园广播、校刊网站、志愿者服务等形式普及到个人，三所学校受益学生超过 4.5 万人。通过活动的开展及有效引导，大大增强了师生对民俗活动的乐趣，传承壮民族文化成为大家的共识，整个学校环境已经营造出了浓郁的民族文化传承的氛围。项目实施以来，每年三四月份已经成为全校学生最期待的日子。这些活动有趣、生动，都是广大师生所喜闻乐见的内容，办得轰轰烈烈、有声有色，师生文化生活得到了充实，学校文化内涵得到了丰富，学校的办学特色得到了彰显。

（二）校外推广

先后有广西壮族自治区党委宣传处、广西壮族自治区团委、广西壮族自治区文明办未成年人思想道德建设工作处、广西壮族自治区国资委宣传群工处、广东省经济贸易职业技术学校、广西机电工程学校、广西纺织学校、广西机电工业学校、广西玉林农业学校、容县职业技术学校、广西商贸技工学校、灵山职业技术学校等 83 所学校或单位，359 人次来校或者参加研讨会，或者观摩学习。在观看了学校的民族文化传承成果展演后，对活动都给予高度评价。相关负责人还被邀请到区内多所学校进行课堂培训指导、讲座和交流，充分发挥了学校在区域内的示范作用。

"壮族十八岁成人礼"活动还得到了区直团委、团区委、团中央巨大的关注与推广。2015 年、2016 年、2017 年由共青团中央、全国学联主办，共青团广西区委，广西壮族自治区教育厅、民委、学联承办的以"中国梦·民族心·八桂行"为主题的全国各民族中职学生暑期同心营先后在我校举行，300 多名来自全国各少数民族的中职学生齐聚物校，共同度过了一个难忘而有意义的壮乡风情之旅，尽情体验和分享壮族成人礼魅力，将"壮族十八岁成人礼"活动形式向全国辐射。2014—2016年，学校师生每年都与花莲县海峡两岸少数民族交流协会进行互访，交流人数超过 140 人，开展民族文化交流活动，共诉两岸同胞情谊。

校企合作研发的《中职学校班主任每周一课在线课程资源》之一《〈弟子规〉与我》及《中职学生国学经典诵读在线课程资源》，在全国推广，共有 15 个省份的 126 所学校使用。运用优质德育在线课程丰富学校德育教育资源，有利于学校开展中华优秀传统文化教育。

2017 年 4 月，承办广西道德教育学会主办的"2017 全区中职学校德育工作研讨会"，全区 40 多所学校，137 名德育工作者来我校学习交流，学校党委书记章红平受邀在研讨会上介绍了我校开展中华优秀传统文化教育活动的系列做法，陈小英老师宣讲了《论中华孝文化的当代育人价值及其在中职学校品德教育中的实例分析》优秀论文；陈静老师受邀去广西师范大学职业教育师范学院，面向区内外教师进行德育课程渗透中华优秀传统文化专题讲座。

（三）社会声誉

广西民族博物馆先后两次邀请我校的"壮族十八岁成人礼"项目，参与其每年 4 月在广西民族村举办的壮民族文化周活动，与其他壮民族文化一同向社会进行展演、推广。活动现场壮民族文化氛围浓厚，让参观群众感受到壮族丰富多彩的民俗活动，现场群众反响热烈，社会美誉度高。

国内搜狐网、人民网广西频道、中国日报中文网等几十家媒体对我校开展的"壮族十八岁成人礼""中华传统拜师礼"等系列中华优秀传统文化教育活动进行报道或转载，引起较大的反响。

A

B

图 3-7　2014 年人民网对我校传统文化培训班的报道

图 3-8 2017 年《南国早报》的报道

（四）硕果累累

中华优秀传统文化历经几千年的积淀，生生不息，源远流长。将传统文化中有价值的思想成果融入新时期中职德育，创新德育工作，提高中职德育的时效性，是我们推广优秀传统文化的出发点，也是落脚点。历经七年的探索、研究与实践，我们取得了骄人的科研成绩。

（1）《少数民族地区中职学校德育课程导入中华优秀传统文化的实践与研究》获教育部职教中心研究所、中国职教学会德育工作委员会立项课题，历经两年研究，已结题并在评审中荣获全国德育专项课题一等奖。

（2）教育教学成果《中华优秀传统文化渗透中职德育的实践探究》荣获 2017 年广西壮族自治区教育教学成果奖评比三等奖。

（3）教育教学成果《职业学校壮文化传承与创新的实践探索》荣获 2017 年广西壮族自治区教育教学成果奖评比三等奖。

（4）广西物资学校代表队参加"广西中小学首届民族团结知识竞赛"荣获全区第五名。

（5）广西物资学校参加社会文化活动获得奖项 5 项："中国—东盟（南宁）孔子文化周"系列活动优秀组织奖；"中国—东盟（南宁）孔子文化周"系列活动特殊贡献奖；《德行天下 公益大讲堂》善德榜样；南宁市"三月三"文化艺术节优秀组织奖等。

（6）由此开展的各级各类课题研究结题 8 个，出版相关教材 11 本，教材发行量 40 万册，教师共撰写相关论文 20 余篇，其中公开发表论文 15 篇，获奖论文 12 篇。

A

B

图 3-9 获奖证书

三、优秀传统文化师资队伍蓬勃发展

《论语·子罕》中写道："夫子循循然善诱人，博我以文，约我以礼，欲罢不能。"至圣先师孔子用文化知识让弟子的常识渊博，用礼仪规范约束弟子的行为，受到这样的教育，会让弟子感到学习是很快乐的事，而对学习产生浓厚的兴趣，永远不想停止。我校传统文化教师队伍亦是一支使学生乐于学、趣中学、主动学的优秀队伍，既有资深骨干教师在教改科研领域取得的成就，也有散发蓬勃生机的青年教师绽放异彩。

（一）传统文化教育骨干教师建树卓越

建设一支优秀的教师队伍是学校发展的根本保证，也是学校存在和发展的核心。2013 年学校全面启动"中华优秀传统文化"课程后，对授课教师的素质提出了更高的要求。培养和锻造一支优秀的传统文化师资队伍，成了学校首要思考的问题。六年来，我们在打造优秀传统文化师资的道路上不断探索，以加强培训提升素养、课堂教学提高技能、开展活动历练才干、搭建平台展示风采的思路，建设了一支优秀的传统文化骨干师资队伍。

陈　静

教育的本质是立人，教育的使命是引领成长。

姓名	陈静	性别	女	出生日期	1972.06
职称	高级讲师	政治面貌	群众	学历	研究生
学位	法学学士		毕业院校	广西师范大学	
所学专业	思想政治教育		职务职称	基础教研室副主任，德育学科带头人	
参加传统文化培训情况	1. 2014 年 8 月 1—15 日参加在秦皇岛民族学校举行的为期 15 天的"弟子规德育师资中级班"培训。 2. 2014 年 8 月 29—31 日参加在广西南宁市党校举办的"广西公民道德价值观公益论坛"。 3. 2014 年 10 月 30 日参加王竑锜老师在南宁市三中进行的主题为"沐浴在党的阳光，回归道德人生"的大型传统文化公益论坛巡回演讲活动。 4. 2015 年 12 月 5—10 日参加在山东泰安举行的校园文化建设培训班。 5. 2014—2017 年多次参加由广西道德促进会、孝道家园主办的各类传统文化教育学习培训活动				
论文	1.《中华优秀传统文化构建学生品德美——提高中职学校德育课教学有效性研究》发表于《课程教育研究》。 2.《民族地区中职德育导入中华优秀传统文化的策略探讨》发表于《广西教育》。 3.《中职学生责任感教育对策研究》被收入 2017 年全区中职学校德育研讨会《论文汇编》				

续表

学术成果	1. 主持课题"少数民族地区中职学校德育课程导入中华优秀传统文化的实践与研究"获教育部职业技术教育中心立项，已结题。 2. 主持广西重大招标课题子课题"职业教育扶贫机制与政策研究"在研。 3. 主持校本课程的建设与探究"中华优秀传统文化"校级课题，已结题。 4. 主要参与区级课题"中职学校开展中华优秀传统文化教育的实践与探究"，已结题。 5. 主要参与校级课题"中职学校开展中华优秀传统文化教育的实践与探究"，已结题
主编或参编教材	1. 主编《哲学人生》，上海交大出版社，2016. 2. 主编《中华经典文化读本》，中南大学出版社，2017. 3. 副主编《弟子规选修课读本》，上海交大出版社，2014. 4. 副主编《国学简易教程》，上海交大出版社，2015. 5. 参编《中职生社会主义核心价值观形成训练》，广西教育出版社，2017
获奖情况	1. 主持"中华优秀传统文化渗透中职德育的实践探索"，荣获 2017 广西壮族自治区教育教学成果奖评比三等奖； 2. 主持教育部职业教育中心研究所、中国职教学会德育工作委员会立项课题"少数民族地区中职德育课程导入中华优秀传统文化的策略"，在结题评审中荣获一等奖； 3. 广西二期中职名师培养工程培养对象； 4. 广西首届中小学民族团结知识大赛优秀领队奖； 5. 广西中小学民族团结知识网络竞赛优秀班主任奖； 6. 2016 年全国中等职业学校德育课"创新杯"教师信息化教学说课大赛一等奖； 7. 2016 年广西职业院校信息化教学大赛教学设计一等奖； 8. 2016 年广西中等职业学校"创新杯"教师信息化教学设计与说课比赛一等奖，课件及微课制作一等奖； 9. 2016 年广西职业院校信息化教学大赛微课三等奖； 10. 2016 年指导创业计划《"桂"在骑迹—骑游俱乐部》参加 2016 年"挑战杯—彩虹人生"全国创新创效创业大赛获三等奖； 11. 指导陈宣霖参加第三届"创青春"区直院校创业设计与职业生涯规划大赛（中职组）职业生涯规划设计项目获二等奖； 12. 指导韦冬宁参加第三届"创青春"区直院校创业设计与职业生涯规划大赛（中职组）职业生涯规划设计项目获二等奖； 13. 指导学生团队创业计划"'桂'在骑迹"参加 2016 年"挑战杯——彩虹人生"广西职业学校创新创效创业大赛获二等奖； 14. 2014 年广西首届中小学民族团结知识大赛广西物资学校代表队荣获第五名

续表

传统文化教育实践活动	积极开展德育教学改革创新，教学效果好。特别是将中华优秀传统文化与中职德育有机结合，带领德育组教师组织开展各项德育实践活动，切实把德育落到实处；为学校德育工作，学生的德育管理，德育师资队伍建设等方面做出突出贡献。 　　1. 策划，组织全校师生践行社会主义核心价值观活动："立德树人，从孝开始，学会礼赞"。带领德育组老师完成三天课程："百善孝为先，文明礼仪伴我行"，9 月集体生日会，"团队协作的力量"，"感恩与赞美"等系列专题的设计，培训全体教师，培训义工。顺利完成中华优秀传统文化进校园的三天导入活动。 　　2. 根据职校学生特点，组织德育组老师完成不同年级每个学期开学第一课的各项工作：确立课题分别是"放飞梦想""感恩于心　责任于行""勿忘国耻　圆梦中华""从学校人到职业人"，形成教案，制作完善课件，及培训全校授课教师。 　　3. 组织开展了一系列全校性德育活动：《弘扬中华优秀传统文化，践行社会主义核心价值观》德育成果汇报演出；组织二年级学生开展模拟招聘会活动；组织参加自治区文明风采及校级《职业生涯规划》的比赛及作品评选工作；组织参加首届广西中小学民族团结知识竞赛；组织参加首届广西中小学民族团结网络知识竞赛；规范全校升旗仪式；组织师生参加南宁市"三月三"文化艺术节女子成人礼活动等等。 　　4. 组织开展丰富多彩第二课堂活动。指导物校传统文化协会、读书会、书法协会、太极拳协会、武术协会开展社团活动；组织师生参与广西道德促进会、孝道家园等社会公益组织的《幸福人生》讲座、分享会及志愿者活动及一些社会公益活动，让学生在活动中得到成长，在实践活动中自我教育、自我完善，在奉献中培养德行及社会责任感
传统文化教育理念或心得	我们要将传统文化结合时代精神，融入工作、学习、生活中。以传统文化规范自己的言行，用传统文化滋养学生心灵，让传统文化促进社会和谐。只有与时代结合，运用到生活中去，传统文化才是有生命的

郭海君

我渴望做教育的艺术家和诗人，用爱去摇动每一棵树上的绿叶。

姓名	郭海君	性别	女	出生日期	1969.07
职称	高级讲师	政治面貌	中共党员	学历	本科
学位	文学学士		毕业院校	贵州师范大学	
所学专业	汉语言文学		职务职称	基础教研室语文高级讲师，专职督导员	

续表

参加传统文化培训情况	1. 2013 年 5 月 28 日—31 日，广州佛山博益书院"总裁悟道"传统文化的学习。 2. 2013 年 7 月 21 日—25 日，南宁市仁爱文化中心"幸福人生"传统文化学习。 3. 2013 年 8 月 9 日—14 日，郑州先锋学校"师道人生"传统文化学习。 4. 2013 年 11 月 24 日—29 日，广州佛山博益书院"职业宝典"传统文化学习。 5. 2014 年 3 月 1 日—5 月 30 日，每周六 9:00—12:00，下午 14:00—17:00，"南宁第二期传统文化公益家庭教育研修班"全天授课，共计 10 天，两个半月。主办单位：南宁高新技术产业开发区教育局，承办单位：广西南宁孝行天下文化教育中心。 6. 2013—2017 年多次参加广西道德促进会、孝道家园主办的各类传统文化教育学习培训活动
论文	2016 年《中职学校开展中华优秀传统文化教育的实证研究探索——以广西物资学校为例》发表在《课程教育研究》杂志（12 月刊）
学术成果	1. 参与课题"少数民族地区中职学校德育课程导入中华优秀传统文化的实践与研究"，获教育部职业技术教育中心立项。 2. 参与校本课程的建设与探究"中华优秀传统文化"校级课题，已结题。 3. 主要参与区级课题"中职学校开展中华优秀传统文化教育的实践与探究"，已结题。 4. 主持校级课题"中职学校开展中华优秀传统文化教育的实践与探究"，已结题。 5. 参与"中华优秀传统文化渗透中职德育的实践探索"，荣获 2017 年广西壮族自治区教育教学成果奖评比三等奖
主编或参编教材	1. 参编《关注 沟通 欣赏》，广西科学技术出版社，2013. 2. 副主编《实用礼仪规范教程》，电子工业出版社，2014. 3. 副主编《经典诗文诵读 100 篇》，高等教育出版社，2014. 4. 副主编《国学教育简易教程》，上海交通大学出版社，2015. 5. 副主编《〈弟子规〉选修课读本》，上海交通大学出版社，2016. 6. 参编《职业院校德育实践活动创新设计》，电子工业出版社，2017. 7. 主编《中华经典文化读本》，中南大学出版社，2017
获奖情况	2014 年文明风采"我眼中的传统文化"征文比赛获奖。指导吕青青《改变我三观的一次讲座》获一等奖；指导庞春婷《传统文化对我的改变》获二等奖

续表

传统文化教育实践活动	指导广西物资学校学生第二课堂活动"传统文化协会"： 1. 指导协会会员每周三晚上开展常规活动，如读经典，看德育故事，分享会，学习手语舞，欣赏德音雅乐等； 2. 每学期组织带领学生去敬老院慰问老人 1～2 次； 3. 组织参加广西孝道家园"幸福人生讲座"6 次； 4. 组织参加南宁明德书院"教子有方"公益讲座 2 次； 5. 参加广西传统道德文化促进会组织的"三月三壮族女子成人礼"活动； 6. 每周定时定点开展收集旧衣物活动，全校每学期捐赠到飞蚂蚁公益平台的旧衣物达 200 公斤左右； 7. 本人参加广西传统道德文化促进会等机构组织的义工活动 8 次，如"孔子文化周活动""慰问老兵送温暖活动""关爱留守儿童，让妈妈回家"等
传统文化教育理念或心得	教育理念：弘扬优秀的国学经典文化，童蒙养正，成就美好人生 心得：感恩、仁爱、律己正心、行善积德

陈小英

德育工作是智慧，是为人师者经历并享受的生活。

姓名	陈小英	性别	女	出生日期	1966.01
职称	高级讲师	政治面貌	中共党员	学历	研究生
学位			毕业院校	广西师范大学法商学院	
所学专业	国民经济管理		职务职称	基础教研室德育高级讲师	
参加传统文化培训情况	1. 2013 年 8 月 13—19 日参加南宁市仁爱文化中心"幸福人生讲座"学习。 2. 2013 年 11 月 20—29 日参加广东佛山博益书院"职业宝典"培训学习。 3. 2013 年 10 月至 12 月参加广西物资学校组织"中华传统文化"培训学习。 4. 2014 年 1 月参加"广西首届中华女性健康与传统文化教育论坛"学习。 5. 2014 年 4 月至 7 月参加秦皇岛民族学校"中华传统文化高级师资班"学习。				

续表

参加传统文化培训情况	6. 2014 年 8 月参加在广西南宁市党校举办的"广西公民道德价值观公益论坛"学习。 7. 2014 年 10 月 30 日参加王竑锜老师在南宁市三中举行的主题为"沐浴在党的阳光，回归道德人生"的大型传统文化公益论坛巡回演讲活动
论文	1. 论文《行为导向教学法在中职职业道德与职业指导课程教学中的应用》公开发表在《广西教育》2009 年第 7 期。 2. 论文《学生观偏差及其对中职教师教育教学的影响与纠正》公开发表在《广西师范大学学报》2009 年第 4 期。 3. 论文《中等职业学校职业生涯教育的理性思考》公开发表在《教师纵横》2009 年第 3 期。 4. 论文《浅谈中等职业学校学生主体性德育课堂的构建》公开发表在《广西教育》2009 年第 8 期。 5. 论文《中华孝文化的当代教育价值及其在中职学校中应用效果分析》发表在《广西教育》2017 年第 11 期，并入选 2017 年全区中职学校德育研讨会《论文汇编》
学术成果	1. 参与教育部职业教育中心研究所、中国职教学会德育工作委员会立项课题"少数民族地区中职德育课程导入中华优秀传统文化的策略"，已结题，并在结题评审中荣获一等奖。 2. 参与广西教育厅立项课题"中职学校开展中华优秀传统文化教育的实践与研究"，已结题。 3. 参与校级课题"中职学校开展中华优秀传统文化教育的实践与研究"，已结题。 4. 参与校级课题"中华优秀传统文化校本课程的实践与研究"，已结题
主编或参编教材	1. 参编教材《就业指导训练教程》，中国劳动社会保障出版社，2014. 2. 参编教材《创业教育训练教程》，高等教育出版社，2017. 3. 参编教材《弟子规选修课读本》，上海交通大学出版社，2016. 4. 副主编《中华经典文化读本》，中南大学出版社，2017
获奖情况	1. 参与教育部职教中心研究所立项课题"少数民族地区中职学校德育课程导入中华优秀传统文化的实践与研究"，已结题并荣获全国德育专项课题一等奖。 2. 参与教学成果"中华优秀传统文化渗透中职德育的实践探索"，获 2017 年广西壮族自治区教育教学成果奖评比三等奖。 3. 论文《中华孝文化的当代育人价值及其在中职学校德育中的效果分析》获 2017 年广西中职德育论文评比一等奖。

续表

获奖情况	4. 论文《行为导向教学法在中职职业道德与职业指导课程教学中的应用》获 2009 年广西中职论文评比一等奖。 5. 2009—2017 年指导学生参加全国全区"文明风采""职业生涯规划设计""摄影作品"等多个项目比赛，多次获得全国或全区一、二、三等奖。 6. 指导学生参加学校举行的"弘扬中华优秀传统文 践行社会主义核心价值观"德育教育汇报演出活动。 7. 参与、指导 2014 年 9 月 11—13 日"弘扬中华优秀传统文化，践行社会主义核心价值观——立德树人，从孝开始，学会礼赞"全校性的中华优秀传统文化教育导入活动
传统文化教育理念或心得	学习、践行、传承中华优秀传统文化是中职德育的重要使命。中华优秀传统文化的学习与践行，有利于师生重新认识中华优秀传统文化的伟大与精深，树立文化自信，培养良好的行为习惯，提升文明素养

蓝益平

用仁爱之心育人，用简单之心求和，用用世之心授业。

姓名	蓝益平	性别	女	出生日期	1966.12
职称	高级讲师	政治面貌	中共党员	学历	本科
学位	无		毕业院校	广西教育学院	
所学专业	教育管理		职务职称	公共艺术学科带头人，高级讲师	
参加传统文化培训情况	1. 2013 年 8 月 13—19 日参加南宁市仁爱文化中心"幸福人生讲座"。 2. 2013 年 11 月 20—29 日参加广东佛山博益书院"职业宝典"培训学习。 3. 2013 年 10 月至 12 月参加广西物资学校组织的"传统文化培训学习"。 4. 2014 年 8 月 15—20 日参加大连明德教育"家长课堂师资培训学习"。 5. 2014 年 5 月参加广西物资学校组织的传统文化培训。 6. 2016 年 5 月参加南宁市地凯育仁学校中华优秀传统文化师资讲座培训学习				

续表

论文	1.《借助"微课"提高中职学生音乐审美能力》公开发表在《大众文艺》2017 年第 6 期（总第 408 期）。 2.《浅谈中华优秀传统礼仪文化在中职学校德育课运用的必要性》公开发表在《科技信息》2016 年 10 月第 12 期（总第 496 期）。 3.《关于提升中职教师礼仪素养的探究》公开发表在《广西教育》2013 年第 9 期（C）。 4.《全程融入优秀传统文化　培养崇德尚礼的时代青年——以广西物资学校 14 物流四班级管理为例》被收入 2017 年全区中职学校德育研讨会《论文汇编》
学术成果	1. 2012 年 6 月—2014 年 12 月主持区级课题"中职学校提高礼仪教学实效性的研究与实践"研究，已结题。 2. 2013 年 5 月—2014 年 12 月参与课题"中等职业学校班主任专业化发展的实践探索"研究，已结题。 3. 2014 年 8 月—2015 年 12 月参与区级课题"中职学校开展中华优秀传统文化教育实践与研究"研究，已结题。 4. 参与课题"中华优秀传统文化渗透中职德育的实践探索"研究，获 2017 年广西职业教育自治区级教学成果三等奖。 5. 2016 年 6 月主持校本课题"将'微课'引入中职音乐课堂的探究与应用"课题正在进行中
主编或参编教材	1. 主编《中职公共艺术　音乐篇》，电子工业出版社，2017. 2. 副主编《公共艺术　音乐篇》，北京邮电大学出版社，2016. 3. 副主编《经典歌曲欣赏 100 首》，高等教育出版社，2016. 4. 副主编《礼仪规范教程》，电子工业出版社，2017. 5. 参编《实用礼仪训练教程》，电子工业出版社，2014. 6. 参编《中华经典文化读本》，中南大学出版社，2017
获奖情况	1. 参与教育部职教中心研究所立项课题"少数民族地区中职学校德育课程导入中华优秀传统文化的实践与研究"已结题并荣获全国德育专项课题一等奖。 2. 参与教学成果"中华优秀传统文化渗透中职德育的实践探索"，获 2017 广西壮族自治区教育教学成果奖评比三等奖。 3. 指导学生参加 2016 年广西职业院校技能大赛模特表演及礼仪技能表演比赛荣获团体三等奖。 4. 指导学生参加 2017 年广西职业院校技能大赛模特表演及礼仪技能表演比赛荣获团体三等奖。 5. 指导学生伍世纪参加 2017 年广西职业院校技能大赛中职组模特表演（男模）项目个人赛荣获二等奖。

续表

获奖情况	6. 本人 2013—2016 年连续指导学生参加全区"文明风采"比赛，校园情景剧《红色预警》等多项曾荣获赛奖。 7. 组织参加各项传统文化活动、班主任工作及成效、社团活动获奖。 （1）组织并指导 140 多名学生参加 2016 年"中国—东盟（南宁）孔子文化周"大型舞蹈《礼仪之邦》《竹简舞》公益演出活动。 （2）指导学生参加学校举行的"弘扬中华优秀传统文 践行社会主义核心价值观"德育汇报演出活动
传统文化教育理念或心得	行孝不能等，做事先做人

农丽艳

教育没有爱，犹如池塘没有水。没有爱就没有教育。

姓名	农丽艳	性别	女	出生日期	1976
职称	高级讲师	政治面貌	群众	学历	本科
学位	理学学士		毕业院校	广西师范大学	
所学专业	计算机		职务职称	教务处主任，高级讲师	
参加传统文化培训情况	1. 2014 年 8 月 1—15 日参加在秦皇岛民族学校举行的为期 15 天的"弟子规德育师资中级班"培训。 2. 2014 年 8 月 29—31 日参加在广西南宁市党校举办的"广西公民道德价值观公益论坛"。 3. 2014 年 10 月 30 日参加"沐浴在党的阳光，回归道德人生"王竑锜老师广西巡回演讲——南宁站大型传统文化公益论坛。 4. 2014—2017 年多次参加由广西道德促进会、孝道家园主办的各类传统文化教育学习培训活动				
论文	1.《中职学校教师师德建设策略探析》发表于《广西教育》2017 年第 7 期； 2.《利用微课促进中职学校教师信息技术应用能力提升的探讨》发表于《广西教育》2017 年第 3 期				

续表

学术成果	1. 参与课题"少数民族地区中职学校德育课程导入中华优秀传统文化的实践与研究"，获教育部职业技术教育中心立项，已结题。 2. 主要参与区级课题"中职学校开展中华优秀传统文化教育的实践与探究"，已结题。 3. 主要参与校级课题"中职学校开展中华优秀传统文化教育的实践与探究"，已结题。 4. 参与课题"中华优秀传统文化渗透中职德育的实践探索"，荣获 2017 年广西壮族自治区教育教学成果奖评比三等奖。 5.《中等职业学校班主任专业化培训模式的实践探索》。 6.《微课视野下教师教育技能研究——以计算机动漫专业为例》。 7.《利用微课促进教师信息技术综合应用能力提升的探索与实践》。 8.《基于校企合作，聚焦学赛研的中职"双师型"教师培养模式的构建与实践》
主编或参编 教材	1. 主编《书法——钢笔楷书教程》，天津大学出版社，2016. 2. 主编《书法——钢笔楷书字帖》，天津大学出版社，2016. 3. 副主编《工匠精神教育读本》，天津大学出版社，2017
获奖情况	1. 指导学生参加区级以上学生专业技能比赛，获一等奖 1 项、二等奖 3 项、三等奖 3 项。 2. 参加区级教学比赛获奖情况： ① 参加教育厅举办的信息化教学大赛，获一等奖 1 个、二等奖 5 个、三等奖 3 个。 ② 参加广西中等职业教育教学教改指导中心举办的"创新杯"教师信息化教学设计与说课大赛，获一等奖 2 个，二等奖 4 个，信息化先进个人 2 次
传统文化教育实践活动	1. 学习和调研。2013 年秋学期，每周二晚上培训连续十次。11 月到广州思源学校、东莞联合技工学校等考察。到顺德博益书院参加"职业宝典"培训。2014 年 1 月参加广西首届中华女性健康与传统文化教育论坛。7 月，参加广州思源学校"师道人生"讲座。 2. 2014 年春学期，参加李英庆所长"中华传统文化与学校教育"讲座；5 月份，参加李显峰老师培训；6 月份，参加秦皇岛民族学校倪敏达校长的培训；2014 年秋学期，9 月 11—13 日对 2014 级新生的"立德树人 从孝开始，学会礼赞"中华优秀传统文化进校园活动
传统文化教育理念或心得	1. 教师须是有道德修养的人，须修身养性让自己具有独特的人格魅力以影响、感染学生。 2. 教学生首先教会学生如何做人，让学生有一颗感恩的心。 3. 点燃学生的学习兴趣，授之以渔，而不仅是授之以鱼。 4. 努力把传统文化持之以恒地深入自己的生活和工作中，时刻提醒自己，踏实做人，认真做事，做一名有德行的传道者

陈 瑛

只有爱才是最好的老师，它远远超过责任感。

姓名	陈瑛	性别	女	出生日期	1964.01
职称	高级讲师	政治面貌	党员	学历	本科
学位	无		毕业院校	广西师范学院	
所学专业	汉语言文学		职务职称	基础教研室德育高级讲师	
参加传统文化培训情况	1. 2014 年 8 月 1—15 日参加在秦皇岛民族学校举行的为期 15 天的"弟子规德育师资中级班"培训。 2. 2014 年 8 月 29—31 日参加在广西南宁市党校举办的"广西公民道德价值观公益论坛"。 3. 2014 年 10 月 30 日参加王竑锜老师在南宁市三中举办的《沐浴在党的阳光，回归道德人生》广西巡回演讲——南宁站大型传统文化公益论坛。 4. 2015 年 12 月 5—10 日参加在山东泰安举办的校园文化建设培训班。 5. 2014—2017 年多次参加由广西道德促进会、孝道家园主办的各类传统文化教育学习培训活动				
论文	1.《中华优秀传统文化构建学生品德美—提高中职学校德育课教学有效性研究》发表于《课程教育研究》。 2.《民族地区中职德育导入中华优秀传统文化的策略探讨》发表于《广西教育》。 3.《中职学生责任感教育对策研究》被收入 2017 年全区中职学校德育研讨会《论文汇编》				
学术成果	1. 参与课题"少数民族地区中职学校德育课程导入中华优秀传统文化的实践与研究"，获教育部职业技术教育中心立项，已结题。 2. 参与校本课程的建设与探究"中华优秀传统文化"校级课题，已结题。 3. 参与区级课题"中职学校开展中华优秀传统文化教育的实践与探究"，已结题。 4. 参与校级课题"中职学校开展中华优秀传统文化教育的实践与探究"，已结题。 5. 参与课题"中华优秀传统文化渗透中职德育的实践探索"，荣获 2017 年广西壮族自治区教育教学成果奖评比三等奖				

续表

主编或参编教材	1. 编委《中华经典文化读本》，中南大学出版社，2017. 2. 编委《弟子规选修课读本》，上海交大出版社，2014
传统文化教育实践活动	1. 学习和调研。2013 年秋学期，每周二晚上培训连续十次。11月到广州思源学校、东莞联合技工学校等考察，到顺德博益书院参加"职业宝典"培训。2014 年 1 月参加广西首届中华女性健康与传统文化教育论坛。7 月，参加广州思源学校"师道人生"讲座。 2. 2014 年春学期，参加李英庆所长"中华传统文化与学校教育"讲座；5 月份，参加李显峰老师的培训。 3. 6 月份，参加秦皇岛民族学校倪敏达校长的培训；2014 年秋学期，9 月 11—13 日对 2014 级新生的"立德树人"导入
传统文化教育理念或心得	以身作则，不断提高自身道德修养，努力践行"修身、治国、平天下"的教育理念，教育和引导学生做一个有道德的人、有文化素养的人、一个真正人格健全的人，不断推进教育教学健康发展

赖崇远

用爱心、耐心、恒心去启迪学生，给他们美丽的年华。

姓名	赖崇远	性别	男	出生日期	1972.07
职称	助理讲师	政治面貌	党员	学历	本科
学位	无		毕业院校	杭州商学院	
所学专业	会计		职务	学工处主任	
参加传统文化培训情况	1. 2014 年 8 月 1—15 日参加在秦皇岛民族学校举行的为期 15 天的"弟子规德育师资中级班"培训。 2. 2014 年 10 月 30 日参加王竑锜老师在南宁市三中举办的《沐浴在党的阳光，回归道德人生》广西巡回演讲——南宁站大型传统文化公益论坛。 3. 2014—2017 年多次参加由广西道德促进会、孝道家园主办的各类传统文化教育学习培训活动				
论文	1. 在 2014 年 3 月下半月的《教育学》上发表的《关于培训会计专业学生的会计职业判断能力的探讨·精品课程建设》论文获《教育学》杂志一等奖。 2. 在 2014 年 4 月下期《现代企业教育》发表《关于中等职业学校教育成本核算的研究》				

续表

学术成果	1. 参加"少数民族地区中职学校德育课程导入中华优秀传统文化的实践与研究"课题，2017年11月20日结题并获得一等奖。 2. 参加"中职学生日常行为与职业形象相适应的研究与实践"课题，于2010年11月25日结题。 3. 广西教育厅立项课题"中职学校开展中华优秀传统文化教育的实践与研究"，已结题。 4. 参加校级课题"中职学校开展中华优秀传统文化教育的实践与研究"，已结题
荣誉	1. 指导学生参加区文明风采"最美中国"摄影比赛获得一等奖。 2. 指导学生参加区文明风采"奋斗的青春最美丽"摄影比赛获得三等奖
传统文化教育实践活动	业余时间力所能及地参与广西传统文化促进会、孝道家园等公益机构的活动，随团去江苏锎得集团参观学习等。从事学生管理工作20年，担任多个班的班主任，曾获得过"优秀班主任"。负责立人班的开设，管理探索用圣贤文化转化"后进学生"的新途径。在学校协助郭海君老师指导广西物资学校传统文化协会开展相关工作。该协会荣获广西物资学校优秀社团奖
传统文化教育理念或心得	中国文化博大精深，源远流长。优秀的传统文化内涵深邃、意味隽永，对教育具有深刻的启迪

（二）青年教师队伍壮大发展

我们的传统文化教师团队有这样一群年轻人，他们"仰望星空、脚踏实地"，聚是一团火、散是满园花。他们有着"80后"的笃实严谨，也有着"90后"的敢想敢试，他们满怀五彩的教育梦想，在传统文化教育之路上执着前行，凭着沉稳的教育心境、扎实的德育知识、灵活的教学方式，赢得了学生的喜爱、同行的认可和社会的广泛赞誉。

何耀文

教育是为了让孩子在离开我们时依然能自主延展。

姓名	何耀文	性别	男	出生日期	1984.09
职称	讲师	政治面貌	中共党员	学历	本科
学位	学士学位		毕业院校		广西科技大学
所学专业	金融学		职务		市场营销专业学科带头人
参加传统文化培训情况	1. 2013年2月参加"幸福人生"传统文化培训。 2. 2014年，到广东东莞联合技工学校进行传统文化办学考察和培训。 3. 2014年3月1日—5月30日，每周六9:00—12:00，14:00—17:00，南宁第二期传统文化公益"家庭教育研修班"全天授课，共计10天，两个半月。主办单位：南宁高新技术产业开发区教育局，承办单位：广西南宁孝行天下文化教育中心				
学术成果	1. 2015年，主持自治区一般课题"中等职业学校学生创业教育模式的探索与研究——以广西物资学校学生创业教育为例"，已结题； 2. 2015年，参与自治区一般课题"基于行动导向的中职'经济法'课程教学改革与实践"，已结题； 3. 2014年，参与校级课题"基于竞赛理念下'ERP企业沙盘模拟经营'课程建设与实践"，已结题； 4. 2016年，参与自治区重大招标课题"职业教育扶贫研究与实践"，准备结题； 5. 2016年，参与自治区重点课题"MOOC环境下中职学校营销专业慕课设计与应用研究"，准备结题； 6. 2017年，主持自治区一般课题"校企合作背景下职业学校职业精神培养的研究与实践——以市场营销专业为例"，研究中				
主编或参编教材	1. 参编《关注　沟通　欣赏——广西物资学校德育案例集》，广西科学技术出版社，2013. 2. 主编《创业教育训练教程》，高等教育出版社，2017. 3. 主编校本教材《创业实务项目训练手册》《经济法训练手册》《先天特质沙盘》，2016—2017				
获奖情况	1. 2012年指导学生参加第九届全国中等职业学校"文明风采"竞赛"职业生涯规划设计"比赛中获一等奖； 2. 2012年指导学生参加第九届全国中等职业学校"文明风采"竞赛"职业和生活中的美摄影"比赛中获二等奖； 3. 2013年指导学生参加第十届全国中等职业学校"最美中国"摄影竞赛获三等奖； 4. 指导学生参加2016年"挑战杯——彩虹人生"创业设计大赛获广西二等奖、全国三等奖； 5. 指导学生参加2016年广西中等职业学校ERP企业沙盘模拟经营比赛获二等奖				

续表

传统文化教育实践活动	1. 2013 年参加广西首届传统文化论坛的培训并担任义工。 2. 2014 年参加广西党校传统文化论坛培训。 3. 2014 年，担任 2013 级营销三班班主任，率先在学校把传统文化运用于班级管理中，收效显著。 班级原来有几位学生调皮、不服从管理、个性张扬，都是农村孩子，坏习惯很多，经常在班上大声喧哗，以嘲笑他人为乐，都有违纪处分。自从接触传统文化以后，我深有感触，认为孝道可以打开孩子们心灵的窗口，孝道可以让孩子回归淳朴的天性。于是我利用一次主题班会作为切入，看孝道视频、讲孝道故事，讲自己亲身经历的故事，引起了同学们的共鸣。然后采取了一系列的措施：晨读《弟子规》、每晚读《夜幕省思文》《日行一善》、设班级每周"功过录"，感谢为班级做出贡献的每一位同学；去养老院行善；举行"感恩母亲""感恩父亲"的母亲节、父亲节活动，讲讲我最可爱的母亲、父亲的故事；生日会上诉恩情，让同学致电过生日的同学父母，感谢他们，每周分享会上，鼓励同学们分享一种所见、所闻、所亲身经历的善事善心，等等。 经过短短一个学期，效果非常明显。原来调皮的学生，转变最大，开始认真做班级卫生，主动帮助他人，人也乐观了，说话非常注意分寸影响，在分享会上，经常有他们的身影，或是成为同学分享的故事的主角。 这个班级虽然已经毕业了，但是同学们一直保持一种孝与友善的精神和习惯，经常聚会，经常交流，经常向我汇报，履行着良好社会公民的职责
传统文化教育理念或心得	让学生自信、自尊、自立，树立起生活的信心，对未来充满美好的期待，明白为人处世之道，与人为善，养成良好习惯，如此，在家做一个好子女，勇于承担家庭责任，走上社会才能恪守公民道德与义务，成为一名合格的公民

张秋霞

每一朵花都有绽放的渴望，每一朵花都有盛开的理由。

姓名	张秋霞	性别	女	出生日期	1988.08
职称	会计讲师、会计师、经济师	政治面貌	中共党员	学历	本科
学位	经济学学士	毕业院校		广西财经学院	
所学专业	金融	职务		会计专业带头人	

续表

参加传统文化培训情况	从 2013 年 6 月起，参加了如下传统文化培训： 1. 孝道家园组织的"女德班"。 2. 2013 年 10—12 月参加广西物资学校组织的传统文化培训学习。从《礼记　学记》看"教育的本质"；学好《弟子规》，做好中国人；入则孝，百善孝为先；德音雅乐、《弟子规　泛爱众》；《弟子规　亲仁》；《弟子规　余力学文》
主要教育教学成果	担任团委书记期间以"成人、成功、成才""三成"德育品牌建设为主心骨，连续三年组织开展了广西物资学校"壮族十八岁成人礼"活动，邀请老师讲述壮族优秀先辈的事迹、带领学生参观民族博物馆、参观八桂田园现代农业、开展服务他人的志愿行动等活动，在保留与传承壮族成人仪式精髓的基础上，通过一系列活动和仪式，促使学生树立成人意识，端正敢于担负应有责任的态度，拓展胸怀，怀揣感恩之心践行感恩之为，努力奋斗，积极进取，做一个有利于民族、有利于社会、有利于祖国的有用的人。首创了"广西物资学校开学典礼——拜师礼"，设置"正衣冠、净心净手、拜师礼、诚勉和朱砂开智、齐诵弟子规"等环节，在传承中华优秀传统文化的基础上，让学生感悟拜师的意义，承担学子的责任，奋发有为。 先后担任 2012 级会计二班、2015 级会计二班的班主任工作。担任班主任期间，我一直秉持"让每一位同学都能在一个健康向上的环境里快乐学习、快乐成长，收获友谊、收获知识"的班级宗旨，营造"有礼、友爱、团结、积极、拼搏"的班级氛围，让学生学有所成。所带班级每月都被评为文明班级、先进团支部，学期末被评为五四红旗团支部、先进班级，我也多次获评"优秀班主任"。 担任青年志愿者协会、会计协会指导教师，带领学生多次前往孤儿院、敬老院等地方参与志愿者活动，把学生培养成有爱心、愿奉献的向上青年，有针对性地培训学生课堂外知识与技能。 2014 年起参加传统文化活动，先后学习了由孝道家园组织的"女德班"，《弟子规》等课程，并积极响应学校号召在班级中组织学生学习优秀传统文化
科研成果	一、参加课题情况 参加区级三级立项课题"挖掘壮民族文化搭建中职育人平台的探索与实践"，并获得 2017 年广西职业教育自治区级教学成果奖三等奖；主持校本一级立项课题"中职学校学生社团管理的探索"、参与校本一级立项课题"广西物资学校学校文化建设研究"。 二、发表论文情况 独立撰写并公开发表论文 2 篇：《浅谈会计政策选择问题的思考》《基于工作过程导向改革创新中职会计专业教学举措》。撰写的《新形势下中职学生干部队伍建设研究》是作为团委书记期间对工作的思考，获评校级第二届攻玉杯论文比赛三等奖，《以专业社团建设带动中职会计专业学生职业能力提高的探索》获得校级第三届攻玉杯论文比赛第一名。

续表

科研成果	三、参编教材 　　参编《商品流通企业会计核算实务》《商品流通企业会计核算技能实训手册》《基础会计》《基础会计技能实训手册》《EXCEL 在信息处理中的运用》《成本会计》《成本会计实训手册》等多本教材
获奖情况	连续三年承担全区技能大赛带队培训辅导工作：2012 年指导学生参加"会计手工记账处理综合技能"项目获得二等奖；2013 年指导学生参加"会计技能（含会计电算化、翻打传票、点钞）"项目获得一等奖；2015 年指导学生参加"会计技能"项目获得一等奖；2016 年指导学生参加"爱丁－业速杯"广西中职学校会计技能邀请赛会计综合技能项目获得二等奖 　　2016 年参加全区信息化教学大赛，获得二等奖两项；2017 年参加全区教师技能比赛获得一等奖
传统文化教育理念或心得	弘扬优秀传统文化，是我们每一个中国人的责任。作为一名教师，教书育人是我们的本职，如何将优秀传统文化，例如孝道、亲子关系的维系、求知等等，挑选合乎现今社会所倡导的正能量的，用学生喜闻乐见的方式传播给学生，是一名教师应尽的义务

钟　燕

　　教师有爱和信任的眼光，哪怕是投向学生的一瞥，幼小的心灵也会感光显影，映出美丽的图像。

姓名	钟燕	性别	女	出生日期	1987.08
职称	讲师	政治面貌	中共党员	学历	本科
学位	文学学士		毕业院校	广西艺术学院	
所学专业	音乐教育		职务	学生工作处干事	
个人信息	大学本科，讲师，目前担任学工奖惩干事，主要担任"商务礼仪""中华优秀传统文化""公共艺术—音乐篇""客户服务"等课程的教学工作				
参加传统文化培训情况	1. 2013 年 2 月参加"幸福人生"传统文化培训。 　　2. 2014 年 8 月 29—31 日参加在广西南宁市党校举办的"广西公民道德价值观公益论坛"。 　　3. 2014 年 10 月 30 日参加王竑锜老师在南宁市三中举办的《沐浴在党的阳光，回归道德人生》广西巡回演讲——南宁站大型传统文化公益论坛				

续表

论文	1.《试探流行音乐与中职音乐教学融合的创新举措》2016 年发表于《当代青年》。 2.《微课在中职音乐课堂教学中的应用研究》2016 年发表于《艺术科技》。 3.《浅谈中职班级的特色管理——寓企业财务哲学于班级管理中》发表于《现代职业教育》2017 年总 07 期
主要教育教学成果	1. 2014 年 9 月至 2016 年 10 月区级教改课题"中职学校开展中华优秀传统文化教育的实距与研究"已经结题。 2. 2015 年 6 月至 2017 年 8 月参与 2015 年度广西职业教育教学改革立项项目"微课应用于中职生移动学习的策略研究——以计算机应用专业为例"，已经结题。 3. 2015 年 6 月至 2017 年 8 月参与 2015 年度广西职业教育教学改革立项项目"中职学校商贸类专业语文课程改革与实践研究——以广西物资学校为例"，课题正在进行中。 4. 2014 年 9 月至 2017 年 6 月主持 2014 年度广西物资学校委托课题立项项目"中职学校学生社团管理的探索——以广西物资学校创建学生社团星级评价管理机制为例"，已结题。 5. 2016 年 9 月至 2018 年 8 月参与广西物资学校校本课题"微课在中职学校音乐教学中的应用探索与实践"。 6. 2017 年，参与自治区一般课题"'互联网＋'背景下中职生移动学习模式的探索与实践"，研究中
获奖情况	1. 本人参赛方面 （1）2017 年参加全国信息化教学大赛荣获二等奖。 （2）参加 2016 年、2017 年广西中等职业学校"创新杯"教师信息化教学设计和说课大赛暨全国选拔赛一等奖。 （3）2014 年度招生工作中获三等奖。 （4）2015 年、2016 年、2017 年被评为优秀班主任。 （5）参加 2016 年、2017 年全国中等职业学校"创新杯"教师信息化教学设计和说课大赛分别获得三等奖和二等奖。 2. 指导学生参赛方面 2013 年至今指导学生参加全区中等职业学校"文明风采"竞赛多次获奖
传统文化教育实践活动	1. 2013 年参加广西首届传统文化论坛的培训并担任义工。 2. 2014 年参加广西党校传统文化论坛培训。 3. 2014 年，担任 2013 级营销二班班主任，将传统文化教育运用于班级管理中，收效显著

续表

传统文化教育实践活动	班级学习传统文化已有一年的时间，现在学生及班集体都有了巨大的变化。具体表现是：一些学生与父母的关系发生了转变，由顶撞抵触到和谐感恩；学生对学习的认识和态度发生了改变，他们以前学习的目的并不明确，态度也不端正，通过学习，现在学生的社会责任感增强了，学习的动力也增长了；班集体的变化更大，学生能够主动参与到班集体的建设中，主人翁意识增强，以前很难开展的工作现在已经迎刃而解。 引导学生从《三字经》《弟子规》《论语》等国学经典里的名段佳句入手，并举行"圣人故事知多少"比赛、诗词背诵擂台赛，激励学生的诵读热情；帮助他们探究与之相关的更为丰富的文学知识，并以经典诗文为题材，选取其中的精彩篇章，排练以说唱为主要形式的文艺节目。通过诵读，体现教育的人文内涵，通过潜移默化的影响，让学生形成自我教育的习惯。结合中华民族的传统佳节，搭建各种平台，寓教于乐，润物无声。如清明、端午、中秋、重阳时，讲解这些传统佳节的来源，以及节日期间拜访的礼仪和蕴含的意义，既培养学生的欣赏力，又能培养他们热爱家庭、热爱生活的良好品质
传统文化教育理念或心得	我一直秉持着"先学会做人，再学会做事"的教育理念，融学生思想教育进课堂，将中华优秀传统文化与教学实践相结合，特别借助音乐学科的优势，不忘时时处处动之以情，晓之以理，帮助学生树立正确的人生观、是非观，有正确的价值取向，培养他们积极进取、乐观向上的人生态度

黄子珊

我愿成为一缕阳光，给学生一份光明和温暖。我愿成为一缕春风，给学生一份抚爱和馨香。

姓名	黄子珊	性别	女	出生日期	1990.11
职称	助理讲师	政治面貌	中共党员	学历	大学本科
学位	文学学士		毕业院校		广西民族大学
所学专业	播音与主持		职务		德育专任教师
参加传统文化培训情况	1. 2013年7月21—25日，南宁市仁爱文化中心"幸福人生"传统文化学习。 2. 2013年10—12月参加广西物资学校组织的传统文化培训学习。				

续表

参加传统文化培训情况	3. 2014年3月1日—5月30日，每周六9:00—12:00，14:00—17:00，南宁第二期传统文化公益"家庭教育研修班"全天授课，共计10天，两个半月。主办单位：南宁高新技术产业开发区教育局，承办单位：广西南宁孝行天下文化教育中心
科研成果	1. 参与课题研究"中华优秀传统文化校本课程的实践与研究"，已结题。 2. 参编《职业院校德育实践活动创新设计》，电子工业出版社2017年8月
获奖情况	1.《认识自我》获2015年广西职业院校信息化教学大赛一等奖。 2.《认识自我》获2015年广西中职学校"创新杯"教师信息化教学设计和说课大赛暨全国选拔赛一等奖。 3. 2016年自治区直属企业"我是党员·永远跟党走"——庆祝中国共产党成立95周年演讲比赛二等奖。 4. 指导学生作品《黄河》获第五届区直院校校园文化艺术节诗文朗诵比赛二等奖。 5. 指导学生作品《我骄傲我是中国人》获第十届全区中等职业学校"中华才艺"展演竞赛二等奖。 6. 指导学生作品获第十一届全区中等职业学校"文明风采""诚信天下"演讲比赛二等奖。 7. 指导学生作品获第十一届全区中等职业学校"文明风采""中华才艺"展演项目二等奖。 8. 指导学生作品《学会感恩》荣获第十二届全区中等职业学校"文明风采"竞赛征文比赛一等奖。 9. 指导学生作品《知恩报恩》荣获第十二届全区中等职业学校"文明风采"竞赛征文比赛二等奖。 10. 指导学生作品《感恩父母》荣获第十二届全区中等职业学校"文明风采"竞赛征文比赛三等奖。 11. 指导学生作品《沐浴在党的阳光下》荣获第十二届全区中等职业学校"文明风采"竞赛征文比赛三等奖。 12. 指导学生作品《我骄傲我是中国人》荣获第十二届全区中等职业学校"文明风采"竞赛才艺展示比赛三等奖。 13. 指导学生作品《在党旗下成长》获第十三届全区中等职业学校"文明风采"征文演讲比赛二等奖。 14. 指导学生作品《放飞我的中国梦》获第十三届全区中等职业学校"文明风采"征文演讲比赛三等奖。 15. 指导学生作品《实现中国梦 青春勇担当》获第十三届全区中等职业学校"文明风采"征文演讲比赛三等奖。 16. 指导学生作品《放飞中国梦 永远跟党走》获第十三届全区中等职业学校"文明风采"征文演讲比赛三等奖。 17. 指导学生作品《我心向党 青春飞扬》获第十三届全区中等职业学校"文明风采"征文演讲比赛三等奖。 18. 指导学生作品《盛世中国 党旗飘扬》获第十三届全区中等职业学校"文明风采"征文演讲比赛三等奖

续表

传统文化教育实践活动	1. 参与学校开展的践行社会主义核心价值观活动：立德树人，从孝开始，学会礼赞。参与完成三天课程："百善孝为先""文明礼仪伴我行"、9 月集体生日会、"团队协作的力量""感恩与赞美"等系列专题的设计。 　　2. 参与完成学校不同年级每个学期开学第一课的各项工作：确立课题"放飞梦想""感恩于心　责任于行""勿忘国耻　圆梦中华""从学校人到职业人"，形成教案，制作完善课件。 　　3. 参与全校性德育活动"弘扬中华优秀传统文化，践行社会主义核心价值观"德育成果汇报演出；二年级模拟招聘会。 　　4. 2013 年 9 月—2015 年 6 月，在班级里大胆开展一系列与传统文化学习相关的活动，取得了一定的成效。 　　（一）开展"每周一课"，深入学习传统文化 　　每周一利用晚自习时间，通过视频学习的方式，选取名人讲坛传播传统文化知识，如《钱文忠讲解弟子规》《于丹说论语》等，让学生走近传统文化，了解传统文化，喜欢传统文化。 　　（二）开展"每周一记"，记录学生成长脚印 　　学习传统文化，重在力行。指导学生通过写周记回顾本周力行的过程，记录自己进步的点滴或改进的方向，让学生通过吾省其身，不断进步。 　　（三）开展"走进敬老院"活动，让学生知恩感恩 　　"百善孝为先""孝是德之本"，为深入践行社会主义核心价值观，以孝行文化感染人，以慈孝文化教育人，组织班级代表走进敬老院，看望孤寡老人。学生通过自己的力行，为平日宁静的敬老院增添了许多欢声笑语，给老人们增添了一份喜悦之情，也认识到感恩和孝心的意义。 　　经过开展学习传统文化系列活动，学生懂得感恩父母、老师，待人更谦逊有礼，也更懂得如何立身、处世。家长、任课老师均对学生取得的进步和喜人的变化表示肯定
传统文化教育理念或心得	秉持"先学会做人，再学会做事"的教育理念，将中华优秀传统文化与教学实践相结合，借助德育学科的优势，将儒家文化中优秀的思维方式、价值取向、审美情趣、行为模式、德行素养贯穿进课堂，通过学习古文经典、走进古今德育故事、学习身边德行榜样等教学环节，激发学生的学习兴趣，让学生充分吸收民族精神的营养，帮助学生树立正确的人生观、价值观，培养他们积极进取、乐观向上的人生态度，让学生成为既具有现代精神，又富有中华优秀传统的"现代人"

杨金宇

先生不应该专教书，他的责任是教人做人；学生不应当专读书，他的责任是学习人生之道。

姓名	杨金宇	性别	女	出生日期	1988.06
职称	初级会计师	政治面貌	群众	学历	本科
学位	无		毕业院校	广西财经学院	
所学专业	会计学		职务	学生工作处干事	
参加传统文化培训情况	1. 2014年8月1—15日参加在秦皇岛民族学校举行的为期15天的"弟子规德育师资中级班"培训。 2. 2014年8月29—31日参加在广西南宁市党校举办的"广西公民道德价值观公益论坛"。 3. 2014年10月30日参加王竑锜老师在南宁市三中举办的《沐浴在党的阳光，回归道德人生》广西巡回演讲——南宁站大型传统文化公益论坛。 4. 2014年3月1日—5月30日，每周六9:00—12:00，14:00—17:00，南宁第二期传统文化公益"家庭教育研修班"全天授课，共计10天，两个半月。主办单位：南宁高新技术产业开发区教育局，承办单位：广西南宁孝行天下文化教育中心。 5. 2014—2017年多次参加由广西道德促进会、孝道家园主办的各类传统文化教育学习培训活动				
学术成果	1. 参与校本课程的建设与探究"中华优秀传统文化"校级课题，已结题。 2. 主要参与校级课题"中职学校开展中华优秀传统文化教育的实践与探究"，已结题				
传统文化教育实践活动	本人担任2013级经营班班主任，在接触传统文化之后，把传统文化运用于班级管理中，收效良好。 1. 导入中华优秀传统文化教育。 第一，教室进行以"传统文化"为主题的布置。第二，将《弟子规》作为早读读物。第三，每周一晚自习观看百家讲坛《解读〈弟子规〉》视频。让学生在传统文化的氛围下学习，慢慢地将传统文化教育渗透给学生。 2. 践行中华优秀传统文化，做到知行合一。				

续表

传统文化教育实践活动	教者，上所施，下所效；育者，教之使作善也。班主任是"原件"，学生是"复印件"。根据本班实际情况出发，带领学生力行《弟子规》，要求做到两点① 遇到老师要问好；② 爱护教室、宿舍环境，不乱扔废弃物，地板上有垃圾能弯腰捡起。经过一段时间的言传身教，绝大部分同学能自觉地将垃圾扔进垃圾桶，也能主动打扫教室卫生，本班告别了之前垃圾满地的乱象。根据科任老师的反映，学生的礼貌问题也较之前有所提高。 3. 发扬积极因素，克服消极因素——长善救失。 贯彻积极引导、正面教育为主的原则，为使学生身上的积极因素不断地成长起来，本学期利用每天早读时间 5 分钟，让两位同学分别讲一下身边同学的优点或是表扬同学的具体行为，让同学们感到被尊重和有存在感
传统文化教育理念或心得	科学地将优秀传统文化的教育理念融入现代职业教育中，引导学生学习为人之道，使学生努力实现自身价值的同时，也成为一位"讲仁爱、守诚信、有担当"的人

四、学生成长

朱熹在《训学斋规》写道："读书有三到，谓心到，眼到，口到。心不在此，则眼看不仔细，心眼既不专一，却只漫浪诵读，决不能记，记亦不能久也。三到之中，心到最急。心既到矣，眼口岂不到乎？"传统文化的教育在形式上兴古之道，更使学生从内心中感悟中华优秀传统文化，返璞归真，感恩父母、感恩家庭、感恩教育、感恩社会。实践中身体力行，知行合一，传承弘扬中华优秀传统文化。

（一）鸿雁传书，见字如面

"江水三千里，家书十五行。行行无别语，只道早还乡。"一封手写家书见字如面，寥寥数语间牵动彼此的心肠。我校中华优秀传统文化课程开展"给父母的一封信"实践活动，在信中孩子们真诚地感谢父母在自己成长过程中的付出，也深切体会到父母的艰辛和期盼，领悟到行孝要及时，表达要好好学习，多帮父母分担，让父母放心、安心、舒心的决心。一纸家书，散发着浓浓的亲情；一页信笺，体现着暖暖的牵挂。静静地读着这一封封家书，总有一种声音在心头回荡，宛如聆听孩子们对父母亲情的感悟，虽言语稚嫩却饱含深情。

图 3-10　学生写给父母的家书

【一】

爸：

　　您好！

　　近来一切都好吧！这是我这么大以来第一次写信，我也没有想到会以这种方法向您表达我内心最真实的想法！

　　我知道，从小到大一直让您很不放心，也犯了很多的错，您打也打过，骂也骂过。到后来，我懂了打我、骂我，是不想我再去犯同样的错误。其实，您打我骂我，您心里也不好受。

　　慢慢地长大了，明白了您和妈妈对我的爱。国庆回去时，看着您满头的白发，心里很不好受。因为，我明白，一切的一切都是为了我，现在的我懂了，我不能让您和妈妈眼中再流露出那种失望的眼神，我考不上好的高中，让您和妈妈、哥哥、姐姐都很失望，也成了您心中的一个遗憾，也是我心中的一个遗憾。

　　我现在这边一切都好，就是不知道您在家怎样。天气开始冷了，您要记得添衣，晚上睡觉时盖好被子，别再喝那么多酒了。还有妈妈，工作很辛苦，每天都那么劳累地去挣钱，只为了我们这个家。我每天不断提示自己，今后上课要认真，不能再像以前初中时上课开小差，我必须学好这些技术，为的就是能早日出来挣钱养家，好让您和妈妈能在家里享福，不再那么累，您和妈妈为我们姐弟三人付出的太多太多，我们也不能让你们再这样辛苦一辈子。

我最爱听《父亲》这首歌，歌里面有一句话是这么唱的：“时光时光慢些吧，不要再让您变老了，我愿用我一切来换您岁月长留，一生要强的爸爸，我能为您做些什么，微不足道的关心，收下吧。”

谢谢您做的一切，双手撑起我们的家，总是竭尽全力把最好的给我们，我会使您骄傲吗？还在为我而担心吗？您牵挂的孩子长大了！

我很感谢您和妈妈的无私奉献！

总有一天，我会成为你和妈妈心中的骄傲的！

祝爸爸在家里一切顺利，身体健康、样样平安。

您的儿子敬上

2015 年 11 月 3 日

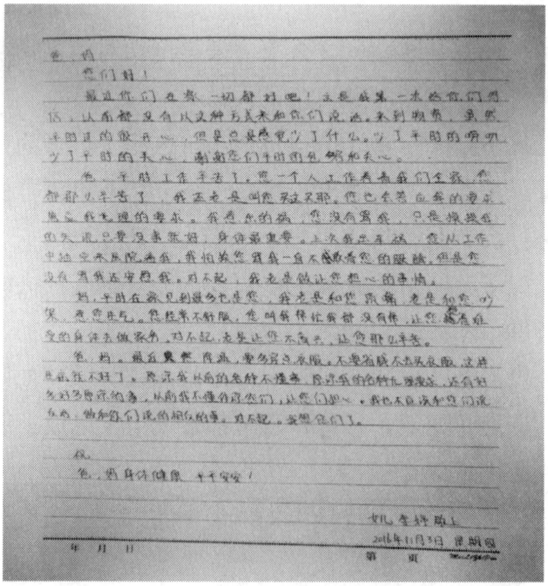
爸、妈

您们好！

祝

爸、妈身体健康 平平安安！

图 3-11　字里行间的温情

【二】

亲爱的爸爸、妈妈：

　　你们好！

　　近来一切都好吧！这是我第一次给你们写信。来到物资学校，上了"中华优秀传统文化"的课程，学到了很多关于感恩方面的内容，虽然这是作业，但给了我一次对你们感恩的机会。

　　来到物资学校，也开始了第二次读书的机会，爸、妈，在这里跟你们说一声"对不起"。原谅我以前的任性，是我没能体会你们的苦心一次又一次地伤了你们。你们知道吗？当我每次从学校回来，饭桌上你们的教诲我都听进去了，我每次回到床上都会偷偷地哭，心里面说："爸、妈你们放心吧，我改、我一定改，我要好好学习！"可是每次我都做不到。当我拿了钱到了学校，我又开始买东西吃，一下子钱就没了。你们叫我和学习好的同学一起玩，可是我不知道怎么回事，就是不想听你们的，我心里明明知道谁害了我，是谁才是对我好的人，但我就是无法自拔。我承认我爱美，可是天底下哪个女人不爱美啊！但是现在我才知道没有物质的美，初中时代就有个学生样。

　　当我知道我真的没希望上高中的时候，我的心真的痛了，当我看到你们为我求学的时候，我感觉我就是一个败家女，我真的很讨厌自己。我知道我再怎么哭也没有用了，因为我失去了上高中读书的机会，你们的心里一定比我更痛吧！

　　爸、妈，感谢你们给了我第二次上学的机会。你们放心吧，这次我会好好学习，勿忘初心，改变心态。

　　来到南宁在这里我一定认真学。我在这里过得很好，你们放心吧，照顾好身体，知道你们忙，有空再看。

　　祝爸爸妈妈身体健康、工作顺利！

女儿敬上

2015 年 11 月 16 日

【三】

爸爸、妈妈：

　　你们好！

　　近来一切都还好吗？这是女儿第二次给你们写信。来到广西物资学校，老师给我们上了"中华优秀传统文化"这门课，讲了什么是孝。我知道我有多不孝敬你们，女儿从来没有一天不让你们担心，打电话的时候从来没问候你们过得好不好、有没有生病、睡得好不好，打电话回去只有埋怨你们，跟你们说不到几句就生气。在家的时候也是常常跟你们吵架。你们每次叫我做什么事，我都只是答应，但没做到，让你们很失望。你们教导我为人处事的道理，让我过上无忧无虑的日子。你们舍不得吃，把最好的东西都让给我，我还常常埋怨你们没有给我买我想要的东西，从来没想过家里的困难。你们身体一天比一天差，我知道你们生病了也不舍得去打针，把钱给我用。每次跟你们吵架后，我都会很后悔。我也不知道要怎么样去安慰你们才不会让你们伤心，原谅不懂表达爱的我。

　　上次打电话给您，要你们帮我交话费的时候，我说的话真的很过分，那个电话打完我真的好后悔说出那样的话，那时候您却跟我说对不起，我那样说话肯定伤到您，您还跟我说对不起，妈妈应该是我跟您说对不起，我不应该对您说那样的话。每次我生气了，您都会说对不起，可明明是我对不起你们。现在想想每次打电话回去不是叫你们帮我交话费就是要钱，却从来没问候过你们在家过得好不好，工作怎么样，也没有尽到女儿的责任。

　　爸爸、妈妈，我以后不会这样子，我会改过来，爸爸、妈妈答应我不要再吵架了好吗？以前我在你们身边还可以陪你们说说话，你们每次吵架都不会说话，现在我不在你们身边，希望你们就不要再吵架了。

　　时间过得真快，转眼见你们头发都白了，这是我最不想看到的。爸、妈，女儿毕业后，一定好好工作，再也不会让你们那么辛苦，每天都在太阳下流这么多汗，我会努力让你们过上无忧无虑的日子，这是我最大的梦想。我相信我会做到，我很幸运能做你们的女儿，很幸运自己有你们这样的父母，谢谢你们。爸爸、妈妈你们辛苦了！谢谢你们的养育之恩。

祝

爸爸、妈妈身体健康，工作顺利！

你们的女儿

2015 年 11 月 6 日

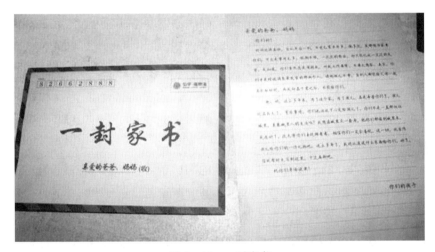

图 3-12　一封家书

【四】

爸爸、妈妈：

你们好！

这是我第一次给你们写信，现在这个时代，通信都是打电话，很少会有人写信了，有些话也不好意思当面对你们说，电话也说不出口。在学校，我学习了中华传统文化和《弟子规》，发现自己太对不起你们了，在家没有尽孝，整天和你们吵架，不听你们的话。记得以前和你们吵架，还离家出走，让你们担心，现在想起来，才发现自己是多么无知和不孝。

从小到大我都很贪玩，总是去玩得很晚才回家，对于你们的责骂，我很不服，心里总想"你们凭什么骂我"，现在我知道了是我不对，你们从来没有怪过我，但是我在这里还是和你们说一声"对不起"。

我会做一个好女儿，好好孝敬你们。谢谢我的母亲，带我来到这个世界，老师让我们看了一个母亲生育孩子的过程，我才知道，一个生命来到这个世界是多么的不容易，谢谢爸爸、妈妈，让我有了生命，让我有了双眼看美丽的世界。昨天刚好是感恩节，我给你们打了电话，发了祝福。我来到南宁差不多三个月了，从小到大，十五年了，第一次离你们这么远，自己在外面那么久，真的好想你们，也好想家，现在离放假还有两个月，很快就会见到你们了，爱你们。

我希望爸爸你少喝一点酒，很多人都劝你别喝酒，你从来不听，我也说过无数次，我知道你还是不会听，但是你能不能为我和妹妹着想，你少喝点酒吧，世界上快乐的事情这么多，烦闷时不要老喝酒好吗？

你和妈妈一辈子都在为我和海霞的事操劳，天天想着挣钱，我对不起你们，总是把你们辛苦劳动挣的钱随意挥霍。虽然我学习不好，但我会努力，以后挣好多钱，带着你们去旅游，一定会让你们开开心心的。爸爸、妈妈，我希望你们少吵一点架，我真的很关心你们，希望你们一直都好好的。爱是包容，你们三个是我最爱的人，我不想你们不开心。我这辈子最大的爱好就是唱歌，身边很多人都说我唱歌好听。我的梦想是开一家花店，种满很多花花草草，安稳踏实地过日子。我现在也不小了，比以前更懂事了。

我在南宁很好，不用担心我。你们要照顾好自己，也别让我担心了，你们要快乐。

你们的宝贝女儿

2015 年 11 月 27 日

图 3–13　等待邮寄的 2017 级同学家书

【五】

爸爸、妈妈：

你们好！

借此机会我想对你们说些心里话，以及最近三个月的学校生活。

来到这个学校我改变了很多，也许你们也发现了。真的很感谢你们，是你们让我自己做主并同意我的决定来到这所物资学校，让我重新开始认识自己、改变自己。你们并没有想过我要如何成功伟大，只希望我毕业后能找到个安分的工作，人生平凡而简单地度过，所以你们在学习上没有给过我压力。

我现在很矛盾，以前那个学校的生活太闲了，我不习惯那样的学习生活。而现在我突破了自己，勇敢地竞选参加很多活动。学校的生活变得忙碌起来，忙起来就没有时间，所以有时候就没有时间吃早饭和午饭，也偶尔地打电话向你们抱怨，想放弃想退缩，听着你们安慰的话语和鼓励的话，心里就充满能量。

在学校的学习烦了、倦了，我就会想到，骄阳下，你们也在为了我而工作，比我还更累更辛苦，但你们也没有抱怨什么，为了我的伙食费、衣食住行着想，相比之下，学校的生活还是很悠闲的。不管是中职学校还是高中，我都会努力对待，不辜负青春，也不会让你们操心，我来到学校是为了学技术而不是混日子的，我会记住我来到学校的目的，也请你们放心。

冬季快要来临了，你们老是让我多穿衣服，我却没能问候过你们，在这里我想对你们说："爸、妈，天气变冷了，注意保暖。"以后等我真正有能力了，我会买外套给你们，会带你们去好玩的地方，就像爸爸你所说的。等我找到工作了，你们就不用这么劳累了，再把弟弟送去高中，把妹妹送去初中，接下来我可以承担一些了。每到晚上你们两个就可以到广场跳跳广场舞、唱唱歌，晚上做好饭等我们下班回家，或者我们带着你们去饭店吃东西。

以后我们的生活会越来越好的，爸、妈，你们辛苦了！

我知道工作总是避免不了喝酒，但你们也要注意一些。喝酒伤害身体，而且醉酒后会发生很多事情，也会引来争吵，当着你们的面我也不好意思说什么，毕竟是开心才喝酒，不让你们喝吧，又感觉让你们扫兴了。

不知道你们还记不记得，小学和初中的时候我也给你们写过信，写过很多封信，有时放在菜桌上，有时放在抽屉了，有时候放在床单下面，你们曾发现过也读过，里面写的内容全都是抱怨你们的、责备你们的。现在想来，当初我的行为太冲动了，事情总有个不由己，你们也没办法把事情全都办得合我们的意，当你们看到那些信的时候，心里多多少少会有一些难过吧，我向你们说声对不起，原谅我年少冲动，也没有考虑到你们的处境。那时的我轻易地就对你们说出了恨，但现在我向对你们说："爸、妈，我爱你们。"

每到我的生日，虽然你们没有空闲的时间给我过生日，但你们都会打个电话问候我。而我却连你们真实的生日都不知道是哪一天，只能在父亲节和母亲节的时候向你表达一下我内心的想法。

我们家最近这段时间很和睦，我很希望能保持下去，特别是在妹妹面前不要再有什么不必要的争吵，我不希望小小年纪的她心里有什么不愉快的回忆，就像小时候的我。现在我长大了，性情也稳定了，明白了很多道理。但妹妹她还小，性格还不稳定，我不希望影响到她。

一家人在一起就挺好的，别的我们也没有想过太多，有什么事情我们可以心平气和地坐下来好好谈，总会有办法解决的。

　　"树欲静而风不止，子欲养而亲不待"，这句话送给你们，也送给我自己。希望你们能多回家陪陪外婆，你们搬到厂里住了，她连说个话的人都没有。有空多回去陪陪她吧，吃顿饭也好啊！

　　我下个学期会办理周末外宿，会抽出时间和你们多在一起，这样才像一家人嘛，还有很多话想对你们说，放学时间到了，在这里就先不说这么多了，有什么话以后会打电话和你们说的。

你们的女儿：照

2015 年 11 月 6 日

图 3-14　小组分享表达孝心

【六】

亲爱的爸爸、妈妈：

　　你们好！

　　近来一切都好吧！这是第一次给你们写信，却不知道该说些什么，只是觉得略带了一些愧疚。

想到以前，我是那么的不懂事，跟老师顶嘴，惹你们生气，让你们担心，有一些事情还瞒着你们……"中华优秀传统文化"这门课程给了我很多启发，让我知道生孩子养孩子是多么的不容易，我还经常埋怨你们，对你们很是不满，我总会想为什么我要出生在这样的家庭。现在，我彻底打断了自己的想法。有句话叫"富贵不能淫，贫贱不能移，威武不能屈"，这句话只有十五个字，但却告诉我们一个道理，金钱地位不能使自己迷惑腐化，贫苦穷困不能改变自己的志向，权势武力不能让自己屈服变节。爸、妈你们放心吧，我在南宁过得很好，在物资学校学我喜欢的专业我很开心，在这里我认识了很多同学、很多老师，我在这里会认真地学好专业知识，为以后的成功打好基础。

妈，谢谢你们带我来到这世界，给了我爱。我很幸运拥有爸爸、妈妈、弟弟、妹妹，谢谢你们。谢谢你们这些年来含辛茹苦地养育我们、哺育我们，你们为这个家付出了很多却不求回报。妈妈，您辛苦了，您不要太累了，天冷了多注意身体。

爸，对于您，我有很多话想说。希望你看到这封信的时候会有所改变。这个家有些时候我不想回，是因为你。谁会想回一个一回到家就挨骂的家庭呢？处于叛逆期的我们肯定和你有一些意见或分歧，为什么不了解情况就生气发火，自己去赌钱还说是因为在家无聊，那无聊你不会去干活吗？赌输了还向我们发脾气，为什么就不反省一下自己错在哪呢？赌不是唯一可以挣钱的路，但它可以让你倾家荡产、一无所有。我也知道你很辛苦，也很无奈，也很关心我，只是不太懂得表达，谢谢你。爸爸、妈妈我爱你们！爸鼻子还没好就不要吃太多辛辣的东西，我现在不想失去家里的每一个人，不要再让妈一个人这么辛苦了，不要轻易地发脾气了，我希望爸爸看到了这封信有所改变。天冷了，记得添衣服。

你们养我长大，我陪你们变老。

祝爸爸、妈妈身体健康、万事如意、事事顺心！

你们女儿敬上

2015 年 11 月 27 日

（二）播种文化，浇灌心灵

中华文化源远流长、博大精深，其中蕴藏着许多高尚人文素养的基因，它是中华民族文明核心价值所在。加强对中华优秀传统文化教育，对于引导青年学生更加全面准确认识中华民族历史传统具有重要的意义。我校以"培育和践行社会主义核心价值观、落实立德树人的根本任务"为主线，在全校导入中华优秀传统文化，使学生在实践和回报中增长知识，提高能力，塑造良好的人格修养。师生们在日常学习、生活中具有爱国敬业、尊亲尊师、明礼诚信、团结友爱等优良品质，唤起强烈的心灵情感共鸣，取得良好效果。立德树人，立德最重要的是立心。文化最重要的价值就是以文化人，播种文化的种子，让中华文明的种子在青少年的心中扎根。

我校自 2014 年以来，开设"中华优秀传统文化"特色校本课程，同学们学到了做人要懂得孝顺父母、友爱兄弟姐妹，待人接物恭谦有礼，为人要有言有信、担当责任、忠诚奉献……下面选自同学们的学习心得体会。

【一】人之行　莫大于孝

黄小梅　2014 级电商二班

"孝"是什么？没有进广西物资学校，没有接触传统文化课的时候，我理解的"孝"是我长大成人了，工作稳定，有了钱之后，再给父母一个稳定的生活就行了，我觉得现在我们还小，是没有能力去孝敬父母的。学习了"中华优秀传统文化"课程，参加了学校组织去的孝道家园"幸福人生讲座"的培训之后，才发现我之前对"孝"的理解完全是大错特错的。

"孝"是中华传统文化的基础，是一切德行的根本。以前的十几年，我没有接触中华传统文化，也没有学习《弟子规》，在家好吃懒做，不爱与父母交流，甚至我外出也不愿意多打电话回家告诉父母我的近况，甚至父母打电话来问我，我还会觉得他们烦，现在想一想，我真是太不应该了。

　　在我刚进校的前几天，老师就教了我们"百善孝为先"，要孝父母之身，孝父母之心，孝父母之志，孝父母之慧，要我们好好孝敬父母。那时候我挺有感触的，老师组织我们给父母亲写了保证书，我写完了之后立马就发给我爸妈看了，我不知道我爸妈心里的感觉，但是我妈给了我一个回复"好"。然后，学校又组织我们给爸妈写家书，那时，我给我爸写了一封信，信中我让我爸出门在外工作要多注意身体，不要太拼了，做很多工作养活我们辛苦了；也跟我爸讲了我学到的知识，让我爸常常回家看看，对爷爷奶奶再多关心一些，尽孝要趁早。我爸收到了信什么也没说，但是在中秋节放假时，爸爸回家了，请假从广东回家跟我们过中秋节，这是我以前一直想念的一件事，我很开心。我提醒了我爸"树欲静而风不止，子欲养而亲不在"这句经典。

　　现在已是学期末，回想我开学时立下的保证书，我做到的终究是不完全。我没有做到保证按时吃饭，不把自己身体搞坏。德育启蒙中有"身体发肤，受之父母；父母与我视为一体；我爱自身，应孝父母；能不辱身，便是荣亲"这句。在学校，我加入了学生会，通过努力成为一名学生干部，每天早起晚睡，三餐不按时吃，甚至是不吃。这样不好的作息习惯我持续了三个月，在这三个月期间，常胃痛。我妈知道了就说："爸妈最大的心愿就是你们的身体健康，只有你们身体健康了我们才会开心，其余的我不用多说了！"顿时我就觉得我就算为了爸妈，也该爱护好自己的身体，让他们开心。还没有做到每周与爸妈打电话。这个与我的性格有关，我不擅长与人交流，就算是爸妈也一样。一打电话就没有话说，很尴尬。所以我来到物校那么久，打电话给爸妈的次数也不超十次。后来学了《弟子规》中的"入则孝"中的"出必告，反必面，居有常，业无变"，我就在我每天早起训练时给我爸妈发信息问好，天冷了就让他们多穿衣服，直到现在，我仍然坚持每天给我爸妈发信息汇报我在物校的近况。我要慢慢地学会用电话的方式告知我的父母我的近况，而不是用冰冷的文字来表达。

　　我很感谢传统文化，感谢老祖宗留给我们的智慧，让我们明白了做人不能忘了孝。感谢老师让我明白了父母重恩，父母为我们付出了那么多，我们要如何去感谢。天大地大父母的恩最大，我们应该从小事做起，好好地孝敬父母、爷爷奶奶。谢谢陈静老师教了我们那么多。

【二】学好《弟子规》，做好中国人

零喜清　2015 级营销三班

时间没过就觉得很久，可是时间一过就有飞逝的感觉。有人说："人是活在情绪里面的。"你每天积极向上、乐观开朗地去面对生活，时间自然有飞逝的感觉；相反，要是消极负面、悲观、恐惧地去面对生活，时间自然度日如年。时间过得快慢，取决于自己用什么心情和态度去面对生活中的每一天。每次上传统文化《弟子规》，总觉得过得很快，很开心。学到的东西也记得很牢，当然其中少不了老师教得好、讲得好，有这种效果，是因为自己的情绪处理得好，抱着那种很积极、很想把《弟子规》学好的态度去对待的。眼看这个学期也很快接近尾声了，《弟子规》中的知识也学到了很多，很宝贵，这些悠久的教育文化都是老祖宗们浓缩出来的精华，真的是可以改变一个人的性格和命运。当然只学习它的知识理论是远远不够的。《弟子规》"余力学文"中，有一句话是这样说的："不力行，但学文，长学华，成何人。"从这句话中，可以看出来，没有什么比力行更具有说服力和感染力，如果光嘴巴上说，手脚不付出行动的话，在别人眼里只是一个语言的巨人、行动的矮子，一点说服感染力都没有，只有自己力行了，别人才会看在眼里放在心里，然后潜移默化地影响到别人。

学完《弟子规》后，让我的思想行为、性格有了巨大转变。孝顺、理解父母，兄弟姐妹关系不再那么僵硬了，待人接物、为人处世、师生间候和日常生活中的习惯都得到进一步完善。改进了好的变得更好，不好的也得到完善。老师还发给我们《一周力行表》，里面记录着一点一滴的成长、改变，有好有坏，记录着自己一天当中重要的事。这便是一份宝贵的财富。每次写完交上去的时候，我都会在心里默念《弟子规》中的"德日进，过日少，过能改，归与无"。学过《弟子规》之后，懂得很多，力行很多，举一些我觉得很棒的例子。比如我对爸妈、哥哥妹妹态度变了，以前和家人的关系很不好。不过现在不会了，现在每个月我都会按时打电话给我爸妈聊聊心事，这是以前从来没有的情况；我会关心妈妈让她睡前用热水泡泡脚有助于睡眠，平时多多休息等等。还有把我学到的去教导家里不懂事的妹妹，想打电话和爸爸说把烟戒掉，少喝酒，否则对身体不好，可是一直没做。为人处世会站在别人角度考虑问题，不会责怪别人，而是从自己的身上找问题等等……问候也都彬彬有礼了，待人接物也很友善。虽然都是一些小小举动，但是我觉得总比之前的那个自己好了。

力行的继续发扬、完善；没力行的、想做的没去做的加以改进，把老祖宗留下来的知识学好，并且运用到自己的生活当中去，用行动去感染别人。

学好《弟子规》，做好中国人！

【三】成长是一种蜕变

2014 级电商二班　周燕凤

一个学期就这样过去了。时间真快，虽然还是有点迷茫，但却比之前清楚自己想要的是什么，要做的是什么。责任比之前重，但却一直坚持。我有很多缺点，能力也不够强，但我能锲而不舍，不惧苦难，坚定信心，一直往前走。

这个学期我改变了很多，为人处世、口才语言等等都在不断进步。虽然没有达到最好，但也有收获和效果。来到这个学校，当时只是脑子一热报了名，报了最想读的专业。虽然哥哥有点反对，可是我却义无反顾地学了。刚到学校的那一天，感觉很陌生，学校全都是一片陌生，找不到任何感觉。从第一次进教室上台作自我介绍的扭捏到现在的落落大方都是有原因的，和大家都混熟了。在宿舍玩笑话变多了。还加入了学生会，从预备队员到预备干事，再到换牌的干事。这些经历都使我在一点点地成长，懂得了什么是尊重，什么是责任。你的职位越大，身上的担子也就越重，有时候压得想放弃。差不多一个学期的早训，同学都问我是怎么坚持下来，我只是想而不答。用《弟子规》里的一句话说："朝起早，夜眠迟。老易至，惜此时。"大意就是说要把握光阴及时努力，岁月不待人，青春要珍惜。养成一个良好的习惯，虽然有时候还会赖床，却比之前有所改善。加入学生会，特别是在当预备干事期间，也结交到了不同专业的、不同班级的好朋友，虽然我们都很忙碌，但彼此之间互相加油打气。我做事也比之前细心了很多。《弟子规》中有一句话："事勿忙，忙多错；勿畏难，勿轻略。"大意是指做事不要急忙慌张，因为忙中容易出错：不要畏怕难犹豫退缩，也不可以草率，随便应付了事。每一次工作我都细心专注，稍不留意就会出错，责任大，就要小心翼翼。

我改变了很多。以前妈妈叫我都没有及时回答，有时候会和妈妈吵起来。自从学了《弟子规》，我懂得了"父母呼，应勿缓；父母命，应勿懒"，以后我不会这样了。如果需要我帮忙时，我会立刻动身去做，不会拖延或是推辞偷懒。以前脾气烦躁，但现在做事没有像之前了。言语也比之前改善了许多，学会了包容忍让，怨恨的事情自然也就消失不生了。也不再做让妈妈哥哥伤心的事了，现在想想觉得我以前幼稚无比，现在长大了，成熟了。各方面的礼貌，尊重也都明白了。早起早睡，与同学之间友好相处，反思自己身上的过错和不足，我都在努力改正，努力学习。生活中的小细节我也注意了。我也不断改善，完善自己。"凡出言，信为先；诈与妄，奚可焉。"信用也是很重要的，以前答应人家的事总会半途而废，现在不会了，做事要到底，做就要做完不拖拉、不放弃，认真努力地完成一切。以前的一切，都不重要，重要的是现在和今后，所以加油！

祈愿好的表现，我能继续坚持下去，不好的，能力除之。"过能改，归于无。"希望我会勇于改过，勉励自己，也感谢一起陪我走过一个学期的老师、同学及学生会里一起共进展的战友们，每一次进步也是影响我的关键。

【四】中华优秀传统文化——照彻灵魂的灯

王贵璇　2014级电商三班

这是我来到广西物资学校的第一个学期，时间过得很快，转眼之间，这个学期已经接近了尾声。物校是一个很有特色的学校，活动多，并且非常注重传统文化。而有一门课程就叫作中华优秀传统文化教育课。这门课的教材就是《中华优秀传统文化》。这个学期学到了非常多的东西，让我非常受益。

教材翻开之后就能看到《晨起自勉文》和《夜幕省思文》。每天早上早读，老师都让我们读《晨起自勉文》，每每读的时候，都对自己的新的一天充满了希望，生机勃勃的，非常有干劲，愿我们都能珍惜美好的今天，永不辜负我们珍贵的生命！第一章便是"入则孝"，学习了"入则孝"，感觉自己对于孝顺这一方面做得太差了，很后悔、也很内疚。现在的我，离家读书，几个月才能回一次家，更是没有机会孝敬父母，想起父母之前对我的唠叨，对我的无微不至的关心，真的是非常想念他们。现在，我每周都会打电话给他们，让他们注意身体，照顾好自己，每天都发短信告诉他们今天的所作所为，让他们对我放心，不用担心我过得不好，我也会好好照顾自己。还有二十多天就放假了，到时候我一定要做父母最贴心的小棉袄，改掉以前在家懒惰的恶习，用行动告诉他们，女儿长大了，会照顾他们了，不用担心我学坏，我会做一个堂堂正正的好人，不为家族蒙羞，不让父母对我失望。

学了《出则悌》之后，非常想念我的亲姐姐，以前在家的时候，我们两个老是吵架斗嘴，现在我们分隔两地，要到寒暑假才能见面。"兄弟睦，孝在中。"读了这句话之后，保证以后我们俩再也不吵架了，我们要好好相处，不能伤了我们之间的姐妹之情，更不能伤了爸妈的心。在这个新的学校，结识一群很好的朋友，我很用心对待她们，她们对我也很好，我学会了感恩，对身边的每个人的一点好都翻倍奉还。对了，还有可亲可爱的老师们，感恩她们教我们的知识，不厌其烦地回答我们所提的每个问题，谢谢他们让我学会了更多做人的道理！

总之，我觉得学习中华优秀传统文化是非常受益的，整个人都变得有礼貌，看见老师、同学、长辈都会满面笑容地打招呼、问好；不再随手乱扔垃圾，不再浪费食物，不再因为自己的小心思去做让自己后悔的事，不再那么粗心完全不顾他人的感受，不再对自己懒散，时刻告诉自己是一个会感恩有道德的好少年！我爱中华优秀传统文化。

【五】学传统文化　践行弟子规

杨海柳　2015级动漫

自从来到这个学校，我体验到了一种新的教学环境，有一些意想不到的收获。这里有一门特殊的课程，那便是中华优秀传统文化，里面各种做人的道理，例如孝、谨、悌等，让我深深地认识到自己之前的不足。

刚接触这门课程的时候，我感觉它跟《三字经》一样，都是古人的圣贤教育，不太能理解那些字的意思。但是在老师的讲解下，我进一步明白，这本书主要是教育我们做人做事的道理，先学会做人，才会做事。俗话说"百善孝为先"，我们应该最应该感恩的人就是哺育我们长大的父母。我之前在家里一直都很懒，爸爸妈妈每次煮好饭叫我的时候，我总是拖拖拉拉，每次放假回家也没打电话通知，收假了回到学校也没有打电话回家告诉他们。学了"入则孝"之后，我觉得我不是一个好女儿，人家都说女儿是爸妈的贴心宝贝，而我应该是最不省心的一个吧。经过几思反省，我决定端正我的态度以及行为。现在会时不时打电话和爸妈唠唠家常，问问家里的情况。我印象很深的一件事是元旦收假那天，因为没买到车票，所以要坐汽车来，那时候已经是下午三点了，买票的时候出了一些小意外，再加上南宁汽车站离学校比较远，回到学校已经晚上九点多了，一到学校就马上放下行李要去洗澡，突然想起手机没电，也没有打电话告诉妈妈我到学校了，所以先拿了充电宝去充了手机，急匆匆的就去接水洗澡了，我洗完澡洗完衣服已经十点多，马上就去拿手机打电话给妈妈。拨通后我都没来得及说话，妈妈就问我，你现在到学校了吗？怎么这么晚才打电话回来。我告诉她已经来到学校了叫她放心，她如释重负一样说了一句"到了学校就好了"。妈妈好像等电话很久了，所以我也很惭愧，之前那些做法她一定很担心也很伤心，我应该考虑爸妈的感受，不让他们担心。爸妈讨厌的事情，一定会小心谨慎地去除，他们喜好的东西，尽力去准备才是。

　　还有就是随处可见的一种现象：说粗口话。之前也许是习惯吧，我偶尔也会时不时冒一句，也忘了从什么时候开始，和谁学的那么粗鲁，随口吐脏话。但是，自从我学了《弟子规》，认识到我这种行为实在是缺"德"，而且非常粗俗。谈吐行为表现出了个人的素质与修养，一个人的行为举止稍有不慎，也会使父母蒙受耻辱。从今后起，我要做个谈吐文雅、有礼貌的人，德与礼是多么高尚且文雅的字眼。现在听见一些人随口吐出的那些话，我十分反感，甚至我都在想，这个人的家教到底怎么样的啊。看见别人的缺点，才会反省自己的不足，加以改正。每个人都有小错误小缺点，只要勇于去改正都是最棒的，我们要谦虚地向别人学习，学习别人身上的优点，努力改变我们身上的不足之处。"中华优秀传统文化"是一门博大精深的课程，里面的知识，都是有利于成长做人的，需要努力去学习，才会有更多的收获。

　　这一个学期来，这门课上，我收获颇丰，也明白许多道理，变得懂事了。我要学习的地方还很多，要纠正的地方也很多，在以后的生活里，我会努力地去学习，学习中华优秀传统文化中所有做人、做事的道理，让自己成为一个德才兼备、德技双馨的人。

（三）传承文化，感悟经典

　　中国传统文化作为中华民族的精神之根和文化之魂，历史源远流长，内容博大精深，是历经岁月洗礼而传承下来的精华，是我国劳动人民智慧的结晶，也是世界文化宝库中的璀璨明珠。它与世界上任何一个民族的文化一样，并非千年如斯，而是一直处在生生不息、日新不已、变易不断的过程中。它蕴含着中华民族独有的精神气质，彰显着中华民族特殊的精神风貌，传播着中华民族美好的精神品格，而弘扬传统文化的思想精华和道德精髓是我们每个中国人义不容辞的责任。以下是我校学生参加全区"文明风采"征文比赛关于"我眼中的传统文化"的部分获奖作品，看看他们眼中的传统文化。

【一】传统文化对我的改变

庞春婷　2013级电商二班

　　我国是有着5 000年悠久历史的文明古国，我们中华民族有着灿烂多彩的文化。这种文化是多么的伟大！更重要的是它使我有了重大的改变！

　　我是来自一个农村家庭的小孩，小时候家里的经济情况不是很好，所以爸妈在我很小的时候就外出打工了，是奶奶爷爷把我带大的。可以这样说，在我的印象中爷爷奶奶的身影比爸爸妈妈的还要深。上小学时老师叫我们写"我的妈妈"为主题的作文，那时的我就开始纠结了，就想我该怎么写呢，因为爸妈在我身边的时间不是很多，顶多就是什么节日和春节的时候回来待的时间多点，但是也还是那么几天，刚刚才没觉得那么陌生，可惜的是他们又要离开我了。人嘛，谁对他好他就会对谁好。所以当时的我就会去问老师我可把作文改写为奶奶或爷爷吗？或许当时的同学会觉得我很奇怪吧。小的时候看见别的妈妈们来接自己的孩子，而我只能和姐姐妹妹们一起走路回去，就会觉得心里很羡慕，也会有点不开心，但是回到家里看到奶奶在家里等着我们的时候，心里就觉得还好有奶奶在，每次回到家里的时候奶奶就会关心地问我们，"饿了吗？我煮好了粥在锅里了去吃吧"。每天早上奶奶都会早早起来为我们做早餐，每天为我们的生活打点，当时就会觉得我们还是幸福的。慢慢地和爸妈相处的时间少了也会有点淡忘了他们，有时候就会觉得爸妈都不像我的爸妈，觉得很陌生。节日回来的时候他们想和我们亲近些，但是我们都在回避，不是刻意想要去回避，那是一种自然而然的感觉。爸妈问我们一句，我们就回一句，就是这样短暂呆板的讲话方式。偶尔他们也会打电话，问一下我们的情况，但是我们都不知道该怎样和爸妈交流，一般都是奶奶跟他们讲些关于我们的事等等。

　　慢慢地我们也开始懂事了，开始有自己的主见的时候，我们开始对爸妈的意见大了，会觉得干吗要把我们留在老家让爷爷奶奶照顾我们呢，就会觉得他们在外边过得那么好，感觉爸妈他们不爱我们，这样一系列的想法就上来。到了初中以后叛逆的时候也开始了，爸妈讲我一句的时候，我就会很快地顶回他们，他们生气的时候我就觉得有一种旁人看戏的心理，就觉得不关我的事，还心安理得。当我们初中毕业要中考了，妈妈就对我说"女儿加油，争取考到什么高中"，当时的我就不开心了，就顶她说"我以前的学习你关心过吗？现在要中考了，你就说要我考好点的高中，我考不了！要考你自己考！"就这样顶回了她，那时候的妈妈什么话都没有说，就这样看着我，我就这样走开了。我们的关系还是像以前一样那么僵硬。

后来到了现在我就读的学校的时候，我就觉得可以不用再面对爸妈了，觉得自由了。但是后来这所学校让我有了改变。在这里边我遇到了传统文化，就在这学期我们学校举行了"学好弟子规，做好中国人"的活动，老师详细讲解了《弟子规》的内涵及如何践行。同时，我们学校还请来了秦皇岛民族学校的师生二十多人为我们做示范，带领我们一起打扫校园卫生，分享他们学习传统文化的经历，在他们的身上我也学到了很多，他们从来不会浪费一滴水、一粒粮食，从不会随手扔垃圾，说话的方式都是那么柔和、友善，走起路来都是排队整齐地前行。他们的一言一行给我们留下了深刻的印象，是我们学习的榜样，这样的活动真的让我受益匪浅啊！《弟子规》主要分为"入则孝""出则悌""谨""信""泛爱众""亲仁""余力学文"这七大块。《弟子规》这一本书只有 1 080个字、113 件事，但是大多数人还是不能全部完成。

在老师给我们讲解《弟子规》的时候，开始就是"入则孝""父母呼，应勿缓。父母命，行勿懒。父母教，须敬听。父母责，须顺承"。在听了一系列的讲解后，我就开始回想我以前对父母的态度和对他们种种不孝的行为，就在那开始慢慢地反思自己，对以前我所做的种种行为感到羞愧。慢慢对传统文化的了解越来越多的时候才真正觉悟过来，我有太多的错，以前的我不应该那样对待我妈，不应该去责怪他们，哪有父母不希望自己留在儿女的身边看着他们长大呢？有谁的父母不希望自己的儿女过得好一点呢？哪有父母会不爱自己的孩子呢？

《弟子规》教会了我很多，首先就是要孝顺父母，父母是生我们养我们的人，这么伟大的人都不感恩不孝顺那么成何人啊！我们要尊重比我们年长的长辈。兄弟姐妹之间相处要和睦，《弟子规》里边说"兄弟睦，孝在中"。要有仁爱之心，做人做事要谦虚、诚实守信，要用恭敬的心去对待一切。

学了传统文化后，回家后我开始向父母认错，现在的我不再会和我父母争吵，不再会去责怪我的父母。慢慢地开始会关心他们，现在的我周末回家后都会为他们做上一两顿饭，偶尔会和他们聊聊天，相处的关系比以前好了很多，当我在慢慢改变的时候父母有时候会觉得有些疑惑，后来跟他们讲解这个文化的时候他们的感受比较深的吧，就跟我说，"女儿你长大了，你能有那么大的改变，我真的很欣慰"。当我在改变的时候我发现我的父母也在改变。现在在家里和父母相处得很好，争吵的事情很少发生了，在我关心他们的时候，发现他们对我的关心也越来越多了。当时发现这就是传统文化的力量啊！

随着现代社会的发展，我发现我们中国的文化已经开始不受重视了，开始偏向西方的文化了。其实我们中国人更应该去学习我们中国的文化，这样你会更幸福更快乐。记得"学好弟子规，做好中国人"。记得你是中国人！希望传统文化会有更多的中国人去学习，去力行！

【二】一次改变我三观的讲座

吕青青　　2013级电商三班

孝是中华民族的传统美德。世界无处不充满着孝。孝顺父母是我们每个人的事情，从小开始，从点点滴滴做起，这样才能将中华民族的传统美德发扬下去。"百善孝为先"，这是民族历史的佳话。对于青年来说，孝可能不能那么完美地表现出来，但是我们要尽我们最大努力去诠释它，让它变得更具意义，而不是徒有虚名。孝心是一个人具有爱心的前提条件，没有孝心的人，就没有爱心。

要是在以前，我绝不懂什么是孝，该怎样去尽孝，但现在我懂了。通过参加一次关于传统文化"幸福人生"讲座，发现自己这十六年来从未懂得如何去孝敬父母。说起这个讲座，那会儿连我自己也不会知道这个讲座从此改变了我的人生观、价值观和世界观。

去这个讲座正式听课那会儿，老师首先就跟大家说，传统文化就是一棵大树，行孝是传统文化的树根，一棵树要想长得好，树根得稳固地壮大，树根长得好了，那树枝的枝条、枝叶还有不好之说吗？我理解能力并不是很好，对老师讲的话我半信半疑。老师讲课时也会播视频给大家看，说到行孝的时候，老师给大家播放了一个视频——《天堂的午餐》。故事讲述一对含辛茹苦生活的母子。母亲在私企上班，儿子在读书。每天他都能吃到母亲做的可口的饭菜，可是，他的心还是充满了不满与怨恨。母亲在干家务时，不小心挡住了他看电视，他便极不耐烦地叫她走开；母亲在叫他吃饭时，他总是叫道"快了快了"，可却还是无动于衷……这些事他何曾放在心上。可当灾难来临时，母亲不见时，他却时时刻刻地怀念这些所谓的"小事"。有一天，儿子高高兴兴地做了可口的饭菜等着母亲回来吃午餐。没想到的是母亲走了，永远地。儿子每天都做饭，两个人的，一份是自己的，一份是留给母亲的，把可口的饭菜夹到母亲的碗里，自己也吃着饭，只是此时是夹杂着泪水的。这个故事告诉我们"行孝不能等"。这个视频带给我的震撼真的是无法比拟的，自己以前何尝不是像视频的那位儿子一样，整天就会坐在饭桌前等着父母做好饭菜，然后也不等父母，自己就开始先吃。而父母也没有责怪自己什么，只是默默地坐下拿起饭碗吃饭，有时也会夹我喜欢吃的菜放到我碗里，我也没在乎过些什么。通过这个视频，看了的人里有多少人心里想要为自己的父母做饭，我们没有多少等待的时间。不要说曾经怎样，也不要说未来会如何，行动便是最好的证明。想想我自己以前，真的是不堪回首。老师说了这么一句话："当你在等以后，就失去了永远。"这句话深深地触动到我那封闭已久的内心深处，我真的深刻体会到了那种心情。人的一生错过的东西有太多，但我绝不会把自己的孝给错过。老师接下来的讲课，我都很用心地去听、去记，想着自己该如何去力行这个孝。

当课程结束后，回到学校宿舍的我，一直来回踱脚思考要不要给父母打个电话，我突然回想起老师说的话，行孝是不能等的，我就毫不犹豫拿起手机给爸爸打了个电话。爸爸接听电话后，不知道为什么我情绪忽然就失控了，那会儿我一直在哭没说话，电话那边本来是有点吵的，但爸爸一听到我哭了，电话那边瞬间变得很安静，我想爸爸一定是走出门口听我电话了。爸爸见我哭了就很紧张地询问我怎么了，我哽咽着说不出话，爸爸叫我调整好情绪，慢慢说。当情绪慢慢恢复的时候，我才开始对着电话那头抽泣着说："爸，感谢你们在这十六年来含辛茹苦地把我养大，以前我不懂事，老爱跟你们顶嘴，你们说一句我就顶十句，顶到你们都说不出话，在电话里，我跟你们说对不起了，我为我以前的行为感到羞愧，也希望能得到你们的原谅。谢谢你们包容我的任性和坏脾气，你们总是无怨无悔地为我付出，给我吃的、给我穿的、给我住的。我知道以前的我让你们费心了，从现在开始我不会再让你们担心了，我会好好去孝敬你们。"说完这些话后，我心里的那块大石头就扑通地落下了。电话那边爸爸对我说："青青真的是长大了呀，懂事了，会想事情了，爸爸替你感到欣慰。我知道，你和弟弟感情向来不是很好，你作为一个姐姐，要懂得去包容弟弟，不要耍小孩子脾气。我们能陪你的时间可能也就那么三四十年，而弟弟能陪伴你的时间比我们长，你要懂得珍惜。"当爸爸说完这些话，我的眼泪情不自禁地流下来了，我答应爸爸，我会好好和弟弟相处的，不会辜负你对我的寄托，爸爸，我爱你们。就这样，结束了这个长达一个小时的通话。

我将这个电话称为"爱的电话"。想想自己这十六年来，从未做过些什么让父母感动的事，也从未真正去孝敬过他们，我想这个电话就是我行孝的开始。尽管我不经常在家，不能帮爸妈做家务，不能为爸妈捶捶背，但我想行孝也可以从很多方面去力行。孝，可以是让父母看到我们成绩进步；孝，可以是父母从我们嘴里得到那一句让人感动的话；孝，可以是我们能够健康地成长，有一个健康的身体。对于他们来说也已是对他们的孝。父母更希望的，是我们能够在伤心的时候给他们打一个电话，是我们在外上学对他们报的那一句平安。尽管我们期中、期末考试没考好，父母还是会鼓励我们，让我们努力，让我们有出息。他们所做的一切，都是为了我们。我想我在往后的日子里，会更加珍惜和父母在一起的时光，也会在那些时光里做让父母开心的事，让他们时时刻刻体验着幸福。

我相信，孝敬父母是在各种美德中永远占第一位的。一个人如果都不知道怎么样孝敬自己的父母，他就不可能懂得尊重身边的每一个人。我比很多人都要幸运，没有在后悔之际才懂得去孝敬父母。很感谢这个"幸福人生"讲座，它给我带来了我以前从不懂得珍惜的幸福。我一定要遵从《弟子规》里面所讲的去力行："父母呼，应勿缓；父母教，须敬听；父母责，须顺承。"孝父母之身、孝父母之心、孝父母之志、孝父母之惠。

【三】传统佳节，你我传承

何容珍　2013 级会计三班

回首过往，漫漫的历史长河中，人类历史上留下了多少华丽的瑰宝，而我们中国的传统文化更是历史悠久、源远流长。在建筑文化方面有举世闻名的长城；在历史文化方面有北京故宫；在艺术方面有敦煌莫高窟等等。还有与我们老百姓生活息息相关的丰富多彩意义深远的传统节日。一年四季的每个节日都有不同的形式呈现，代表着不同的寓意。作为中华儿女，我们身上肩负着传承和发扬中华优秀传统文化的责任。在众多传统节日当中，我感受最深刻的就是春节和端午节。

春节，中华儿女最重要的节日，也是我国最盛大、最热闹的一个传统节日，更是中国人所独有的节日。春节一般指除夕和正月初一，习俗称为过年。但在民间，传统意义上的春节是指从腊月初八的腊祭或腊月二十三或二十四的祭灶，一直到正月十五，其中以除夕和正月初一为高潮。

春节的来历有一个传说。中国古时候有一种叫"年"的怪兽，每到除夕便出来害人。后来人们知道"年"最怕红色和声响，人们都找到了驱赶"年"兽的办法。从此每年大年三十也就是除夕，家家户户贴红对联、燃放爆竹来驱除"年"兽。除夕这天大概是人们一年中最忙的一天了。除夕的意思是"月穷岁尽"，人们都要辞旧迎新。在这天里，我们要把家里打扫得干干净净的，所有的物品都要擦拭得格外干净，还要贴门神、春联和挂灯笼等。除了这些我们还要祭祀神佛和祭奠祖先，然后才开始准备晚饭。北方习俗是在这天吃饺子，南方则是做年糕。水饺形似"元宝"，年糕音似"年高"，都是吉祥如意的好兆头。

我的家乡在除夕夜有守岁的习惯。如果不睡觉就守岁到凌晨，当时钟转动到十二点，我们同宗祠的族人会带上贡品，一起去宗祠拜年，这是一年中最热闹的聚会。每年到这个时候，我就非常高兴，因为小孩子也可以不睡觉玩到天亮。大家一起拜年，一起看烟花，不亦乐乎。大人们开始为新的一年做好规划。村里按惯例每年选出两名村主任管理大大小小的事情，大家和和气气地各抒己见，一起出资铺路，一起修建宗祠……看到大家热情和团结的面孔，我深深地被他们感动了。俗话说"一方水土养一方人"，我热爱这片生我养我的土地，因为它造就了勤劳和朴素的人们，这片土地更因为有他们的存在，显得生机勃勃、活力四射。感谢这个伟大的除夕之夜，让我们聚集在一起，共同去创造更美好的生活！

正月初一，在这天到处洋溢着喜庆的气氛，家家户户张灯结彩。在这天，我们客家人的习俗是吃素食的，这里面也有着别样的蕴意。听父亲说，那是很早就流传下来的习惯。以前的祖辈们生活非常艰辛，经常吃不饱穿不暖。即使到了节日也是以素食为主，后来生活渐渐好起来了，为了铭记往日的艰辛，为了不忘本，同时也为了警醒后人要继续发扬艰苦奋斗的精神，这个习俗一直延续到了今天。我为自己感到幸运，因为我是客家人，我要将这个习俗以及它代表的精神文化继续发扬光大。

在这天人人都穿着新衣裳，走到哪里都要道一句"恭喜发财"。到了初二就是走访亲戚的时候了，也称"拜年"。人们早早起来，打扮得整整齐齐，带着年货就出发了。孩子们给亲戚拜年的时候会得到红包，在我的家乡叫"利是"，代表的意义是大吉大利、平平安安。春节各地的习俗都不同，有的地方会舞狮、舞龙、踩高跷等，而我的家乡会在春节舞狮，在村里挑选年轻力壮的男孩子组成舞狮队，敲锣打鼓到每家每户舞狮拜年以保佑主家来年风调雨顺、吉祥如意。每到此时爆竹声又会声声响起，到处喜气洋洋的。借王安石《元日》中的诗句："爆竹声中一岁除，春风送暖入屠苏；千门万户曈曈日，总把新桃换旧符。"我喜欢这样的气氛，更喜欢这样的节日，因为它承载着中华传统节日的文化与精髓，它凝聚着千千万万中华儿女的心。

端午节——即农历五月初五，是我国汉族又一个盛大的传统节日。端是"开端""初"的意思，初五可以称为"端午"，"五"同"午"故叫"端午"。在我的家乡每当这天早上，一定要在每个房间的门口插上菖蒲和艾叶，还要在家里每个角落都撒上雄黄酒。爷爷告诉我这是为了避邪驱瘴。

当然，过端午节，吃粽子是必不可少的风俗习惯。据历史上记载，吃粽子和赛龙舟是为了纪念诗人屈原。屈原是春秋时期楚怀王的大臣。他倡导举贤授能、富国强兵，主张联齐抗秦，遭到贵族子兰等人的强烈反对，被免职赶出都城流放。秦军攻破楚国京都后，屈原始终不忍舍弃自己的祖国，于五月五日，在写下了绝笔作《怀沙》之后，抱石投身汨罗江求死，以自己的生命谱写了一曲壮丽的爱国主义乐章。相传屈原死后为蛟龙所困，世人后来每于五月初五投粽子于水中，以驱蛟龙。又传，屈原投江后，百姓划船捞救千里直行至洞庭湖，终不见屈原尸体。为了寄托哀思，人们荡舟江河之上，此后便有了龙舟竞赛。以后，在每年的五月初五，就有了龙舟竞渡、吃粽子、喝雄黄酒的风俗，以此来纪念爱国诗人屈原。

以上种种历史传说，我们无法考证是否属实，但我欣赏这个传说，我更愿意相信这是一个真实的事迹。中华民族漫长的几千年发展历史中为国捐躯的文人烈士数不胜数。正是因为有他们无畏的付出与无私的奉献，才换来我们今天的幸福生活。从小时候开始，屈原的爱国精神激励着我克服一个又一个的困难。每到端午节这天，我总要回忆一遍这个历史传说，不，是历史事迹。就如屈原《离骚》中的"路漫漫其修远兮，吾将上下而求索"，前路漫漫，困难重重，我将永无止境地去探索与追求下去。

让中国人感动和念想的节日还有很多，比如，中秋佳节，一个象征团圆的节日；清明祭祖节，一个象征家族孝道传承的节日；七夕情人节，一个象征美好爱情的节日……

今天，希望在接受西方文化的同时，我们不要盲目跟风，丢弃了中华原有的文化精髓，我们更要携手将中华的传统佳节一代又一代传下去，并且让它生生不息，让我们渊源的古老文化得以永恒传承，让我们从点滴做起，尊重历史，尊重文化……

【四】读弟子规，从我做起

黄脘玲　2013 级会计五班

圣贤教育，孝悌忠信，礼义廉耻，仁爱和平。

《弟子规》——中华民族文化的精华，依据圣贤孔子的教诲、采用儒家《论语》思想而编写成的做人之生活规范，具体到在家、出外、待人、接物所应有的礼仪和规范。在这个日新月异的时代，许多人常以不屑的态度去看待中华传统文化，他们认为这些传统文化已经过时。相反，学习优秀传统文化不仅是对中华民族历史遗产的捍卫，也是运用中国人几千年的聪明才智修身、齐家、治国、平天下，力求在现实社会中实现其价值。十七大报告中明确提出要"弘扬中华传统文化，建设中华民族共有的精神家园"，以建设"和谐社会"。这说明恢复中华传统文化道德教育是人心所向，众望所归。

鉴古今，百行孝为先，《弟子规》里的"父母呼，应勿缓，父母命，行勿懒，父母教，须敬听，父母责，须顺承"就很好地解释了这句话的意思。可现在我们这个社会道德滑坡太多：街上有老人摔倒没人敢去扶；碰到交通事故没人敢停车救助；大年初二，八旬老人睡在女儿家门口楼道里，其子女众多却无人问津……这些事件经过电视、网络等媒体曝光之后，引起了全社会的关注和沸沸扬扬的讨论。

结合这段时间学习的《弟子规》，我有很多的感想：古人尚且懂得"卧冰求鲤""孔融让梨"，崇尚尊老爱幼，关爱他人，诚信待人，而在当下，经济高度发达，物质生活丰富，比起古人来我们却在不知不觉中丢失了中华民族的传统美德，人与人之间的距离越来越远了，越来越冷漠了。正是因为人与人之间没有了诚信，没有了相互关爱才发生了这么多本不应该发生的事情。我觉得我们这个时代更需要继承和发扬中华民族的传统美德，深刻学习和理解国学经典，从小树立正确的人生观和道德观，这个世界才会变得更加美好、和谐。

《弟子规》中教导："物虽小，勿私藏。"作为一名中职会计专业的学生，将来接触财物定是必不可少的，若被财物享受迷障了双眼和心智，那就成了"苟私藏，亲心伤"。今天许多人都被迷障了双眼和心智，所谓"财迷心窍"，盲目地崇拜西方价值观，迷信人类的现代化和高科技，对中华民族古圣先贤的教导，因为不了解而丧失了信心，甚至抛弃，最终丧失民族自信心，在生活中深陷迷茫和痛苦，无法自拔，没有方向，最根本的原因是迷失了本性——人类天然纯善的本性。

作为一个平凡人，我们也许无力去做一些感天动地的事情，但如果每个人都能为别人做些什么、为集体做些什么、为家庭做些什么，那我们会成为一个个感动中国的人，而我们的家庭、集体、祖国也会越来越好。

"不要认为自己没有用，不要老是坐在那边看天空，如果你自己都不愿意去动，还有谁能帮助你成功。"这歌曲时刻回荡在我脑中，正是这首歌曲让我重新开始选择方向。很多时候我都想过要放弃，但想到爸妈辛苦的艰劳，我不得不挺直身板努力学习。爸妈经常教育我不要过分羡慕别人，忽略出色的自己，更不要和别人攀比，丧失本纯真的自己。对啊，没有做不到的，只有不想做的，所谓"有志者事竟成"，机会是留给哪些有准备的人的，如果你自己都不想动，那么还有谁能帮助你成功。

"如果你一天比别人落后半步，一年之后就是 183 步，十年就是十万八千里。"盛田昭夫说。是啊，只要努力向前走，就不怕终点不向你招手。现在让我们从身边的小事做起，从自己自身做起，学好《弟子规》，做最好的自己。

于是我又坐在书桌前，捧起一本《弟子规》大声诵读起来："弟子规，圣人训……"嫩稚的声音回荡在空中，荡进了我的心里，荡进了人们的一言一行，我按捺不住地笑了……

【五】生命里的"贵人"——《弟子规》

梁春兰　2013级电商二班

人的一生会遇到许多的苦难，因为只有这样人生才是精彩的。在遇到苦难时，我们有可能会遇到生命中的贵人。而我生命中的贵人是"中华优秀传统文化"。现在，由我来说一下我眼中的传统文化和它对我的影响吧！

我出生在一座小村庄里，家里的条件并不富裕，父母要外出打工维持生计，我的童年生活是和爷爷奶奶一起度过的！或许是自己太过调皮，又或是爷爷奶奶太放纵我了，所以我的性格非常暴躁，而且常常与长辈们顶嘴，甚至会和村里的孩子一起去欺负那些比我还小的人，打架成了我的家常便饭，而我也成了一帮伙伴们的大姐大，村里的好孩子都不敢靠近我，家里的亲戚一问起我的情况，父母的脸色就变得很苍白、很无奈。

记得爷爷跟我说过一件在我上小学三年级的时候发生的事情。那天是开学的第一天，爷爷高兴地牵着我的小手一起去学校报到。到了校门口，有位小朋友不小心碰到了我一下，我站不稳就摔倒了，小朋友连忙说对不起，那时候我根本就听不进去，心想：从来都没有人敢这样对我，所以我顿时挥手就向他打去，爷爷把我拉开，但我还是不甘心，又跑回去打了几下那个男孩，直打得他鼻子流血，我还一副理所当然的样子，当时爷爷并没有骂我，所以我更加嚣张。后来这件事是怎样解决的我记不清楚了。以后的日子我也差不多是这样度过的。慢慢地长大了，知道了别人都不喜欢自己，但我那时候并不在意，父母教育我的时候，他们说一句我就顶十句，态度嚣张。这些事情，周围村庄的人都知道，我成了一个人人厌恶的人。时间匆匆流逝，转眼之间我已经长大了，但性格却没什么变化。直到这个学期，学校举行了主题为"学好弟子规，做好中国人"的中华优秀传统文化教育讲座，学了《弟子规》之后我明白了不少道理，面对它我有一种相见恨晚的感觉，其中的"入则孝""出则悌""谨""信""泛爱众""亲仁""余力学文"组成了一个完整的道德系统，其核心是做人的"道"和"德"，就是通常说的"道德"。这时候，我联想到自己，以前的我是多么的不孝啊！生命是父母给的，然而我却是那样回报他们，回想起以前发生的种种事情，觉得自己无颜面对。

中国是具有 5 000 年灿烂文化的文明古国，知恩图报，尊老爱幼，待人诚恳……这些优良的传统从古至今都为人所熟知，翻开《弟子规》一读，就仿佛置身于文明当中，置身于做人的伦理大道当中。百善孝为先。行孝是为人子女的本分，而我却未意识到要孝敬父母。《弟子规》告诉我们行孝必须从细小入手，要做到孝心常在，而非一时之念想。"恩欲报，怨欲忘；抱怨短，报恩长。"这些足以让我心悦诚服。古人云："受人滴水之恩，当以涌泉相报。"《弟子规》让我们知道感恩。感恩给我们生命的人、感恩给我们知识的人、感恩给我们衣食的人、感恩给我们住所的人、感恩曾经批评过我们的人。将别人的爱永记于心，吸取别人的美德，完善自己，感动别人。

学习了《弟子规》，被它所蕴藏的深厚内涵而打动，由于自己的无知，错误地理解了很多圣贤的教诲，我甚至叛逆地将一些传统文化看成封建糟粕。以前，我从来没有真正感到过"我们是骄傲的中华儿女"。觉得那是一句空口号。而此时我才明白中华民族绵延数千年的真正原因，中华民族让世界人民喜爱的真正原因，因为我们有很深厚的文化底蕴！有着优良的文化传统！造就了一代代贤良的中华儿女！我们是"礼仪之邦"。讲究礼仪、广结朋友、谦虚仁慈……千年的文化造就了中华儿女那么多优秀的品德。

看到网上报道：在巴黎圣母院用汉语写的"请勿大声喧哗"；在泰国皇宫厕所中也要写上"请便后冲厕"；在美国的珍珠港，垃圾筒上赫然写着"请把垃圾丢在此"……这让我很汗颜。身为礼仪之邦的我们，中华民族的道德水平已经下降到了最低点！这也让我想起了"马加爵事件"，为什么一位头脑聪明，曾经在全国竞赛中获奖的大学生会对曾经讥笑他的室友下此毒手？其中有一位室友因为曾经主动帮助马加爵盛过一次饭而幸免于难。这引起了社会上对于青少年道德问题的广泛讨论与关注。

自从我了解到了中华的传统文化，我就在慢慢地改变。知道得越多对我越好，现在的我与同学们和睦相处，尊重老师、父母。"行有不得，反求诸己"，在与父母交谈时我会谦虚地聆听，在同伴面前会虚心地聆听；父母骂我的时候我就会反思自己，是不是自己做得不好，让父母不满意；在与同学们发生矛盾时，我首先会反思自己"到底是不是自己的做法错了"；老师吩咐我的事情我会立马去完成。

记得有一次放假，我回到家，父母很高兴，妈妈带我去逛商场。在超市中，有一位年轻的妈妈带着自己的女儿来到了收银台，但是这个年轻妈妈的脸色并不是那么好，一脸难为情的样子跟收银员说着什么。我过去了解了情况后知道原来是那位年轻妈妈付款时还差几块钱，孩子又一定要买那个文具，于是我就帮那位年轻妈妈交了差的几块钱。那位年轻妈妈激动不已，万分感谢，说了很多感恩的话，小朋友也一个劲儿地谢谢我。几块钱就让我体会到了如此大的幸福，觉得帮助别人是件很容易的事情。这件事让我开心了好几天。事后妈妈也跟我说："小兰终于长大了、懂事了，懂得去帮助别人了。"我微微一笑。我知道，如果是以前的话我不但不会帮忙，反而还会在旁边取笑那位年轻妈妈。

人的一生会遇到许多的困难，我不能总是想着靠别人帮忙，而是要自己去解决。我很庆幸我遇到了我生命中的"贵人"——《弟子规》，是它改变了我，让我变成了一位有爱心、有修养的人，这就是我眼中的传统文化和它对我的影响！

（四）匠心筑梦，精益求精

党的十九大报告提出，要弘扬工匠精神和精益求精的敬业风气，倡导身体力行，做工匠精神的践行者。长久以来，正是由于缺乏对精品的坚持、追求和积累，才让我们的个人成长之路崎岖坎坷，这种缺乏也让持久创新变得异常艰难，所以重提工匠精神、重塑工匠精神是生存、发展的必经之路。就学校而言，就要把其融入课堂教学、社会实践的具体环节之中，培养更多的合格劳动者与建设者；就我们而言，也要有一种执着、精益求精的工匠态度，将学习中的任务当作工艺品去精心雕琢，用匠心筑梦。唯有以一己之力不断践行工匠精神，才能无愧于心、无愧于时代，在未来希望的田野上耕耘出一片芬芳的美丽。

【一】践行工匠精神贵在坚持和坚守

朱峰 2013 级汽修二班

2016 年 4 月 16 日，国务院总理李克强在视察清华大学时指出，教育"应该注重增强学生的实践能力，培育工匠精神，践行知行合一"。这已经不是总理第一次提起"工匠精神"。在 2016 年的"两会"工作报告中，总理已经大声疾呼"培育精益求精的工匠精神，增品种、提品质、创品牌"。可以说，"工匠精神"已经成为国家产业战略迈向中高端的核心要素之一。

那么什么是工匠精神？通过学习和领会，结合我们中等职业学校来说，我所理解的工匠精神应该是职业道德。现如今，经济和技术的高速发展，使得我们社会中的部分人比较浮躁，做事情不专注，一切向钱看，稍遇到点困难就要选择退缩，这都是缺乏工匠精神的表现。也正因为这样，工匠精神现在有必要被提出来，而且有必要去践行。此外，对工作的执着专注、坚持和坚守，追求精益求精也是工匠精神的具体体现。

随着科技发展日新月异，创新被人们广为传颂。社会需要的工匠精神也是勇于创新；除了在自己的岗位上兢兢业业、勤奋工作外，尤其需要推陈出新。现在许多高、精、尖的科技要求人们必须敢于突破常规，敢于去大胆创新。

对于我们中职学校的学生来说，工匠精神尤显得其重要。作为日后步入社会的技能人才，没有工匠精神何谈技能报国。我们在走向职业的一段时间里，可能在技术水平方面经验不足，没有达到高超的水平，但是工匠身上那种执着专注、坚持和坚守、精益求精的职业素养是必须牢记的。我们在学校学习过程中，着重锻炼作为工匠应有的素质，先从高素质的工人、好员工做起，从平常行为规范做起。通过学习、践行德行对职业习惯、职业道德严格要求，按照"上学如上班，上课如上岗"按时出勤，在专业学习中养成良好的职业习惯，在日常的实训过程中做到：下班打扫机床、码放好工具，实训后打扫卫生，等等。

我们学校在很多专业都引进了校企合作企业。在合作办学的过程中，工匠精神融入整个学习环节，给我们以后的时间里，一步入工作岗位就已经是一位基本合格的工匠打下了基础。在与海尔集团合作的过程中，我们把海尔的企业文化引入学校，然后把学校的技术输送给海尔，这是一个互惠互利的合作。通过互相交流、文化的互相渗透实现传播工匠精神。

工匠精神的养成不是一朝一夕就可以到位的，也不是短短三年的在校时间就可以完成的，我们在学校学习期间，可能形成的是基本的职业素养、职业道德。没有十几年的坚守，谁也成不了真正的工匠。培养一流的工匠，实现技能兴国的梦想，不仅仅要靠学校的努力，更要靠全社会的共同参与，学习国外先进的技艺传承经验，在打造大国工匠的道路上要一起努力。

"工匠"是产生工匠精神的人力基础，培育和弘扬工匠精神，需要培育更多"工匠"型人才。要通过在学校学习和训练，从小培养爱岗敬业、精益求精的精神，树立正确的择业观和就业观。强化职业教育在整个国民教育中的重要性，让职业技术教育在国家有更高的社会地位，让我们在锤炼技能的同时，将"创新基因"深植于心。要深刻领会"互联网+"理念，充分利用网络资源，开展"导师带徒"等活动，充分发挥好传、帮、带作用，帮助我们树立优良的职业道德和思想作风，提高专业技术水平、岗位操作技能，使我们真正成为"工匠"型人才。

培育和弘扬"工匠精神"，全社会各行各业都需要去除浮躁，培育和弘扬精益求精、一丝不苟、追求卓越、爱岗敬业的品格，自觉把工匠精神根植于心、付之于行，努力提高工作能力、工作水平和工作成效。当前，"十三五"规划已经开局，全面建成小康社会的目标就在眼前，我们已经踏上实现中华民族伟大复兴的征程。要让蓝图变为现实，让梦想成真，需要一砖一瓦地接力，需要每人每时每刻的努力。无论在哪个岗位上，我们都应该努力践行工匠精神，做一名专注的"大国工匠"。

作为中职学子，未来中国的能工巧匠，我坚信，只要我们每个人都践行工匠精神，坚持和坚守工匠精神，中国梦一定能实现！

【二】我所体会的工匠精神

陆昌汉　2013 级汽修五班

我觉得，很多人认为工匠精神意味着机械重复的工作模式，其实工匠精神有着更深远的意义。它代表着一个集体的气质、耐心、专注、坚持、严谨、一丝不苟、精益求精等一系列优异的品质。工匠精神核心是一种精神、一种信念或者说一种情怀，是把一件工作、一项事情或者一门手艺当作信仰，一丝不苟把它做到极致，做到别人无可替代。作为一名汽修中职生，我深深感受到了其中的精神与执着。

我初中的时候在书上看到一篇文章：一天，一位学者去一家公司，看到三个工人在工地上砌墙，学者走过去问了他们三个工人同一个问题：你们在干什么？第一个工人没好气地回答道："难道你看不到吗？我在砌墙。"第二个工人诧异地看着他，用手比画着说："我在盖一座大楼啊。"学者大失所望，看向第三个工人："你呢？""我在建设一座美丽的城市啊！"学者听到后满意地离开了。几年后，学者又来到这里，看到的让他大吃一惊：第一个工人还在工地上工作，第二个工人成为图纸设计师，而第三个工人却已经成为第一个工人和图纸设计师的老板。

现在回想起这篇文章，发现所谓的工匠精神并不是只是精益求精，而更为重要的是一种态度。一个人的态度决定了他的行为，决定了他对工作是尽心尽力还是敷衍了事，是安于现状还是积极进取。把工作变成自己生活中的一种态度，认真细致负责地去完成领导交给的任务，甚至把"不可能完成的任务"完成得非常出色。这就是工匠精神。

工匠精神是不能丢失的。21 世纪是企业格局不断变化的时代。这个时代，一些传统的企业淡出了历史舞台，取而代之的是苹果、淘宝、腾讯……然而，无论企业家的经营理念、管理方式如何改变，他们的工匠精神却始终不变，就是对产品质量的不懈追求。有些企业家想方设法降低成本，不惜以降低产品质量为代价，获取更多的盈利，但老百姓的利益和健康方面都会受到很大的伤害，这类企业家失去自己的工匠精神，等待他们的是牢狱之灾！对于不同行业的人，工匠精神有不同的意义，但归根结底，都是承担起责任，对自己负责、对社会负责。我们不要认为自己的力量太过渺小，人人都是不可被屏蔽的存在。若每个人都能秉持工匠精神，中华大地会更加温暖！

我是一名汽车运用与维修专业的学生。汽修的工匠精神就是不断地创新技术，严谨地做好每一道检查，拧好每一枚螺母。随着科技的发展，汽车的内部也越来越复杂，我们要努力地学习好理论知识，上好每一节实训课，把学到的运用到将来实习的时候修的每一辆车上。虽然我因为某些原因考不了中级维修工证，但我也会把实习当作人生进入社会的第一步，把在学校学到的知识运用到实践中，争取越做越好。

在我们的学习和生活中，我们应该有工匠精神。比如：在学习的时候，我们要用一种执着、精益求精的工匠态度积极面对学习，将学习中的任务当作一件工艺品去雕琢。在班里，我是班长。班里的很多事都由我负责，我的工作有很多，包括许多烦琐的小事。我不怕事情多、很麻烦，怕只怕小事也做不好，做不到位。

今年11月份，一年一度的校运会开始了。在校运会开始前一个月，我制作了校运会运动员的名单表，并根据班里参赛同学的参赛项目一一填写上去。班干会议中，班主任让我负责通知运动员参赛和购买搭建、美化大本营需要的材料，我发现我在校运会中的责任又大了。虽然负责的这些都是小事，但我不敢掉以轻心，越是小事我觉得我越要做得更好！校运会赛事安排表发到班上后，我看了看我们班运动员的赛事安排并记在了自己的手抄本上，以便于校运会期间查看，生怕通知运动员晚了错过比赛。

校运会开幕的前一个周末，我把需要购买的搭建、美化大本营的材料列了一个清单，避免买错或者买少了东西。然后，我就拿着足够的班费和几个班干开着电动车去了旧百货店把需要的购买完毕。在开幕式结束后组织同学们搭建大本营，同学们都很积极，努力了一个小时把大本营弄好了。大家看着漂亮的大本营都露出了微笑！校运会期间，我在比赛前一两个小时通知了有比赛项目的同学，杜绝了运动员错过比赛的情况发生。时间过得很快，为期五天的校运会就结束了。我很开心我负责的工作经过我努力并没有出差错！

虽然在校运会中，我负责的是两件看起来容易的事，可在我眼里并不简单。我身为班长，我做的每一件事班里同学都看在眼里，所以我一直要求自己严谨、耐心、精益求精，哪怕只是一件小事，我也要做得更好！认真细致负责地去完成它。这就是我作为班长的工匠精神，但我觉得我还可以做得更好，我会努力，更好地去体会工匠精神！

什么是工匠精神？我觉得精益求精，有一种执着的态度、坚持、严谨，这就是工匠精神。

【三】责任——工匠精髓

韦庆芳　2013 级会计一班

记得小时候家里请人装修房子，每次到饭点都是我去叫叔叔、伯伯们吃饭的，而每次我总是会发现一位伯伯当所有人都走完了，他却还在那刷墙壁，小孩子总是那么不懂事，跑过去和阿伯说："阿伯，您为什么动作那么慢，是不是偷懒了？"他却只是笑笑地对我说："是啊，阿伯老了，手脚也不灵活了。"接着拉起我的小手走到别的叔叔刷的墙前，对我说："你去摸摸看看，然后再过去看阿伯刷的墙壁，仔细看哦。"我走近伸出小手去摸，再睁大眼睛去看，发现墙面的光滑程度都不一样，阿伯刷的墙面看起来更光滑些。"要记住，做事只求好，不图快。"这让我懂得了阿伯做事精益求精，这就是工匠精神。而工匠精神就是不断地精益求精，不管是什么事情，都要做到最好。

这是我小时候对工匠精神的初步认识。随着年龄的增长，通过学习，对工匠精神有了更深的认识。稻盛和夫被认为是最有工匠精神的企业家，他有一个很经典的自述。他说："手拿放大镜仔细观察产品，等同于用耳朵听产品的'哭泣声'。如果找到了不合格产品就是听到了产品的'哭泣声'，我就会想：这孩子什么地方疼痛才哭泣呢？它哪里受伤了呢？当你把一个产品完全当作自己的孩子，满怀爱意、细心观察时必然就会获得如何解决问题、如何提高制成效率的办法。工匠精神不只是精益求精，更是一种心态，而这种心态决定着你的命运。"是啊，工匠精神不仅是精益求精，更是一种态度：对从事的职业负责，不仅是对自己负责，也是对他人负责，对社会负责，对国家负责。

不知道你有没有留意过穿梭在车水马龙街道的清洁工人？他们冒着生命危险去扫车来车往过后留下的垃圾，哪怕只是一张纸片、一个烟头……当你从车窗扔出垃圾的那一刻，你可曾想过你所扔的垃圾是清洁工人要冒着生命危险去清理的？如果想到这，你还会毫不犹豫地向车窗外扔垃圾吗？当看到清洁工人在尽职尽责地捍卫我们的家园——地球时，随意丢垃圾的你不觉得惭愧吗？清洁工人爱岗敬业的态度不正是工匠精神的体现吗？

那身为学生的我们该怎样践行工匠精神呢？在学习的时候我们要用一种执着、精益求精的工匠态度去积极的面对学习，有一种打破砂锅问到底的精神，将学习中的任务当作工艺品去雕琢。把握好现在，紧握住未来！当你在因为一次挫折而一蹶不振时，你可曾想过这个年龄本该有的勇气、倔强和坚持呢？不要在最该吃苦的年纪选择安逸。我喜欢这样的一句话："圆规为什么能画出一个圆？因为脚在走、心不变。你为什么不能圆梦？因为心不定、脚不动。"在生活中不要再费力气去寻找什么捷径了，承担责任就是一种精神，不要认为自己的力量过于渺小，人人都是不可被屏蔽的存在，如若每一个人都能勿失工匠精神，那么国家会越来越强大。

就拿我现在就读的会计专业来说，当别人在说会计从业资格证有多么难考时，我也曾想要放弃，但那句话总会时刻提醒着我，"不要因为走得太久而忘记自己当初为什么出发。"也许会有人说，条条大路通罗马，成功的路不只一条，但当你没有坚持过、勇敢过，甚至连尝试都没有就放弃了，那么不管你再怎么走，目的地只会离你越来越远，因为你一直在原地踏步。

当听妈妈和邻家的阿姨聊天时，总会说到她家的哥哥、姐姐们找工作，她总会叹气地说道："自己学历又不高，对工资还要求那么高。"当人们去寻找一份工作时，考虑更多的是这份工作带给我们多少薪水，而不是我能从这份工作中学到了什么，得到什么成长经验。在我们的社会里，讲利益的人越来越多，讲责任的却越来越少，不讲原则的人也越来越多。当你从事一份工作，却不认真做好，你有没有想过是对你从事这个职业的不负责任，对自己的不负责任，这就是没有工匠精神。

当我在面对普通高中和中职学校的时候，我选了中职。可会计这个专业却不是我想学的，一开始我很排斥这个专业，上课不认真听课。但后来我明白了，我不应该用这样的态度去对待这个专业，这不是一个学生该有的学习态度。虽然说兴趣是最好的老师，但当选择了这个专业之后就应该认真地去学好，端正自己的态度，而不是浑浑噩噩地去浪费时间、荒废青春，这是对自己的不负责，也是对家人的不负责。曾看到这样一句话："这个世界并不合乎所有人的梦想，有的人选择了放弃，而有的人选择了坚持。"有没有"工匠精神"很重要，因为它决定着一个人的命运、一个民族的命运、一个国家的命运。

《论语》中有这样的一句话："知之者不如好知者，好知者不如乐知者。"这句话概述了工匠精神的精髓。当下"工匠精神"不是口号，它存在于每一个人心中。要不断地坚持、追求和积累，这样我们每一个人成长之路才会更坦荡。

【四】成功贵在坚持

冯腾艺　2014 级汽修九班

本人冯腾艺，现就读于广西科技大学，原是广西物资学校 2014 级汽修九班的学生，2016 年 4 月获得广西汽车职业技能大赛一等奖，2016 年 5 月获得全国汽车职业技能大赛三等奖。

初中的我，成绩一直都很优秀，但是后来因为交友不慎，导致我在初三冲刺阶段跌了下来，这一跌让我怎么爬也爬不起来，中考成绩出来了，其他同学的分数都超过了高中的录取分数线，而我却连最低线都没有达到。家人为了我以后能有一技在身，通过朋友介绍让我读中职学校，而一向喜欢汽车的我就报了汽修专业，后来了解到学校的汽修专业还是本校的重点专业，那时的我觉得自己还是幸运的。来到学校后我不断努力学习技能知识，上课时认真听老师讲课，课后认真复习，我的成绩得到了很大提高。

图 3-14　冯腾艺获 2016 年全国汽车职业技能大赛三等奖

为了竞争成为汽车技能大赛的培训选手，我每天比其他同学早起一个小时到实训室训练，放学后其他同学都兴高采烈地一起前往食堂，而我却还在认真研究培训时遇到的问题，其他同学忽略的细节我都仔细去研究。有几次因为在技术上遇到了比较复杂的问题，为了解决问题，我自己在实训室琢磨了一整天。苍天不负有心人，经过我不断检查终于把问题解决了。原来是之前训练的同学在培训中没有拧紧一颗螺栓，导致汽车一直存在故障，而螺栓松动是属于机械故障，用电子设备检测不到，只能用排除法一一检查。付出总会有回报，经过三个月辛苦的培训，最终我被正式选为技能大赛的比赛选手。距离比赛时间仅有短短一个月的时间，为了能在比赛上取得好成绩，我起早贪黑地进行赛前培训。

一块玉石，它如果想要在市场引起人们的注意，它要么比其他玉石的价格昂贵享有自己的舞台，要么就是有着非同一般的漂亮花纹。俗话说：玉不琢，不成器。再好的玉石也要经过雕刻工匠的精雕细琢。在培训中因为遇到的问题很多，而我的指导老师为了帮我解决这一系列问题，每个周末都会整天在实训室指导我。虽然我已经把比赛所用到的东西都背得滚瓜烂熟，把比赛所需要用到的流程练到极致，但是我的指导老师还是不放心，他总是要求我要多练多做，注意每一个细节，练的时候不能贪快，不仅要做完所有的流程，而且还要把所有的流程做得细致。就这样我匆匆地过完了一个月。虽然比赛时间已经迫在眉睫，但是我压根儿就没有觉得有什么紧张和压力。比赛前的一天，广西区内的所有中职学校都来到我们这进行赛前参观，其间我见到了来自各地的比赛选手，当时的我心里面就下定了决心，我一定要打败他们，我要拿到冠军。而这个时候我的指导老师却在为我明早吃什么早餐而发愁。

不知从什么时候开始，我的胃老是会犯毛病，早上吃东西经常会闹肚子，所以我每次吃早餐的时候都特别谨慎，我的指导老师为了我能在第二天有足够的体力比赛，为我精心做了份我这辈子吃过的最好吃的早餐——茶叶蛋。因为第二天七点钟开始进场比赛，而我的老师为了我能吃到新鲜的茶叶蛋，凌晨四点起床帮我煮了这一份早餐。看着老师那浓浓的黑眼圈，我眼泪不禁浸湿了眼角，此时的我内心更加坚定要拿下这场比赛。不知道是基础练得扎实，还是内心的坚定，在比赛中并没有任何差错，赛中设的故障也是我平时训练中遇到过的，所以没有在排除故障上花费很多时间，为我节约了往后的比赛时间，最后成功地获得了冠军。

作家三毛说过：上帝是公平的。因为他把每个人的时间分为 24 小时。一个成功的人士他每天也只能捕获到 24 小时，一个乞丐每天获得的时间也是 24 小时。成败在于你把时间用在了什么地方！

意志是磨炼出来的，成功是由汗水浇灌的，有时候吃亏也是一件好事。有时候比别人多做一点，比别人多坚持一点，比别人多努力一点，久了就会发现，其实多做一点也没什么。经过几个月的艰苦培训，我知道了没有做不成的事，只有不想做事的人。企业家俞敏洪说过：成功都是在后天，然而能坚持到今天晚上的人有百分之五十，能坚持到明天早上的人只有百分之十，能坚持到明天晚上的人只有百分之一二，能坚持到后天的少得可怜。其实成功离我们并不远，只是我们还不够坚持。

我想对学弟学妹们说：做一件事情不是在旁边指指点点、七嘴八舌的讨论，而是在于能沉下心来研究。学东西都是先易后难，先把基础练扎实，后面的就容易多了。书是人类进步的阶梯，在学习技能知识的同时，我们还必须抽时间多看看书，毕竟看书可以提高一个人的自我修养。

【五】修行在路上

黄小梅　2014级电商二班

图3-15　黄小梅（右四）代表我校参加
2016年全区电子商务职业技能大赛

本人黄小梅，原就读2014级电商二班，于2016年参加广西区电子商务职业技能大赛，获团队二等奖，现对口升学于桂林电子科技大学。

在2016年春学期，我很荣幸地与其他三位同学一起，代表学校参加了自治区电子商务专业中职组的技能大赛。回想自己参赛的备战阶段，我们基本上都是待在实训室里苦练。我负责的是处理商品图片和制作商品详情模板以及上传商品，使用最多的就是"Photoshop"。从一个小菜鸟一直猛练，成长到可以在规定时间内，熟练地用快捷键完成我所负责的工作。

比赛需要争分夺秒，指导老师们对时间的要求尤其严格。刚开始培训那会儿，我们各方面技能都非常生疏，做什么事情都是慢慢的，始终找不到紧张感，很显然老师们也发现了这个问题。在一次模拟比赛操作中，我们四个人的配合度并不高，任务交接的时间差太大，模拟成绩非常不理想。老师们将我们的表现看在眼中，恨铁不成钢，把我们轮流找去谈话，给我们找出问题，并教我们如何处理。记得我的指导老师曾说过："在比赛中，你们就是一个团体，谁的操作不到位延误了交接时间，下一部分就会衔接不上，你们这段时间的努力就会白费，细节决定成败。"

我们深知需要狠下决心改变。那些天里，除了吃饭睡觉，我们基本上都坐在电脑前猛练。培训的那段时间，我们都习惯了开着秒表来练习，看到一点点进步，我们都觉得成就感满满，以至于我的时间观念增强了许多。在后来的生活中，做事都习惯开秒表计时，我的同学看到都觉得不太能理解。

能获得代表学校参赛的资格，无疑是对我们在校表现的一种肯定。能在更广阔的平台，与全区同一层面的选手们一起比赛，实际感受到那种紧张氛围，对于我们日后的实习工作有不少帮助。通过老师们的有效指导，我们重新学到了许多当初上课时忽略了的知识，比其他同学掌握更多的知识要点。从备战到比赛，一路走来，有挫折也有成长，这都是我们人生中一份难能可贵的收获。经过技能大赛的培训课程，我做事变得更严谨了，越发明白了团队合作的重要性。

我想对学弟学妹们说：上技能课别走神，利用好课余时间，时常给自己一些压力，偶尔也别忘了放松。

【六】独具"匠"心

覃发骊　2014 级网络一班

我叫覃发骊，来自广西物资学校 2014 级网络专业，现就读于南宁职业技术学院，以下是我个人在物校获得的奖项。

2016 年 6 月	获得文明风采区赛二等奖
2017 年 5 月	获得自治区奖学金
2016 年 5 月	获得物联网技术应用与维护区赛排名第三
2016 年 6 月	获得物联网技术应用与维护国赛三等奖

2016 年 5 月 15 日是一个特别的日子，因为这一天是我们参加广西"技能大赛"物联网技术应用与维护比赛的日子。在这次比赛中，我们学校代表队获得了全区第三的优秀成绩并且进入了国赛，这离不开辅导老师们的辛勤培养，以及我们参赛选手的不懈努力。在这里我首先要感谢培养和教育我的各级老师以及领导，是他们给我提供了这个舞台，我才有这样进步与发展的机会。这次比赛不仅代表了个人，还代表了学校，我们也为学校增添了光彩。这场竞赛虽然取得了一定成绩，但同时也暴露出一些问题，针对这些问题，现对本次竞赛的情况作如下总结，以便为下一届参加比赛的学弟学妹们做个参考。

1. 心理素质是影响竞赛的关键因素。比赛不仅比技术，也比心理素质。技术再高的人，如果欠缺一定的心理素质，将会直接影响到自身的发挥。那究竟怎样克服心理障碍呢？

首先，拿到题目后要仔细审题。俗话说"万变不离其宗"，不管是自己见过的还是没见过的，首先要把考题和以前遇到的类似题型相比较，然后分析它们的相同点和不同点，从而找到正确方法。其次，做题时切记不能三心二意，一定要专心。最后，在平时训练中要把每一次练习当成比赛，这样才能在平时的训练中提高自己的心理素质。

2. 团队精神至关重要。在平时训练中，大家都会遇到不同的问题，遇到问题时要互相讨论，相互指出不足，相互交流，相互考核，团结作战，共同成长，有了这样的团队精神，才能在比赛中"厚积薄发"。

3. 要有速度、要细心。每个参赛选手的技能水平都不相上下，比赛比的就是操作的速度快不快，在操作的过程中细不细心。竞赛中失误大部分都是不细心导致的。拿 SQL 的数据库来说，数据库是很重要的，但稍有一步操作出错就会导致接下来的步骤做不好。所以拿到题目时要仔细读懂题意，弄清题目所要实现的功能，这就要求在安装服务器时不仅要稳中求进，还要进中求美，这样才能保证服务器能正常运转。另外，在离开考场前一定要做好后勤工作，所用的优盘文件，也要做好备份。

4. 要学会自学。俗话说"师傅领进门，修行靠个人"。自学能力是我们要具备的基本素质，遇到难题和不懂的问题一定要自己去查资料或者上网搜索。每个学生在课堂上学的东西总是有限的，很多知识是要靠自己去学习和积累。在课堂上学到的不一定能用到，但用到的你未必学过，所以我们得学会自学，提高自身知识储备，强化心理素质能力。

图 3-16　覃发骦（左一）获 2016 年
全国物联网技术应用与维护三等奖

5. 平时练习要做到夯实基础，勤奋好学，敢于反思自己。遇到问题要勤思考勤动手，把问题的原因、现象用纸记录下来，去寻求解决方法，避免下次出现同样错误。我相信只要坚持下去，自己的技能必定会有所进步。

本次比赛是一次理论与实践相结合的竞赛，充分体现了对现代计算机应用型人才的要求，给了我们一个自我提高和学习的好机会，为我们提供了一个展示自己的大舞台。我们非常感谢指导我们的老师们以及学校各级领导对我们的鼓励与支持。我们在今后的学习中也将更加努力，苦练技术，用我们的辛勤劳动来回报学校，回报社会。

作为学长，我希望学弟学妹们能好好学习，把专业知识掌握牢，学校或班级举办对自己知识技能有提高的活动要积极参加，它可以提高我们自身知识储备，获得学习经验。所谓"养兵千日，用兵一时"，拥有良好的技能知识，再大的问题也能解决。

【七】匠心成就美梦

覃冬妮　2013 级会计四班

　　我叫覃冬妮，原就读于广西物资学校 2013 级会计四班，2015 年荣获广西职业院校技能大赛会计电算化综合技能赛一等奖，现就读于广西师范大学会计学专业。

　　我初中的时候学习成绩很好，中考的时候以 6 个 A 的成绩考上了我们当地一所很不错的高中，但是读了一段时候后，因为各方面的原因，我退学了。退学后去工作了一段时间，我发现如

图 3-17　多才多艺的覃冬妮

果没有学历，没有技能，是很难在社会上立足的，于是我开始考虑读中专学习一门技能。

　　我上网搜索了很多资料，知道了读中专也能考大学这个信息，我就确定了自己的目标，就是要通过中职升本这个考试，圆我的大学梦。在做最终决定之前，我找了很多学校，分析了各个学校的优势与劣势，也综合了自己的性格，最后我选择了广西物资学校会计专业。同时我了解到如果能够参加技能大赛并获得奖项的话，在考试时会比其他人有优势。所以我在学校的时候就非常认真刻苦地学习专业知识，练习专业技能，以期望有一天能够参加技能大赛。

　　在 2015 年的时候，我终于迎来要举办会计技能比赛的消息，我和很多同专业的同学一起开始了校内选拔赛，靠着自己平时扎实的基本功和不懈的努力，我最终获得了代表我们广西物资学校比赛的资格。

　　我参加的比赛叫会计电算化综合技能比赛。分为三个项目：点钞、传票翻打和会计电算化。当时我虽然拿到参赛资格，但是离比赛水平还差得很多，所以每天的生活就只有不停的训练。大家都知道，会计技能

的训练是非常枯燥的，除了要克服技术上的难度外，还得忍受无聊。在训练的过程中也遇到了很多的困难，练习点钞的时候，被练工券割得手指上都是伤口，这个遭遇给我留下了心理阴影，现在给钱我都不想数。点钞同时也讲究技术，点钞的手势有很多，练得太多保持同一个手势太久，也造成了我手臂肌肉酸痛，也影响了另外一个项目——传票翻打的训练，到最后要靠着贴膏药才能继续训练，但我还是坚持下来了，并且在技能上有了很大的进步。

当时的训练时间是很紧的，从选拔到比赛只有一个多月训练时间。在这一个多月的时间，我们参加比赛的同学几乎都是不停的练习；也会有心理压力很大时候，觉得自己快撑不下去了，但好在当时有老师、同学给我加油打气，特别谢谢他们。

当比赛那天到来的时候，我还有些恍惚，一个多月的训练，长久的坚持，所有的努力都要在那几分几秒里表现出自己最好的成绩。比赛的时候非常紧张，毕竟是第一次参加这么大型又专业的比赛，而且我参加的比赛有两个项目——点钞和传票翻打的比赛时间只有几分钟，这非常考验选手的心理素质。但还好我顶住了压力，这两个项目都正常发挥，没有丢什么分。但是以上两个项目都不是我的拿分项，第三个项目——电算化会计才是我的重头戏。电算化会计就是用一款软件来处理会计业务。刚开始的时候我对于这款软件一点也不熟悉，但是通过平时多做题，摸索出了一些拿分的方法，在比赛的时候也比别人多了一点优势。

最后成绩出来的时候我非常震惊，以总分第一拿下了这个项目广西区的第一，当然也很开心，有一种向着自己定下的目标不断靠近的感觉，觉得没有什么能难倒自己，也更加坚定地相信自己一定可以考上大学。

技能大赛是一个很专业的比赛，参赛过程就是一个提升自我的过程。在训练的时候学到了更深的专业知识，自己也得到了锻炼。同时拓宽了自己的视野，看人看事都会变得不一样；也明白山外有山，人外有人，自己进步的空间还很大。

我想对学弟学妹们说：学习态度要端正，明白自己现在在做什么，也明白以后要做什么。

【八】创业达人

黄宁　2013级电商一班

大家好，我是广西物资学校2013级电商一班的黄宁，现在是桂林电子科技大学的一名大学生，同时，也运营着一家电商工作室，为当地的传统企业做电商服务。现在大二的我，正走在创业路上，年后将注册成立公司，近三年的目标就是打造一支百人互联网团队。

图3-18　创业达人黄宁

谈到电商，得从广西物资学校说起。物资学校电商专业提倡实战与理论相结合，于是我毅然开起淘宝店卖定制手机壳。三个月时间销售五六千个手机保护壳，将店铺打造成五钻等级，这也是我从事电子商务后取得的第一份好成绩。在校期间，我非常注重专业技能的学习，此外，自学一些营销、管理、战略方面的知识，丰富阅历。毕业后有段时间下班没事做，便在南宁普罗旺斯摆起了地摊，当作体验生活，卖手套、雨伞甚至椰子等等。刚开始，很害羞，不敢吆喝也赚不到钱；慢慢地学别人大胆对路人吆喝后，生意才慢慢好起来。后来发现，工作还不如上街摆地摊收入高，索性辞掉工作一心摆摊，用空闲时间倒腾淘宝。一段时间后，地摊市场纷纷饱和。于是我结合自己本专业将销售转移到网络上。打定主意后，便拉拢几名中专同学，回到柳州老家开起网络营销工作室。

我们团队积极参加比赛，一直在摸索中前行，不断总结失败教训。

"青创杯"比赛是我们团队磨合的一次好机会，比赛从初赛、复赛、决赛，邀请知名专家开讲座、做培训，通过比赛，团队做 PPT、路演的水平也得到提高，对大家的知识储备提升巨大。同年，工作室参加厦门电子商务协会主办的"全国电子商务实战技巧技能大赛"，获得一等奖。

我想对学弟学妹们说，不提倡所有人都投身创业潮中，学好基础技能，用在工作实践中才是重中之重。希望以后我可以为你们提供实践的平台，大家一起努力走向成功。

（五）知行合一，止于至善

知行合一是王阳明心学的重要哲学命题之一。"知"，主要指人的道德意识和思想意念。"行"主要指人的道德践履和实际行动。知行关系，指的道德意识和道德践履的关系，也包括一些思想意念和实际行动的关系。思想道德教育不能只存在于课堂上，还应该因地制宜地采取多样的实践形式走向课外、走向社会，在社会的实践中树立正确的人生观、价值观和世界观，培养爱国情怀，感受时代精英的高尚德操。我校积极开展与中华优秀传统文化教育相关、与中华优秀传统文化相结合的各类校园活动，还与广西道德文化促进会、广西孝道家园、广西仁爱文化中心、广西孝行天下文化公司等机构保持长期合作关系，通过讲座学习和志愿者活动的身体力行，使学生在实践中增长知识，塑造良好的人格修养。

（一）

大家好！我叫李凤，我的母校是广西物资学校，原就读于 2015 级电商四班。

图 3-19　热心参与实践活动的李凤

　　从一开始进入这个班级我就选择担任班长。我是一个性格开朗活泼的女孩，在学习中努力奋进，非常严格地自我约束。在班级我严守纪律、主动帮助同学；作为班主任的助手，会主动分担班级各项管理工作。在班级里我做事认真，得到了每一位同学、老师的认可，保质保量地把班级的事情第一时间完成。在这两年之中，我学习之外还多了一份沉重的责任，作为一个领头人我必须在各方面提升自己，我要学会去权衡更多的事情，要去理解和包容更多。在这两年当中，我学会了怎么去管理好一个团队，怎么让自己做得更优秀，我成熟了很多，感悟很多。一开始凭着对班级的一份热忱，在工作过程中曾遇到过许许多多坎坷困难，但我不曾想过放弃，因为我明白，许许多多同学背后鼓励我，我不能让他们失望，所以我总会尽自己最大的努力完成各项班级工作。在这过程中，我感受到了集体的团结精神和凝聚力是多么大多么重要，我也收获了深刻真挚的情谊，更让我深信一句话："种下行为，会收获习惯，种下习惯，会收获态度，种下态度，会收获命运。"确实，态度决定一切。每当工作中遇到困难和挫折，我就拿良好的态度当作一个正确支撑点，坚持的毅力像是有力杠杠的。我还有很多需要去完善自己，所以一直在默默努力。

　　在学习当中，我勤学苦练、发奋图强，争取每个学期成绩在班级里排前五名，得到了学校老师鼓励，每个学期获得优秀班干及三好学生荣誉。

我平时主动参与学校组织的活动。在 2015 春季电子商务大赛中荣获预赛第三名及决赛二等奖，获 2016 年秋季朗诵中华经典弘扬传统文化二等奖、2016 年秋季文明风采征文二等奖、2016 年秋季书香校园活动读书征文比赛一等奖。

如今进入了社会，参加了工作，我还是热爱传统文化。每次看见老人过马路都会上前帮助。在这个 30 多摄氏度的炎热天气，看见环卫工流着辛勤的汗水整个身子的衣服都湿了依然还在工作，每次看见马路上有垃圾都会主动上前弯下腰把垃圾捡起来。这就是一种美德，让这个世界变得更加美丽更加干净。

图 3-20　李凤参加广西物资学校与广西二轻
高级技工学校传统文化协会交流座谈会

在学校，我是传统协会的一员。加入后我学会了怎么样去与人接触、孝顺父母及回报帮助自己的人。在学校每周二我们会开展力行活动，让校园更加美丽干净。周末时间还会去敬老院看望老人，给老人送去一份快乐和温暖。参加传统文化每一个活动都体会感悟很深，关心照顾老人是一种传统美德，是构建和谐社会的重要部分。这种美德希望大家能传承下去。

（二）

大家好！我叫叶广龙，原是广西物资学校 2014 级汽修七班的学生，时任副班长、宣传委员，曾多次获评三好学生，现在广西南宁秀厢大道 118 号广西广福销售服务有限公司任机电技师。

在我没有学习传统文化之前，我是一个没有道德修养的人，不孝顺父母，上课逃学，抽烟、喝酒，整天游手好闲，经常惹父母不开心，家里人整天为我这个不孝之子操心、操劳。幸运的是，父母将我送来南宁物资学校就读，学习了传统文化以后，我有了很大的改变，在这里我真心说句"对不起，爸爸妈妈我爱你们"。

在校期间，本人除了多次参加传统文化课程外，还积极参加广西"孝道家园"举办的一些公益活动等。在校参加的传统文化课程活动有很多，例如：校园环保、校园读经、书法练习、去敬老院、回收旧衣服、社团联谊、不定期到外参加公益"幸福人生"讲座、参加学校安排的一些社团活动、心得感悟分享等。这些活动让我的课余时间得到了妥善安排，也同时让我的课余时间很丰满，接受不同的事物，每天不同的学习，不同的收获，不同的感悟。

除了工作时间以外，我有空余时间就到"孝道家园"做志愿者，参加公益活动，同时还做网络志愿者、宣传中华优秀传统文化知识和"孝道家园"的一些公益活动，等等。

当我在很迷茫、不知道该往哪个方向行走的时候，我身后有这样一个平台在给我动力、给我希望、给我勇气，那就是慈悲伟大的广西"孝道家园"公益平台，让我明白了很多事情，不管在什么时候，在做什么，只要坚持心中的理想，不管遇到什么问题，都不能阻挡我们前行，力行孝道，一家平安。

图 3-21　叶广龙参加明德书院"孝福之道"公益课程

（三）

　　大家好，我是蒙科达，来自 2016 级汽修一班，是传统文化协会的一员，也是现任会长。我是从《弟子规》开始接触传统文化的。在新生开学第一个学期，学校设有传统文化课程，课程的内容是《弟子规》。老师对《弟子规》讲解得非常认真生动，让我对孝敬父母和待人接物、生活上的一些细节也有了一些新的认识。在一次课程结束后，老师提及传统文化协会，后来在同学的陪同下，加入了传统文化协会，并且结识了一些好朋友。

　　加入协会后的第一个志愿者活动是星期四的"力行环保校园"。会长准备了两个塑料桶和几把铁钳，给我们一人颁发一个袖章，然后我们就开始在校园内捡垃圾，捡到空瓶子就存起来卖掉换取会费。一开始我觉得有点难为情，因为被这么多人看着觉得不好意思。然后学姐对我说，我们是在捡"宝"。这句话引起了我的深思，看着前辈们的身影，我感受到了满满的正能量，觉得我们是在做好事，是为学校的环境贡献一份力量，也是在积福，然后满怀欣喜之心继续我们的力行。

图 3-22　2017 年蒙科达参加"明德讲堂"

传统文化协会的第二课堂活动是在周三晚上进行，主要内容是观看一些德育影视片，以及阅读经典，例如：《弟子规》《孝经》等。郭海君老师是协会的指导老师，我们在她的指导下学习传统文化，老师也会为我们详细讲解内容。我印象深刻的一个德育故事是《江革负母》。江革在当时兵荒马乱的情况下还能对母亲不离不弃，悉心照料母亲。后遇到盗贼，想要把江革劫去。面临这种情形，江革在盗贼面前苦苦哀求，痛哭流泪，用自己的孝心打动了盗贼。江革在这么艰困的环境当中还能脱险，为母亲做最好的孝养，由此可见，环境的好坏并不足以影响孝子的心，只要我们有一颗真诚的心，任何环境我们都可以做到孝亲、敬亲。

在第二课堂上，我们读过最多的还是《弟子规》这本书。《弟子规》规范了人的行为，一句话一个道理，一句话一种思想。它给了我们很多工作中的启示。例如"事勿忙，忙多错，勿畏难，勿轻略"，是指我们在工作中做事情不要慌张，忙乱就容易出错；不要害怕困难，应知难而进，也不要马虎草率，要认真对待。"见人善，即思齐，纵去远，以渐跻。见人恶，即内省，有则改，无加警。"意思是看见别人有好的品德，就要向他看齐，哪怕同他相差很远，只要坚持下去，慢慢地总会赶上，看见别人坏的行为，就要自我反省，有就马上改正，没有也要引起警惕。"或饮食，或坐走，长者先，幼者后"，是教人不断形成恭敬心。"置冠服，有定位，勿乱顿，致污秽"，是讲一个人要有负责的态度，养成有条不紊的做事方法。"房室清，墙壁净，几案洁，笔砚正。列典籍，有定处，读看毕，还原处。虽有急，卷束齐，有缺坏，就补之。"讲的是我们要养成良好的习惯。《弟子规》虽然只是一本小册子，但是给我的生活带来许多启示，受益匪浅。

后来，经过努力和会长的信任，我担任了代理会长。开始跟着会长处理一些工作。2017 年 4 月开始，我们协会开始了回收旧衣活动，每周三下午四点半到五点半在风雨球场回收。我们会将回收上来的衣物让"飞蚂蚁"上门收取后进行分拣，将较新、质量较好的衣服捐赠给贫困山区，将不能再穿可再生的衣物进行环保再生处理，废物利用。这个活动很有意义，获得了广大师生的支持。

5 月 11 日，协会组织了一次去敬老院看望老人的志愿活动，帮老人打扫卫生，和他们谈谈心，让他们不至于太寂寞。我当时是在喂一个老奶奶吃饭，老奶奶似乎牙齿不好，于是我就慢慢来；奶奶似乎也不能说话，喂着喂着就哭，或许是想到自己的儿女了吧。然后我就跟奶奶说了一些安慰的话，希望能让老奶奶开心一点。在老人吃过饭之后，我开始打扫卫生，有一个老奶奶很高兴，看起来挺精神，一直在跟同学絮絮叨叨说一些什么，看见老人家这么高兴我也高兴起来。虽然我们只是在做一些小事，但是能让老人们感受到温暖，我觉得很有意义。尊老爱幼是中华民族的传统美德，是我们每个人应尽的责任和义务。

到了 6 月，学姐学长们要出去实习了，我也从代理会长变成会长了。6 月 10 日，这是学期最后一次联谊，我带着协会成员去广西机电技术学院的旭日国学社进行联谊交流。在那里我们观看了一次茶艺展。悠悠的茶香让人感到无比舒服，看着那些茶艺不禁让我感慨生活原来可以如此讲究，如此有趣。看完茶艺，我们开始互相介绍各自的协会，并提出各自的观点。他们的指导老师——司徒艳老师是一个温和善良的老师，常常微笑着。"欢迎物资学校的传统文化协会到我们这传经送宝来了，欢迎欢迎。"她微笑说道，"今天在这里的孩子都很棒，都是好孩子。"她这样子说："大家都是亲人嘛，不用太拘谨，就当在自己家一样。"她的身上似乎散发着柔光，让人感到无比亲切。

担任会长以来，我对社团的管理方式和发展感到疑惑，当我问及社团成员的去留问题该如何处理的时候，司徒老师似乎感受到了我的迷茫，她说："其实我们也都有这种情况，来者不拒，去者不留。我们要对我们的传统文化有信心，只要我们这些骨干稳住，就没什么好担心的，你们说是吧？"老师的话语让我更添信心。今后，我还会继续学习传统文化，带领协会走向越来越好的未来。学习传统文化，为的是提高自身修养，做一个有道德的人。我会继续传递这种正能量，若是人人都能怀有一颗感恩的心，那么世界一定会更加美丽。

（四）

我是梁静，是广西物资学校会计专业 2014 级二班的一名学生。在校期间，我担任班长，并获得过校优秀班干部、校优秀毕业生、校文明风采征文大赛一等奖、南宁市中职生职业生涯规划演讲比赛三等奖、广西职业生涯规划大赛二等奖、广西区民族知识竞赛第五名等荣誉。

在今年的暑假，我拿到了自己的本科录取通知书。作为一名中职生，这是我从未想到过的。这一切都得感谢我的母校——广西物资学校。而这一切荣誉与成就，更是离不开传统文化的帮助。

初进校园，我是一名叛逆的中职生。刚接触传统文化时，我对此不屑一顾，认为这是老一套，并不适合新时代的我们。但在一次大型现场比赛里，传统文化却给了我莫大的帮助。记得那是一个深秋，我有幸选为区中职代表队的一员，参加广西民族团结知识竞赛。在备赛阶段，我深入地了解到了传统文化对中华民族的影响，这更是对我灵魂的一次洗礼。老师给我们传输了很多传统文化知识，让我们在知识层面得到了很大的丰富，我们不仅仅了解到书本的只言片语，一个个深刻的文化故事更让我们体会到了传统文化的底蕴之深厚，并为之深深沉迷。在初赛阶段，我们给所有参赛选手、老师、评委都留下了好印象。在决赛阶段，我们将传统文化进行到底，对每一位选手我们都以诚相待，最后我们获得了第五名的好成绩。

初出校园的我，通过在学校学习到的传统文化知识，很快就和同事们搞好关系。同事们都喜欢和我共事，顾客们也喜欢和我打交道。我很快就成为公司里的一匹"黑马"，销售业绩稳步直升，并当选为公司的最佳员工。实习期结束之时，经理对我说，你们学校的传统文化教育非常成功，专业与道德的双教育，让社会有了更多德才兼备的人才，给了我们公司员工培训非常大的启示。

备战高考，学校不但为我们安排了无偿的文化补课，更在临考前为我们请来了学校的礼仪老师，让我们在面试环节大放异彩。可以说，这次面试礼仪培训是使我考上心仪大学——广西师范大学的关键。在考试期间，我们都将在学校学习到的传统文化礼仪运用在每一个地方，对待老师，我们举止有礼，主动问好；对待同学，我们以诚相待，施以援手。在面试时，我回答响亮，举止文明，给考官留下了好印象，这也让我获得了一个不错的面试分，助我考上了大学。

传统文化之于我，既是良师，亦是益友。

图 3-23　梁静（左一）2014 年参加广西首届中小学民族团结知识竞赛

图 3-24　龚晓丽在中华茶艺表演中

（五）

　　时光飞逝，岁月如梭。两年的中专生活转眼已逝，时间虽然不算太长，但是在广西物资学校的两年我确实有很大的收获。在物校的两年里我不断地挑战自己、充实自己，提升各方面能力；此外，我还收获了专业知识，遇到了像家人一样关爱、呵护、悉心教导我的老师们，还有很多像兄弟姐妹一样的同学们、朋友们。我是来自广西物资学校 2015 级国际商务班的龚晓丽，连任两年班级团支书，并且担任学校现代商务协会副会长，在校曾连获两个学期"三好学生""优秀共青团干部"，校级朗诵比赛中曾获得二等奖，在校外实践中荣获"最可爱的志愿者""优秀营员"等光荣称号。现在校招生就业处担任实习生。

　　在校期间我积极参加学校、所学专业组织开展的各种活动与晚会，曾连任"国际商务专业技能展的主持人"，也担任过"国际商务专业技能展"学生负责人之一。曾在"中华优秀传统文化——弘扬社会主义核心价值观"晚会以及全校各专业技能展中参加"中华茶艺表演"。参加这些活动使我得以提升自己，更加拥有自信。在每一次茶艺表演中，我对茶艺的认识以及感触都会更深刻，了解茶艺的起源、发展的过程，传承的历史及泡茶过程中的细节，让我对茶艺有了更深的感触，更游刃有余。茶艺是一种文化，也是一种礼仪，在校学习的茶艺课程的确对我顶岗实习有了一定的帮助。我在校招生就业处实习，平时会有一些领导、老师、校企合作单位负责人以及新生家长到我们办公室进行交谈或者咨询，这时我所学习的茶艺就可以发挥作用啦！可以给领导、老师、新生家长、校企合作负责人熟练地泡茶，就连在校外实习的同学都来问我关于茶艺的一些礼仪，说在接待顾客的时候可以用上呢，这时候还是很有成就感的。

接下来，就来说说在实习之后代表学校去参加 2017 年全国各民族大中学生暑假同心营（广西分营）的心得体会吧！首先很感谢学校给我这个机会参加同心营，让我可以在其中学习到祖国不同的民族文化、交到很多不同民族的朋友、认识很多优秀的学生干部。首先，给大家介绍一下"同心营"吧！全国各民族大中学生暑假同心营是共青团中央"青少年万人交流计划"的重要组成部分，是全国青少年民族团结教育品牌项目，宗旨在于不断加强各民族青少年对中华民族和中华文化的情感认同和理想认同。

7 月 15 日，2017 年全国各民族大中学生暑假同心营（广西分营）在绿城南宁正式开营，来自云南、四川、广东、海南、贵州、广西、湖南等七个省区的 180 名大中学生一起参与为期七天的同心营活动。当天晚上我们开了班会，互相认识、互相了解、竞选班委。很荣幸我竞选上了"二班班长"，虽然我不是班级里面最优秀的，但是我会努力做到最好，也很感谢同学们对我的信任。第一天我们在一起参加了"破冰活动"，让我们一个个陌生的名字慢慢熟悉、一颗颗彼此生疏的心慢慢靠近。第二天我们参加了民族博物馆——体验民族传统手工艺品以及民族文化，对各个民族有了一定了解，也更加了解了各个民族的小伙伴，我们的距离更加靠近。第三天我们来到了南宁的"美丽南方"，青山绿水我们一起在路上，这天我深刻地体验到了现代农村的发展。

图3-25 龚晓丽参加2017年全国各民族大中学生暑假同心营

第四天我们在广西规划馆。在规划馆里我深刻体验了我们广西的飞速发展。第五天我们体验军营走边关，我们在友谊关前看着五星红旗冉冉升起！那是我长那么大以来最震撼的一次升国旗。我们在中越界碑前庄严宣誓，大声高喊着："我骄傲，我是中国人！"最后一天我们中职生来到了南宁市华侨学校，体验了"吹糖人"，自己动手制作，和不同民族的小伙伴一起体验了其中的乐趣。接下来我们一起齐心协力"板鞋接力""高空抛绣球"，我们组还取得了第二名的成绩呢，虽然没有拿到冠军，但是我们合作得很开心啊，因为是随机分组的，所以又认识了很多不同民族的朋友。最后一晚我们班在闭营晚会上表演了"走秀之民族大团结"以及"歌曲串烧""咋啦爸爸"等节目，最后一晚大家的表演都很精彩，展示了很多民族的风采，最后的时候我们流下了不舍的泪水，紧紧拥抱在一起。这七天将成为我一辈子难忘的回忆，因为有你有我，我们在一起，手拉手心连心，同心同行，我们都行！永远记得八桂大地我们曾一起同心，五湖四海我们将永远同心……参加这次同心营我最大的感受就是我在每一位营员的身上学到了同心与团结，在每一个工作人员的身上学习到了付出与责任，更加理解了作为青少年身上肩负的重任。

以上就是我在校两年以及参加同心营活动对自己的一个总结。

以后无论是升学还是工作我也一定会不忘初心，砥砺前行，做更优秀的自己。

图 3-26　甘树聪三江侗乡之行

（六）

　　我叫甘树聪，原广西物资学校 2014 级国际商务班的学生，现在在桂林旅游学院的文化与传播学院 2016 级旅游专业就读，担任班长职务。

　　我为什么会对民族知识感兴趣？大概是小学三年级的时候，在央视看到一部讲述中国民族情况的纪录片，原来中国除了汉族以外还有 55 个少数民族啊，每个民族都有自己独树一帜的文化，优美的民族服饰，各不相同的风俗习惯。我为自己国家是由多元文化构成而感到非常的自豪！想要了解这些陌生的文化，看看各个民族居住的地方、风土民情、历史等等。

　　我的家乡在桂西北的不知名小县城南丹县，那里本身就是个多民族聚居的地方，有壮族、瑶族、苗族、水族、毛南族、仫佬族、侗族等。各个民族比邻而居和睦相处。平时有假期我就会跑到民族村寨跟各民族的老人交流，听他们讲本民族的故事、历史，也向他们请教风俗禁忌以及各种图腾代表的含义。后来家里买了电脑，我开始在网上查阅资料。研究得越深入就越感兴趣，原来即使是同个民族也分有多种支系，各个支系之间语言、服饰、风俗习惯又大不相同，这更加激起了我的求知欲。我周六周日固定去新华书店和图书馆买书看书，那时候《中国国家地理》出了 56 个民族专题系列，每期以一个民族为主题，每到月底就特别兴奋地跑到报刊亭去买，没落下任何一期。就这样维持了几年。我的知识储备达到随意给我一张身着少数民族服饰的妇女或是建筑图片，我都可以清楚地告诉你她是什么民族、什么支系、人口居住在哪、有什么特别的风俗习惯。

这时候我已经不再满足于从书上了解这些知识，更致力于如何实地考察。我把压岁钱攒起来，利用节假日去旅行，看到了鼓楼、风雨桥、清真寺、百褶裙，还有极高艺术价值的音乐形式侗族大歌、苗族山歌、壮族山歌，等等，这些都是曾在书上看到的了解的，但实际接触到的感受是完全不一样呢！

2014 年，我在广西物资学校就读，听说学校正在海选选手参加全区"民族团结知识竞赛"。抱着试试的心态我去参加了面试，结果顺利进入决赛成为参赛选手一员。我非常高兴也很珍惜这个机会，知道我们将面对的是来自广西十四个地级市的初高中代表队，我压力很大，在一个月的备赛中充满斗志。紧张而充满兴奋的比赛落幕，虽然与我们预期的名次有出入，但友谊第一比赛第二，与其他的参赛选手结下了友谊。

这次参赛经历对我来说至关重要，它折射出我的不足，我更求上进要完善自己。我的大学专业是旅游，专业课有与民族相关的课程，可以更系统地学习民族文化。由于之前就钻研过，所以学起来不吃力。同专业的同学也都是来自不同地区不同民族的年轻人，能与他们接触本身也是个交流学习的好机会。大学有足够的假期去分配自己的时间，可以多去旅行。我非常喜欢坚持兴趣爱好的自己，让自己越来越优秀。慢慢走遍所有想去的民族村寨，结识来自不同文化背景的朋友！

结　语

　　著名哲学家冯友兰曾经在《中国哲学史新编·自序》中说："我时常想，在世界上中国是文明古国之一，其他古国现在大部分都衰微了，中国还继续存在。不但继续存在，而且还进入了社会主义社会。中国是古而又新的国家。《诗经》上有句诗："'周虽旧邦，其命惟新'，旧邦新命，是现代中国的特点，我要把这个特点发扬起来。""旧邦"就是有古老文化历史的国家，"新命"就是其生命不断更新发展。中华文明是世界文明史上唯一的连续性文明，5 000 年的连续发展是中华文明的重要特征。中华文明具有如此长久的连续性，证明中华民族的历史发展必有一伟大的力量寓于其中，这个力量就是我们的中华优秀传统文化和它所滋养的中华民族的精神，它赋予了中华民族伟大的生命力和凝聚力。

　　2014 年 10 月 13 日下午，习近平总书记在主持中共中央政治局第十八次集体学习时强调："中华优秀传统文化是我们最深厚的文化软实力，也是中国特色社会主义植根的文化沃土"。我们今天的一个重要任务，就是大力传承和发展中华优秀传统文化，坚定文化自信，担当起实现中华民族伟大复兴的历史使命。

　　加强中华优秀传统文化教育，是建设中华优秀传统文化传承体系、推动文化传承创新的重要途径。当今世界，文化在综合国力竞争中的地位和作用更为凸显，越来越成为民族凝聚力和创造力的重要源泉。当前，世界多极化、经济全球化深入发展，国内经济社会转轨转型，深刻变革，现代传播技术迅猛发展，世界范围内各种思想文化的交流、交融、交锋更加频繁，社会思想观念日益活跃。加强中华优秀传统文化教育，是建设社会主义文化强国的重大战略任务，对于更好地传承中华文脉、全面提升人民文化素养、维护国家文化安全、增强国家文化软实力，持续推进国家治理体系和治理能力现代化都具有重要意义；对于促进世界和平、友好、发展，减少和化解生态危机及不同文明之间和国与国之间的矛盾冲突，也都有越来越大的隐性和显性的国际意义。

中职学校是为社会培养和输送专业技术型人才的重要场所，在人才培养过程中，对于中职学生人生观、世界观、价值观塑造的重任责无旁贷地落在了中职德育教师的肩上，德育课作为对学生进行思想道德教育的主要途径，发挥着十分重要的作用。中职教师如果能够在德育教育教学中渗透中华优秀传统文化，为青少年成长成才输送养分，让中华优秀传统文化落地生根，传承不息，必然会产生很好的教育教学效果。

于我而言，中职学校德育工作就是在孩子们心中播下中华文明的种子，我们细细地浇灌，慢慢地耕耘，这是一辈子的事业，也是润物细无声的伟大事业。我们的学生是芸芸众生中最普通的人，也许他们不是最优秀的，但历经优秀传统文化的洗礼，历经德育的沉淀，感恩、礼敬、仁爱将伴随他们走过人生岁月，受益良多。

中华优秀传统文化教育永远在路上，继承和弘扬中华优秀传统文化，我们要对传统文化的定位、作用、影响有新认识。继承和弘扬优秀传统文化绝不是立竿见影的"神丹妙药"，也不是对传统文化的简单复制。同时，文化随着时间的更迭，不断地延续和衍进，进而形成新的传统。不忘本源才能开辟未来，善于继承才能更好创新。我们要树立创新意识，增强中华优秀传统文化的创新力。要让文化融入时代、融入生活，让文化的传承与时代接轨，我们要创造文化在当代新的表达形式，借助大众传媒和现代传播技术，扩大中华优秀传统文化的影响力，增强中华优秀传统文化的生命力，不断创造中华优秀传统文化教育的新辉煌。优秀传统文化进校园只有起点，没有终点。继承和弘扬中华优秀传统文化永远在路上，让中华优秀传统文化发扬光大是当代中华儿女共同的使命与责任。

后　记

　　两年的耕耘终于有了收获，此刻，我可以静候花开了。

　　人们常用怀胎十月来形容孕育新生命新事物过程的艰难。但这本书的编写从计划到实施，远比十个月的时间来得漫长、来得曲折。多年前，我还未入职广西物资学校之时，就听说过学校传统文化教育开展得有声有色。后来，有缘走进物校，身为物校德育教育教学的一分子，与众多热爱传统文化的老师们一起开发广西物资学校特色校本课程"中华优秀传统文化"，组织传统文化实践活动，知行合一，在具体实施传统文化教育的过程中，我们有传承与感悟，有探索与发现。

　　于是，我有了编写一本书的想法，可有了这样的想法真要去做却困难重重。这是一项浩大的工程，个人的能力精力是有限的。幸运的是，这几年，通过教学与实践，在德育组诸位老师的支持和帮助下，万事俱备，只欠勇气与决心。

　　任何事情，想迈出第一步总是那么困难。2016年上半年，我有幸入选成为广西二期中职名师培养对象，这时我产生了将我们这几年对中职德育所进行的实践、研究与感悟集齐成篇的想法。念头一起，立即兴冲冲地投入编写。可是，这项工程太大了，并非我一时兴起就可以文思泉涌，下笔成文。作为中职德育老师的我来说，确实有点异想天开。

是偃旗息鼓、望而却步，还是金鼓齐鸣、逆水行舟？在那段时间里，这个问题一直在我的脑海中颠来倒去，反复思量。这时，广西师范大学职业技术师范学院院长助理、国培办主任张兴华的鼓励和肯定给予了我信心，家人和同事们也给予我不少支持和帮助，我下定了决心，无论多难，都要将这本书编写下去。于是，选题、展开思路、编写大纲、筛选内容、执笔成稿，我开始了漫长的码字工作。

在这两年多的时间里，每天与文字为伴成为我生活的一部分，走在路上，头脑中常常考虑的也是我的书籍我的文稿。除去本职工作，我必须分秒必争每天晚上工作到十一二点，早上五六点钟起床成为我生活的常态。一次次的推敲斟酌，一次次的修改编削，走了很多弯路，感悟良多。在编写过程中，大到整本书内容体系的建构，小到篇章标题的确定，每一篇文章，每一个标点，事无巨细，都要我一步步去亲力亲为。在写作完成初稿之后，广西师范大学文学院莫其逊教授对初稿进行认真审阅，提出了中肯的修改意见和建议，修改后，莫教授百忙之中抽空再次审阅指导。但我水平有限，恐难达莫教授要求的高度，交稿之时依然心怀忐忑。

今天，这本《传承文化　匠心筑梦——中华优秀传统文化在中职德育的渗透》终于出版了。衷心感谢广西师范大学职业技术师范学院的领导和老师们的鼓励和鞭策；衷心感谢导师莫其逊教授给予的悉心指导和建议；衷心感谢广西物资学校的领导和同事们付出的艰辛劳动；衷心感谢传统文化工作室的诸多老师在这些年的努力与坚持；衷心感谢每一位审阅者给予我的建议与帮助。当然，由于能力有限，这本书若有缺点或错误，恳请各位专家、朋友们批评指正。

陈　静